吉林省旅游管理类专业教学指导委员会推荐教材
21世纪经济管理新形态教材·旅游管理系列

旅游市场营销

主　编◎赵宇飞　石　丹
副主编◎麻　松　蔡亚男
　　　　刘　莉
参　编◎姜　雪　刘秀实
　　　　全　菲

清华大学出版社
北　京

内容简介

"旅游市场营销"是一门综合性、应用性极强的基础课程，属于旅游类专业的核心课程。本书根据本科生的培养目标和特点，以能力为导向，坚持理论与实践应用相结合的指导思想，深入、系统地阐述旅游市场营销的基本理论与操作方法。本书包括旅游市场营销导论、旅游市场营销环境、旅游者购买行为、旅游市场调研与预测、旅游目标市场营销战略、旅游产品策略、旅游产品价格策略、旅游分销渠道策略、旅游促销策略、旅游市场营销计划与控制、旅游市场营销创新等内容。

本书既可作为高等院校旅游管理类专业的教学用书，也可作为旅游企业的岗位培训和自学用书。

图书在版编目（CIP）数据

旅游市场营销 / 赵宇飞，石丹主编 . —北京：清华大学出版社，2024.5
21 世纪经济管理新形态教材 . 旅游管理系列
ISBN 978-7-302-66258-7

Ⅰ.①旅…　Ⅱ.①赵… ②石…　Ⅲ.①旅游市场—市场营销学—高等学校—教材　Ⅳ.① F590.8

中国国家版本馆 CIP 数据核字（2024）第 096057 号

责任编辑：徐永杰
封面设计：汉风唐韵
责任校对：王荣静
责任印制：宋　林

出版发行：清华大学出版社
网　　址：https://www.tup.com.cn，https://www.wqxuetang.com
地　　址：北京清华大学学研大厦 A 座　**邮　　编：**100084
社 总 机：010-83470000　**邮　　购：**010-62786544
投稿与读者服务：010-62776969，c-service@tup.tsinghua.edu.cn
质量反馈：010-62772015，zhiliang@tup.tsinghua.edu.cn
印 装 者：三河市天利华印刷装订有限公司
经　　销：全国新华书店
开　　本：185mm × 260mm　**印　　张：**16.25　**字　　数：**277 千字
版　　次：2024 年 5 月第 1 版　**印　　次：**2024 年 5 月第 1 次印刷
定　　价：59.80 元

产品编号：100402-01

序

我们所呈现的这套教材，是伴随新时代旅游教育的需求应运而生的，具体来说，是植根于党的二十大报告中的两个“首次”！

第一个“首次”，是党的二十大报告首次写入“旅游”的内容。党的二十大报告中，两次提到了“旅游”——在第八部分“推进文化自信自强，铸就社会主义文化新辉煌”中，提出“建好用好国家文化公园。坚持以文塑旅、以旅彰文，推进文化和旅游深度融合发展”；在第十三部分“坚持和完善‘一国两制’，推进祖国统一”中，提出“巩固提升香港、澳门在国际金融、贸易、航运航空、创新科技、文化旅游等领域的地位”。这是旅游业内容首次被列入党的二十大报告中，充分体现了党和国家对旅游业的高度重视。

第二个“首次”，是党的二十大报告首次提出“加强教材建设和管理”，彰显了教材工作在党和国家教育事业发展全局中的重要地位，体现了以习近平同志为核心的党中央对教材工作的高度重视和对“尺寸课本，国之大者”的殷切期望。

响应党中央的号召，遵从时代的高要求，建设高质量旅游系列教材，是高等教育工作者责无旁贷的天职，也是我们编写该系列教材的初心！

自 1979 年上海旅游高等专科学校成立至今，我国的旅游高等教育已经走过了 40 多年的历程。经过前辈们的不懈努力，旅游高等教育取得了丰硕成果，编写出一大批高质量的旅游专业教材，为旅游专业高等教育事业发展作出巨大的贡献。然而，与新时代对旅游教育的要求相比，特别是对照应用型旅游人才培养目标，旅游教材建设仍然存在一定的差距。

一方面，旅游发展已经进入一个崭新的时代，新技术、新文化、新休闲、新媒体、新游客等旅游发展新常态赋予旅游教育新的时代要求；另一方面，自 2015 年提出地方本科高校向应用型转变策略至今，全国 500 余所开设旅游相关专业的地方本科高校积极行动实现了向应用型教育的转型。与这一形势变化相比，现有部分旅游管理类专业教材则略显陈旧，没有跟上时代的步伐，表现为应用型本科教材数量少、精品少、应用性不足等问题，特别是集课程思政、实战应用以及数字化于一体的教材更是一个空白，教材编写和建设的压力仍然存在。

正是在这样的背景下，清华大学出版社委托吉林省旅游管理类专业教学指导委员会组织省内14所高校76名教师围绕旅游管理专业的教材体系构成、教材内容设计、课程思政等问题进行多次研讨，形成了全新的教材编写理念——为新时代应用型旅游高等教育教学提供既有实际应用价值，又充分融入数字化技术并具有较强思政性的教材。该系列教材前期主要包括《旅游接待业》《旅游消费者行为》《旅游目的地管理》《旅游经济学》《旅游规划与开发》《旅游法规》《旅游财务管理》《旅游市场营销》《导游业务》《中国传统茶文化》《酒店管理概论》《旅游专业英语》等。该系列教材编写宗旨是培养具备高尚的职业道德、较强的数字化思维能力以及专业素养的应用型、复合型旅游管理类人才，以促进旅游业可持续发展和国家软实力的提升。

该系列教材凸显以下三个特点。

1. 思政性

旅游管理不仅是一门应用科学，也是一门服务和领导的艺术，更涉及伦理、社会责任等众多道德和思想层面的问题。该系列教材以习近平新时代中国特色社会主义思想和党的二十大精神为指导，涵盖新质生产力、伦理决策、文化尊重以及可持续旅游等议题，致力于培养道德水准高、社会责任感强的旅游管理人才。

2. 应用性

满足应用型旅游专业高等教育需求，是我们编写该系列教材的另一重要目的。旅游管理是一个实践性极强的领域，只有灵活应用所学知识，解决实际问题，才能满足行业需求。因此，该系列教材重点突出实际案例、业界最佳实践以及实际操作指南等内容，以帮助学生在毕业后能够顺利适应和成功应对旅游企业各种挑战，在职业发展中脱颖而出。

3. 数字化

数字化技术是当前旅游管理类专业学生必备的技能之一，也是该系列教材不可或缺的部分。从在线预订到数据分析，从社交媒体营销到智能化旅游体验，数字化正在全面改变旅游产业，旅游高等教育必须适应这一变化。该系列教材积极引导学生了解和掌握数字化工具与技术，胜任不断变化的职业发展要求，更好地适应并推动行业发展。

在该系列教材中，我们致力于将思政性、应用性和数字化相结合，以帮助学生在旅游管理领域取得成功。学生将在教材中学到有关旅游行业的基本知识，了解行业最新趋势，并获得实际操作经验。每本教材的每个章节都包含案例研究、练习和讨论问题，以促进学生的学习和思考，培养他们解决问题的能力，为他们提供实际工作所需的技能和知识，帮助他们取得成功，并积极承担社会责任。

我们希望该系列教材能被广大学生和教师使用，能为旅游从业者提供借鉴，帮助他们更好地理解相关知识，从容应对旅游行业发展中的挑战，促进行业的可持续发展。愿该系列教材能成为学生的良师益友，引领学生踏上成功之路！

最后，我们要感谢所有为该系列教材付出努力的人，特别是我们的编辑团队、同行评审专家和众多行业专家，他们的专业知识和热情参与使该系列教材得以顺利出版。

愿我们共同努力，一起开创旅游管理类专业领域的美好未来！

吉林省旅游管理类专业教学指导委员会

2024 年 4 月 20 日

前言

近年来，随着我国经济持续发展，居民的可支配收入不断增长，居民对旅游的需求也持续上升。目前，我国的旅游业已经形成规模，旅游业的支柱作用也更为强化，旅游业在质和量上将持续发展。旅游业是产业关联度高、就业安置空间大、资源消耗少的劳动密集型产业，旅游业的发展能够促进我国产业结构调整和优化，为社会提供大量就业机会，提高人们物质文化生活水平，加快社会主义新农村建设，因此，我国非常重视旅游业的发展。快速持续发展的旅游业也在呼唤高素质的旅游从业人员。

“旅游市场营销”是一门建立在旅游业发展基础上的专门研究现代旅游市场营销活动规律的综合性应用学科，是旅游管理专业的必修课。市场营销作为管理科学的一个重要组成部分，受到社会越来越广泛的重视与认同，已成为市场经济运行中不可或缺的“灵魂”。市场营销既是旅游管理的核心，也是决定旅游企业经济效益与市场竞争实力大小的关键。正确掌握和运用旅游市场营销理论，对旅游业的生存与发展起着决定性作用。

“旅游市场营销”这门课程注重培养学生应用市场营销学的理论和方法解决旅游实际营销问题与科学合理地营销旅游产品的能力，对培养学生的旅游职业发展能力和职业素养发挥着重要的作用。

本书由多位工作在教学一线的讲授本门课程多年的教师共同完成编写，归纳起来，有以下几个特点。

（1）理论与行业相结合。本书以市场营销理论为基础，与旅游行业特点紧密结合，融会贯通，集各家之所长，不仅紧跟国际市场营销理论，同时增加行业前沿的现实案例，以此为引导，注重启发式教学。

（2）本书中每章除了学习目标和能力目标，还加入思政目标。要求教师在讲授理论知识和技能的同时，必须加强对学生的道德教育，培养思想品德过硬、专业技能娴熟、社会责任感强的新时代应用型旅游人才。

（3）本书增加了旅游市场营销创新内容，对当下比较流行的新媒体营销、体验营销和事件营销进行了系统介绍，让学生具有互联网思维，掌握互联网背景下的旅游市场营销能力。

（4）本书框架清晰、结构完整、编写体系规范。首先，各章开篇都有思维导图，让学生对整章内容有整体了解。其次，导入案例设有案例思考题，引起学生的学习兴趣和思考。最后，章后有即测即练和思考题，以检验和巩固学生的学习效果。同时每章都有拓展资料，可以开阔学生的视野。

本书由吉林财经大学赵宇飞、吉林师范大学石丹任主编；长春大学旅游学院麻松、吉林外国语大学蔡亚男、吉林外国语大学刘莉任副主编；长春大学旅游学院姜雪、吉林师范大学博达学院刘秀实、吉林外国语大学仝菲参编。

本书在编写过程中，得到了清华大学出版社的领导和徐永杰编辑、吉林省旅游管理类专业教学指导委员会主任委员孙国霞教授的大力支持与帮助，在此表示衷心的感谢！本书的编写也参考了大量的著作、期刊和网络资料，在此对各位作者致以最诚挚的谢意！

最后，竭诚希望广大读者对本书提出宝贵意见，以促使我们不断改进。由于时间和编者水平有限，书中的疏漏之处在所难免，敬请广大读者批评指正。

编者

2023 年 7 月

目　录

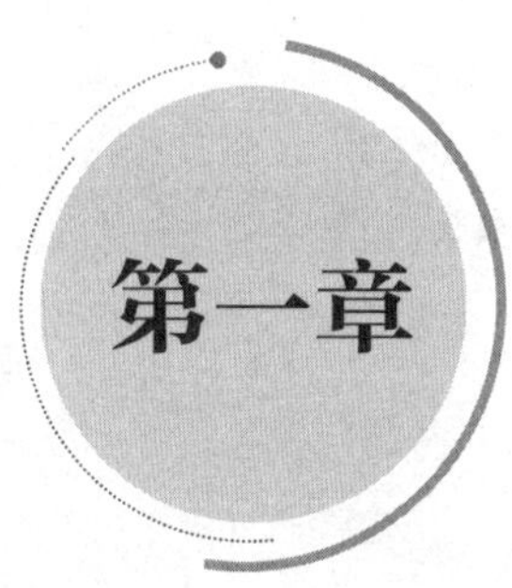

第一章 旅游市场营销导论

【学习目标】

1. 掌握市场营销的核心概念、市场营销观念的演变、市场营销组合的演变、旅游市场的概念与特点、旅游市场营销的特点。

2. 熟悉市场营销研究内容与研究方法。

3. 了解国内外旅游业市场营销理念的演变。

【能力目标】

掌握分析旅游企业市场营销理念的技能。

【思政目标】

1. 树立我国旅游市场蓬勃发展的信心。

2. 培养学生立志旅游行业发展的高尚情操。

3. 树立社会营销观念，兼顾社会利益。

【思维导图】

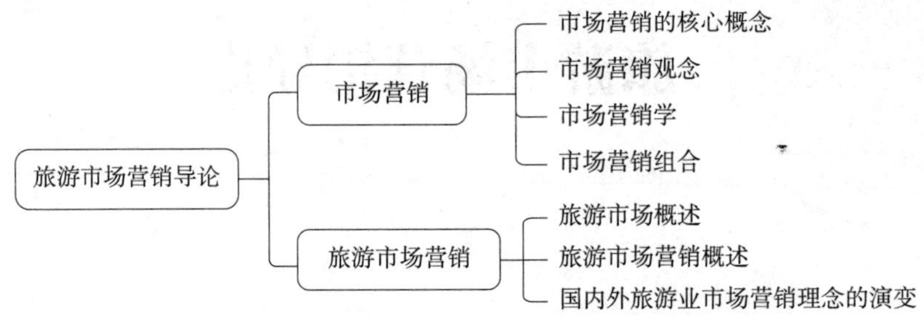

【导入案例】

东京迪士尼：如何把景区重游率从6%提升到83.6%?

作为衡量景点运营的重要指标之一，重游率越来越受到行业的重视，有数据显示，我国的景区重游率最高的是28.3%。而在旅游业发达国家，主题公园及其他旅游景点的重游率均在70%以上，其中东京的迪士尼乐园重游率甚至高达83.6%。可你知道在营业之初，东京迪士尼的重游率仅有6%吗?

1. 明确消费群体

东京迪士尼的消费群体是女性。特别是近几年，年轻女性已经超过儿童，成为消费的主力军。据统计，日本女性中，去过迪士尼10次以上的有1/3。迪士尼的衍生品效应惊人，这些浪漫的周边产品往往成为女性的心头好。

2. 一切围绕目标

东京迪士尼的目标市场定位于所有渴望快乐、追求快乐、体验快乐的人。“一切为了大家的笑容”是东京迪士尼的口号。要实现这一点，必须靠员工。顾客是“贵宾”，员工是“演员”，职责是“角色”，制服是“戏服”——这是每一位迪士尼员工在入职培训时都会接触到的。

3. 产品设计心机

“顾客需要”是迪士尼创新产品的原动力。迪士尼长年坚持“三三制”，即每年要淘汰1/3的硬件、新建1/3的项目、补充1/3的娱乐内容，每年都有新奇的项目吸引游客。另外，乐园本身就被设计成一天只能玩2/3的程度，让游客的乐趣存有遗憾。

4. 想人之所想的运营理念

东京迪士尼的四大运营理念分别是“安全性（safety）”“讲究礼貌（courtesy）”“表演（show）”“高效（efficiency）”，简称SCSE，这是每一位员工入职第一天都要接触和掌握的。东京迪士尼的成功得益于其卓越的服务质量，会想游客所想，从而提高游客满意度。比如，有带小孩的可以领取一个防儿童走失标志，园区内有儿童走失中心，有免费提供的婴儿车，设有好几个母婴哺乳室等。

资料来源：东京迪士尼：如何把景区重游率从 6% 提升到 83.6%？ [EB/OL].（2017-07-04）. https://www.sohu.com/a/154513948_99915831.

案例思考题：

1. 东京迪士尼是如何把景区重游率从 6% 提升到 83.6% 的？

2. 如何理解“顾客是‘贵宾’，员工是‘演员’，职责是‘角色’，制服是‘戏服’”？

3. 这则案例给你什么样的启示？

第一节　市场营销

一、市场营销的核心概念

（一）市场

市场是商品经济的产物。在人类社会初期，由于生产力的发展，劳动产品有了剩余，人们就用一部分剩余产品和其他人进行交换。为了实现这种交换，需要寻找一个适当的地点，这样就逐渐形成了市场（图 1-1）。

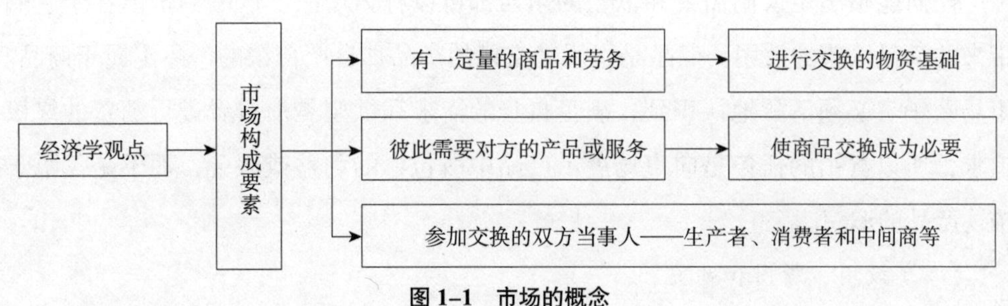

图 1-1　市场的概念

随着社会生产力的发展，社会分工越来越细，商品交换的品种和数量日益增加，交换形式日益复杂，交换的广度和深度也不断发展。这时，人们对市场的概念有了新的认识，于是有了经济学角度的定义，即市场是商品生产和商品交换及由此所产生的各种经济关系的总和。

而从市场营销角度，市场是指在一定时期内，某一地区中存在的对某种商品具有购买力、购买欲望的现实和潜在的购买者群体。

（二）需要、欲望和需求

人类的需要和欲望是一切市场营销活动的起始点。

需要是一种被人感知到的匮乏状态。其包括：基本的生理需要，如对食物、衣服、温暖和安全的需要；社会需要，如对归属、友爱、娱乐和放松的需要；尊重需要，如对地位、赞誉和名望的需要；个人需要，如对知识和自我表现的需要。这些需要并非由营销人员发明，而是人类自身的组成部分。

欲望是指人们想要满足某些基本需要的具体愿望。例如，饿了有人想吃包子、有人想吃汉堡。营销人员不要只关注消费者表现出来的对产品的欲望，而忽略掩盖在欲望下面的实质性需要。

需求是指人们在有能力购买并且愿意购买的前提下对于某个具体产品的欲望的外现。

市场营销理论将需要、欲望和需求三个概念加以区分，其重要意义就在于阐明这样一个事实：市场营销者并不创造需要，需要早就存在于市场营销活动出现之前；企业营销活动的核心在于关注市场上各种现实和潜在的市场需求。营销人员不仅要有效地区别需要和需求，还要准确把握某一市场需求的规模特征和演化趋势，并寻求有效的市场占有。换言之，市场营销管理活动应从关注需求开始。

（三）产品

任何能够满足人们需要和欲望的东西都可以称为产品。产品的价值在于它们带来的满足欲望的效用。商品是指用来交换的产品，自产自销的产品不属于商品。市场营销者必须清醒地认识到，满足自身的需求和欲望是消费者进行消费的终极追求，所以营销的任务是向市场展示产品中所包含的利益或服务，而不是仅限于描述产品的形貌。

（四）效用、费用和满足

效用是指产品满足消费者欲望的能力。效用本质上是一个人的自我心理感受，它来自个人的主观评价。费用是指消费者为了获得某种效用而支付的金额。通常情况下，消费者会根据对这种产品价值的主观评价和要支付的费用来作出购买决策。满足是指将产品效用与费用进行比较后所形成的感觉状态。例如，某人在节假日外出旅游，为了满足从常住地到目的地的交通需要，他会对满足这种需要的产品服务组合（如飞机、火车、汽车等）和他的需要组合（如速度、安全、方便、舒适和节约等）进行综合评价，以决定哪种产品能提供最大的总满足需要。当消费者最为满足的时候，效用达到最大。

（五）交换和交易

交换是指通过提供某种东西作为回报，从别人那里取得所需产品的行为。

交易是指交换成功的结果。如果双方正在协商并逐步达成一项协议，则称为双方将要进行交换。如果达成了一项协议，则称为发生了交易。交易通常有两种方式：货币交易和非货币交易。

为了达成交易而开展的营销活动称为交易营销。为了使企业获得更多利益，就需要关系营销。关系营销是把营销活动看成一个企业与消费者、供应商、分销商、竞争者、政府机构及其他公众发生互动作用的过程，其核心是建立和发展与这些公众的良好关系。一般认为，传统的交易营销是以短期导向为特征的一次性交易活动，关系营销是以长期关系为导向，注重价值的创造与交互作用。

（六）市场营销

美国市场营销协会（AMA）于1960年对市场营销下的定义是：市场营销是"引导产品或劳务从生产者流向消费者的一切企业商业活动"。这一定义的特点是把市场营销界定为产品流通过程中的企业行为，这里"营销"的含义基本与"销售"等同。

美国市场营销协会于1985年对市场营销下了新的定义：市场营销是对思想、货物及服务进行构思、定价、促销和分销的计划与实施的过程，从而产生实现个人和组织目标的交换。这一定义比此前的定义更为全面和完善。其主要表现为：①产品内涵扩大了，它不仅包括产品和劳务，还包括思想。②市场营销内涵扩大了，市场营销活动不仅包括营利性的经营活动，还包括非营利性组织的活动。③强调了交换过程。④突出了市场营销计划的制订与实施。

英国特许营销学会的定义非常简洁：以营利为目的，识别、预测和满足消费者需求的管理过程。

美国西北大学教授菲利普·科特勒（Philip Kotler）是营销理论发展史中里程碑式的人物，由他编著的《营销管理》一书曾被称为营销学的"圣经"。他的定义强调了营销的价值导向：市场营销是个人与集体创造产品和价值，并同别人自由交换产品和价值，以此来获得其所需所欲之物的一种社会和管理过程。市场营销的最终目标是满足需求和欲望。

芬兰的克里斯琴·格罗鲁斯（Christian Gronroos）的定义强调了营销的目的：市场营销就是在变化的市场环境中，旨在满足消费需要、实现企业目标的商务活动过程，包括市场调研、选择目标市场、产品开发、产品促销等一系列与市场有关的企业业务经营活动。

总之，市场营销是以满足和引导顾客需求为出发点，有计划地组织各项营销活动，为消费者提供满意的商品或服务而实现企业目标的过程。其中，市场营销是企业有目的、有意识的行为；市场营销的主体既包括营利性的企业，也包括非营利性的组织；营销的对象既包括产品和服务，还包括思想、观念和创意；市场营销的出发点是满足和引导顾客需求，市场营销的目的是实现企业或组织的目标；市场营销活动涉及生产、分配、交换、消费等过程，包括市场环境分析，选择目标市场，确定和开发产品，进行产品、定价、分销、促销最佳组合，并对产品使用状况进行追踪与反馈，进行售后服务等一系列活动。

二、市场营销观念

市场营销观念是指企业在开展市场营销过程中，处理企业、消费者和社会三者利益时所持的态度、思想与意识，即企业进行营销管理时的指导思想和行为准则。

企业的营销观念不是一成不变的，其间经历了生产观念、产品观念、推销观念、营销观念和社会营销观念几个阶段。

（一）生产观念

生产观念是最古老的指导企业营销活动的观念。在20世纪20年代以前，世界范围内生产的发展不能满足需求增长的要求，多数商品都处于供不应求的地位。在这种卖方市场下，只要有商品，且质量过关、价格便宜，就不愁在市场上找不到销路，多数商品都是消费者主动上门求购。于是，生产观念应运而生，这种观念认为：消费者喜爱那些可以到处买到并且价格低廉的产品。在这种观念的指导下，企业以产定销，专注于集中一切力量扩大生产、降低成本，生产出尽可能多的产品来获取更多利润。这种生产导向性企业提出的口号是“我们生产什么，就卖什么”，不关心具体的市场需求。

（二）产品观念

产品观念也是一种古老的营销思想。这种观念认为，消费者最喜欢那些高质量、多功能和有特色的产品，相信他们能鉴别产品的质量和功能，并愿意出较高价格购买质量上乘的产品。因而在产品导向性企业中，管理者总致力于生产高质产品，并不断改进产品，使之日臻完美，但是他们常迷恋自己的产品，而不太关注市场是否欢迎。他们在设计产品时只依赖工程技术人员而极少让消费者介入。

与生产观念一样，产品观念也是典型的“以产定销”的观念。由于过分重视产品而忽视了消费者需求，这两种观念最终将导致“营销近视症”。如铁路行业以为消费者需要火车而不是运输，就会忽略航空、公共汽车、卡车和管道运输的竞争。

（三）推销观念

推销观念认为消费者通常有一种购买惰性或抗衡心理，若听其自然，消费者就不会大量购买本企业的产品，因而企业管理的中心是积极推销和大力促销。这种企业奉行的是“我们卖什么，人们就买什么”。

推销观念盛行于20世纪三四十年代。这一时期，由于科技进步，科学管理和大规模生产技术的推广，商品产量迅速增加，社会生产已经由商品不足进入商品过剩，市场供求关系发生逆转，买方市场渐趋形成，卖主之间的市场竞争日益激烈。许多企业家认识到，企业不能只集中力量发展生产，即使有物美价廉的产品，也必须保证这些产品被人购买，企业才能生存和发展。

在推销观念指导下，企业相信“产品是卖出去的，而不是被买去的”。它们开始致力于产品的推广和广告活动，以求说服甚至强制消费者购买。市场上涌现出大批的推销专家，广告宣传大量出现，极力夸大产品的好处，对消费者进行无孔不入的促销信息轰炸，迫使人们购买。

（四）营销观念

营销观念的形成是企业经营观念的一次“革命”，它是作为对上述观念的挑战而出现的一种崭新的企业经营哲学。这种思想的核心原则在19世纪50年代中期基本定型，并逐步成为世界范围企业经营的主导理念。营销观念认为：实现企业诸目标的关键在于正确确定目标市场的需求和欲望，并且比竞争对手更有效、更有力地传送出目标市场所期望满足的东西。

20世纪50年代以来，西方发达国家的市场已经变成了名副其实的买方市场，卖主之间竞争十分激烈，而买方处于优势地位；科学技术和生产的迅速发展使人们的文化生活水平迅速提高，消费者的需求向多样化发展并且变化频繁。营销观念正是在这种市场形势下应运而生，成为新形势下企业营销活动的指导思想。营销观念的形成，不仅从形式上，更从本质上改变了企业经营活动的基本原则，使企业经营哲学从“以产定销”转变为“以销定产”，第一次转换了企业与消费者的位置，消费者真正成为市场规则的主导者，所以是营销观念的一次重大革命。在这种观念下，企业一切活动都必须以消费者需求为中心，企业把满足消费者的需求和欲望作为自己的责任，喊出了“顾客需要什么，我们就生产什么”“顾客是上帝”的口号。

（五）社会营销观念

20世纪70年代，随着社会形势新的发展，美国的一些营销学家对以顾客为核心的营销理念产生了怀疑，并提出了一系列尖锐的批评。如著名管理学家彼得·F.德鲁克（Peter F.Drucker）曾明确指出：“市场营销的漂亮话讲了20年之后，消费者主义居然变成一个强大的流行运动，这就证明没有多少公司真正奉行市场营销观念。”为此，学者们提出了一系列新的理论，如“人性观念”“明智的消费观念”“生态强制的观念”等，以修正和替代简单的市场营销观念。这些新的观念所关注的都是同一社会问题的不同方面，科特勒将其综合起来，统称为“社会营销观念”。

社会营销观念的核心观念是：企业提供产品和服务，不仅要满足消费者的市场需求或短期欲望，而且要符合消费者的长远利益和社会的长远发展，改善社会福利，即企业决策者在确定经营目标时，应当根据自己企业的优势，既考虑市场需求，又注意消费者的长远利益和社会利益，综合运用各种营销手段，引导消费者合理消费，实现企业利益和社会效益的统一。

拓展资料 1.1

杭州五洋宾馆争创绿色旅游饭店

三、市场营销学

（一）市场营销学的含义

市场营销学于20世纪初产生于美国，是一门建立在经济科学、行为科学和现代管理理论基础之上的应用科学，它主要是研究引导商品和服务从生产者流向消费者或使用者过程中所开展的一切企业经营活动的科学。

（二）市场营销学的研究内容

（1）营销基础理论，包括市场分析、营销观念、市场营销信息系统与营销环境、消费者需要与购买行为、市场细分与目标市场选择等理论。

（2）营销实务，由产品策略、定价策略、分销渠道策略、促销策略等市场营销策略组成。

（3）营销管理，包括营销战略、计划、组织和控制等。

（4）特殊市场营销，由国际市场营销、服务市场营销、非营利组织营销等组成。

（5）营销创新与发展，包括整合营销、关系营销、网络营销、绿色营销和营销道德等。

（三）市场营销学的研究方法

20 世纪以来，从不同的需要出发，人们从不同角度、不同层次研究企业的市场营销活动，于是市场营销学的研究方法也就多种多样。

（1）产品研究法。产品研究法即对各类产品或各种产品的市场营销分别进行分析研究，如农产品的市场营销、工业产品的市场营销、服装产品的市场营销等。

（2）机构研究法。机构研究法即着重分析研究营销渠道中各个环节和各种类型的营销机构（如大小厂商、代理商、批发商、零售商以及各种辅助机构）的市场营销问题。

（3）职能研究法。职能研究法即通过分析研究采购、销售、运输、仓储、融资、促销等各种市场营销职能和执行这些职能过程中所遇到的问题，来探讨和认识市场营销问题。

（4）历史研究法。历史研究法即从事物的产生、成长、衰亡的发展变化或演变的角度来分析研究市场营销问题。

（5）管理研究法。管理研究法即从管理决策的角度来研究市场营销问题。这种方法特别重视市场营销的分析、计划、组织、执行和控制。

（6）系统研究法。系统研究法指企业营销管理者做市场营销管理决策时，把企业的有关环境和市场营销活动过程看作一个系统，统筹兼顾其市场营销系统中的各个相互影响、相互作用的组成部分，千方百计使各个部分协同活动，从而产生增效作用，提高企业经营效益。

（7）社会研究法。社会研究法指研究各种市场营销活动和市场营销机构对社会的贡献及其所付出的成本。这种方法提出的课题有市场效率、产品更新换代、广告真实性及市场营销对生态系统的影响等。

四、市场营销组合

（一）4P 市场营销组合

1950 年，美国哈佛大学教授尼尔·鲍顿（Neil Borden）首先提出“市场营销组合”这个概念。市场营销组合是指企业针对目标市场的需要，综合考虑环境、能力、竞争状况，对自己可控制的各种营销因素（如产品、价格、分销、促销等）进行优化组合和综合运用，使之协调配合、扬长避短、发挥优势，以取得更好的经济效益和社会效益。

1960 年，美国密歇根大学教授杰罗姆·麦卡锡（Jerome McCarthy）明晰了这个市场营销组合——他提出了著名的 4P 组合，即产品（product）、价格（price）、渠道（place）和促销（promotion）的营销要素组合。

1986 年，科特勒提出大营销概念，即企业为进入被保护的市场，以及冲破政治壁垒和公众舆论的障碍，需要增加两个 P，即政治力量（political power）和公共关系（public relation）。后来，市场营销组合又出现了 10P 和 11P 之说，但传统上大家比较认同 4P 之说。

（二）4C 市场营销组合

随着市场竞争日趋激烈，媒介传播速度越来越快，4P 理论越来越受到挑战。1990 年，美国学者罗伯特·劳特朋（Robert Lauterborn）教授在其《4P 退休 4C 登场》一文中提出了与传统营销的 4P 相对应的 4C 营销理论。4C 即顾客（customer）、成本（cost）、便利（convenience）、沟通（communication），这一理论以消费者需求为导向。

顾客：主要指顾客的需求。企业必须首先了解和研究顾客，根据顾客的需求来提供产品。同时，企业提供的不仅仅是产品和服务，更重要的是由此产生的顾客价值。

成本：不单是企业的生产成本，它还包括顾客的购买成本，同时也意味着产品定价的理想情况，应该是既低于顾客的心理价格，亦让企业有所盈利。此外，这中间的顾客购买成本不仅包括其货币支出，还包括其为此耗费的时间、体力和精力，以及购买风险。

便利：为顾客提供最大的购物和使用便利。4C 营销理论强调企业在制定分销策略时，要更多地考虑顾客的方便，而不是企业自己的方便。要通过好的售前、售中、售后服务来让顾客在购物的同时，也享受到了便利，便利是顾客价值不可或缺的一部分。

沟通：用以取代 4P 中对应的 promotion（促销）。4C 营销理论认为，企业应通过同顾客进行积极有效的双向沟通，建立基于共同利益的新型企业 / 顾客关系。这不再是企业单向地促销和劝导顾客，而是在双方的沟通中找到能同时实现各自目标的通途。

（三）4R 市场营销组合

美国营销学者艾略特·艾登伯格（Elliott Ettenberyg）于 2001 年在其《4R 营销》一书中提出 4R 营销理论。它阐述了四个全新的营销组合要素。

关联（relevancy/relevance），即认为企业与顾客是一个命运共同体。建立并发展与顾客之间的长期关系是企业经营的核心理念和最重要的内容。

反应（reaction），在相互影响的市场中，对经营者来说最难实现的问题不在于如何控制、制订和实施计划，而在于如何站在顾客的角度及时地倾听和从推测性商业模式转移成为高度回应需求的商业模式。

关系（relationship/relation），在企业与顾客的关系发生本质性变化的市场环境中，抢占市场的关键已转变为与顾客建立长期而稳固的关系。与此相适应产生了五个转向：从一次性交易转向强调建立长期友好合作关系；从着眼于短期利益转向重视长期利益；从顾客被动适应企业单一销售转向顾客主动参与到生产过程中来；从相互的利益冲突转向共同的和谐发展；从管理营销组合转向管理企业与顾客的互动关系。

报酬（reward/retribution），任何交易与合作关系的巩固和发展，都是经济利益问题。因此，一定的合理回报，既是正确处理营销活动中各种矛盾的出发点，也是营销的落脚点。

拓展资料 1.2

梳子卖给和尚的故事

4P 营销理论是营销的基础框架，是导向性的、最基本的理论；4C 营销理论是以顾客为导向的营销理论，是很有价值的理论和思路；4R 营销理论是在 4P 营销理论和 4C 营销理论基础上的创新与发展，是以竞争为导向的营销理论。

第二节　旅游市场营销

一、旅游市场概述

（一）旅游市场的概念

在市场经济条件下，任何一个旅游企业都在不断地与市场进行交流，从市场获取信息，同时也把企业及与企业有关的产品信息向市场传播。旅游企业只有同市场系统保持输入输出关系，进行物质、劳务、信息的交换，才能求得生存与发展。市场不仅是旅游企业生产经营活动的起点和终点，也是旅游企业与外界建立协作关系、竞争关系的传导和媒介，还是旅游企业生产经营活动成功与失败的评判者。认识市场，适应市场，使旅游企业活动与社会需求协调起来，是旅游市场营销活动的核心与关键。

从经济学角度看，狭义的旅游市场是指旅游产品交换的场所，广义的旅游市场是指在旅游产品交换过程中各种经济活动现象与经济关系。

从市场学角度看，旅游市场是指在特定的时间、地点与条件下，具有购买欲望与支付能力的群体，即某种旅游产品的现实购买者与潜在购买者。这种意义上的旅游市场即旅游需求市场，我们通常称为旅游客源市场。

（二）旅游市场的特征

旅游市场作为一种专业性的市场，其独特的市场行为特征体现在以下几方面。

1. 全球性

从世界旅游业发展趋势看，国际旅游日益成为旅游市场关注的主体。随着各国经济相互依存度不断提高和文化交往日益频繁，远距离和跨国旅行成为旅游市场需求的主流。可以说，旅游产业化发展的过程，也就是旅游市场国际化和全球化发展的进程。

2. 异地性

旅游者主要是非当地居民，因而旅游市场通常都远离旅游产品的生产地（旅游目的地）。旅游市场的异地性特征，增加了旅游企业掌握市场信息、适应市场环境、开发市场经营的难度。

3. 波动性

旅游业以需求为主导，影响需求的因素多种多样，从而使旅游市场具有较强的波动性。任一因素的变化都会引起旅游市场的波动。

4. 高度竞争性

旅游市场的高度竞争性体现在旅游者对稀缺旅游资源的竞争以及旅游经营者对旅游者的竞争。总体上，由于旅游业中市场进入壁垒低，新的进入者不断出现，它们开发出许多相同或不同种类的旅游产品，尤其是许多不具有垄断性的旅游资源。行业的进入门槛较低，旅游产品易于被模仿，最终会使这类产品越来越多，旅游市场的竞争也越来越强。

5. 发展潜力巨大

这种潜力一方面体现在旅游产业的发展能带动相关产业的发展，另一方面体现在它自身的潜力大，因为旅游业有着无限广阔的需求市场。随着社会的进步，发展中国家城市化进程加快，人们的工作、生活均处于高度紧张状态，人类需要旅游，更多的人将参加旅游，旅游将不只是一种消费，还是一种享受，更是一种高雅的运动，人们对旅游产品品种、品质的要求也会越来越高。这种不断提高、永无止境、不会饱和的旅游消费需求，不断地对旅游业形成更大的刺激。旅游业本身就是伴随现代旅游而兴起的产业，只要旅游需求存在，旅游业就有市场；只要旅游活动发展，旅游业就会兴旺发达。

二、旅游市场营销概述

（一）旅游市场营销的概念

旅游市场营销是市场营销的一个分支，是市场营销理论在旅游产业中的具体运用与深化。旅游市场营销以旅游消费需求为导向，通过分析、计划、执行、反馈和控制这样一个过程来协调各种旅游经济活动，从而提供有效产品和服务，达到使旅游者满意、企业获利的经济目标和社会目标。

从上述概念中可得知，旅游市场营销具有以下三层含义。

（1）以交换为中心、以旅游者为导向来协调各种旅游经济活动，力求通过提供有形产品和服务使旅游者满意，从而实现旅游企业的经济目标和社会目标。

（2）旅游市场营销是一个动态过程，包括分析、计划、执行、反馈和控制，更多地体现旅游经济个体的管理功能。

（3）旅游市场营销的适用范围较广，主体广，客体多。

（二）旅游市场营销的特殊规律

旅游市场营销作为市场营销的一个分支，具备市场营销的一般内涵。旅游业是一个特殊的行业，旅游商品是一种特殊的商品，因此旅游市场营销与一般市场营销相比，有着自己的特殊规律。

（1）旅游市场上提供的产品是一种服务。旅游产品具有不可感知性，即它不是实际存在的物体，而是一种旅游经历和切身感受。旅游者不对旅游产品具有所有权，而是只有使用权。以旅游者住宿为例，通过饭店，旅游者获得了满意的住宿服务，但这并没有引起任何所有权的转移，旅游者得到的只是饭店设施的使用权。缺乏所有权会使消费者在购买服务时感受到较大的风险，如何克服这种消费心理，促进服务销售，是营销管理人员所要面对的一个严峻挑战。

（2）旅游市场上旅游者也参与到旅游产品的生产过程中。有形产品的生产和消费过程具有一定的时间间隔，而服务则不同，它具有不可分离性，即服务的生产过程与消费过程同时进行，也就是说服务人员向顾客提供服务时，也正是顾客消费服务的时刻，二者在时间上不可分离。服务的这一特性表明，顾客参与是服务产品实现的前提条件。在旅游业中，旅游者自然也成了旅游产品生产过程中必不可少的元素之一。因此对旅游市场营销人员来说，要生产出满足旅游者需要的旅游产品，不仅要对从业人员进行一定管理，而且要对旅游者也同样进行某种管理，以便旅游者与旅游产品生产人员沟通，提高旅游产品的满意度。

对顾客进行管理就意味着服务企业必须像训练员工那样训练顾客。顾客和服务人员必须都了解整个服务运作系统，因为他们共同成就了服务过程。顾客必须看懂餐馆里的菜单才能点到自己想吃的菜品。如酒店前台服务人员经常用电话回答那些抱怨房间电影播放系统不工作的顾客的困惑，服务人员必须向顾客解释，那是因为他们没有预付这笔费用，他们只预付了房费，所以，要想使用它，他们得先到前台来付费。显然，听到这样的话，顾客一定会很恼火。实际上，酒店若是先问一下顾客是否愿意为一些可能收费的项目（如室内电影）预付一笔钱，这个问题就避免了，与顾客的关系也就改善了。

（3）旅游市场上产品质量难以控制。服务无法像有形产品那样实现标准化，企业每次服务带给顾客的效用、顾客感知的服务质量都可能存在差异。这主要体现在：①由于服务人员的原因，如心理状态、服务技能、努力程度等，即使同一服务人员提供的服务在质量上也可能会有差异。②顾客自身的原因，如知识水平、爱好、情绪等，也直接影响服务的质量和效果。旅游产品的好坏是以旅游者的切身感受为标准加以衡量的，然而每个人的感觉都不一样。如同样参观一个景点，有的人乐而忘返，有的人觉得索然无味。③顾客与服务人员的理解不同。例如，一个餐馆的顾客预订了一份“五分熟”的牛排，他实际上希望牛排烹制得里外一样，而厨师却可能将“五分熟”理解成牛排中心保持温暖的粉红色。这样，当顾客切开牛排发现里面还有粉红色的血迹时就会感到很失望。为了解决因这类原因而引起的服务不稳定的问题，很多餐馆都对牛排的烹制标准做了统一而明确的规定，并传达给雇员和顾客。顾客能再次光顾一家餐馆，常常是因为上一次他们得到了很满意的服务。如果他们所获得的服务一天一个样，满足不了他们的期望，他们就不会再来。产品质量缺乏一致性在旅游业当中是引起顾客不满的主要因素。

一致性是服务业获得成功的关键要素。一致性意味着顾客可以不出所料地获得期望的产品。在酒店业中，这意味着早上 7 点的叫醒服务永远可靠，会议策划者也能指望酒店会在下午 3 点的时候为会议的茶歇准备好咖啡。在餐馆业中，一致性意味着意大利面的口味与两周之前保持一致，洗手间的毛巾随时备好，上周点过的伏特加下周还能点到。产品的一致性正是麦当劳在世界范围内获得成功的一个主要原因。

（4）旅游市场上时间因素十分重要。物质产品是有形的，因而可以储存和异地销售，有较长的使用寿命。服务产品则无法储存。航班座位、酒店住宿设施、旅游节庆活动等旅游服务项目，在消费时间上都是不可逆的，服务是不能被储存起来的。一家有 100 间客房的饭店，如果在某一天晚上只销售 60 间，是不可能把没有销售出去的 40 间客房储存起来留待次日销售的，因这没有销售掉的 40 间客房所造成的损失永远无法弥补。由于服务的这种不可储存性，航空公司和有些饭店会对进行预订却未能到达的顾客收取费用。一些饭店常常以低价出售房间，而不是让其闲置。

不可储存性的存在，会产生一些问题。例如，折扣价格带来的顾客与饭店的常规客人无法和谐相处。一家豪华饭店的正常房间价格为 2 000 元，它在 Princeline（顾客只知道他所预订的饭店的大概位置和档次，但不知道其具体品牌。这种渠道叫作隐性渠道，能够防止忠诚顾客以折扣价格进行购买）上将此房间以 540 元售出。这位支付了 540 元的顾客可能是一个休闲客人，晚上他会在房间中举行派对，而周围的常规顾客却是商务客人，这些商务客人可能会因为折扣客人而产生较差的体验。饭店经理必须小心谨慎，他们需要在减少库存的同时维持品牌形象。

旅游产品这种不可储存性的特点，要求旅游企业重视时间因素的把握。另外，时间因素还体现在为旅游者服务时要快捷、高质量，而且对待旅游者的投诉的处理及回复也要及时。只有这样，旅游者才会感觉受到了重视，旅游企业的信誉才能逐渐建立起来。

（5）旅游市场上产品的分销渠道与有形产品不同。有形产品一般是通过物流渠道送到消费者手中，而旅游产品的分销是通过各旅游企业与旅游者签订合同，然后旅游者自己前来参与旅游产品的生产和销售。

（6）旅游市场营销是综合性、全方位的营销活动。由于旅游产品是由食、住、行、游、购、娱六个要素组成的整体产品，因而旅游市场营销活动涉及社会的各个方面。其中，宾馆、饭店、旅行社和风景点等旅游企业是旅游营销活动的主体，此外，还包括非营利性的政府有关机构，如文旅局等。

三、国内外旅游业市场营销理念的演变

中国旅游业的发展历程和西方发达国家旅游业的发展历程有较大的不同，在旅游企业中引入市场营销理念，并以正确的旅游市场营销理念指导旅游企业经营行为的出现时间和表现状态也各不相同。

（一）我国旅游业市场营销观念的演变

新中国成立以来，我国旅游业的发展经过了两个完全不同的阶段。1978 年以前，旅游企业主要从事政府接待，旅游在国民经济结构中不构成一种产业。1978 年，经济体制改革，旅游业才开始走向市场。随着我国由计划经济转向市场经济，我国旅游业市场营销理念的发展大致经历了以下几个阶段。

1. 接待阶段

从新中国成立到 1978 年的改革开放，我国旅游企业一直处于一种纯粹接待阶段。旅游企业基本上属于政府的接待型机构，没有经济任务，没有市场目标，没有任何真正的市场行为，对市场的态度是“等客上门”。

2. “公关”阶段

1978 年改革开放到 20 世纪 80 年代中期，随着旅游企业自身职能的不断强化，旅游企业开始面向市场考虑与自身有关的经营战略。这一阶段，企业面向市场的专业部门是“公关部”，旅游企业开始将旅游者和一些重要的政府部门与企业机构视为本企业的市场资源，主动建立关系网络，这是市场意识觉醒的开始。

3. 销售阶段

20 世纪 80 年代中期，我国旅游业进入第一个发展高潮。一房难求、一票难求的旅游市场供求关系逐步转向买方市场，旅游企业意识到必须主动将自有的产品推向市场、展示给旅游者。这一阶段，旅游企业开始设立专门的“销售部”，从事市场销售工作的专业人员开始出现。

4. 市场营销阶段

20 世纪 90 年代，由于我国的经济体制改革已经进入全面、深入阶段，旅游业的外部环境已经逐渐理顺，旅游市场行为已经逐渐规范化，旅游经营者的市场意

识从觉醒逐渐走向成熟，全面的旅游市场营销理念与方法开始为旅游企业所认可，传统的旅游销售过渡到了比较成熟的旅游市场营销。

5. 社会市场营销阶段

20 世纪 90 年代中后期及 21 世纪初，许多旅游企业开始认识到，仅仅局限于满足旅游者需求和使企业获利是远远不够的，还必须兼顾整个社会的当前利益和长远利益，以求得旅游企业利益、旅游者需求和社会利益三者的平衡。社会市场营销是市场营销的进一步发展，它使营销观念进入一个更加完善的阶段。

（二）国外旅游业市场营销理念的演变

自第二次世界大战之后，国际旅游业迅速发展。20 世纪 60 年代，旅游业的发展进入第一个高潮。与此同时，市场营销学被引进旅游业并得到普遍应用。以前，由于旅游业并不独立为一个行业，往往依附于服务业、商业，因此不可能产生自己的经营理论。往后一些，旅游业成为一门新兴的第三产业，旅游业的设施供不应求，造成了以产促销的经营局面。到 20 世纪 60 年代末，旅游业的竞争日趋激烈，迫使旅游业的经营管理人员开始重视市场营销活动、重视研究市场营销理念，并采用其他行业的研究成果，对旅游企业的组织结构进行了调整。一些饭店成立了销售部，旅行社也成立了营业部，但是这些部门的活动仍然以销售、推销为主，采用的销售手段主要是广告、宣传和推进性营销。整个 20 世纪 70 年代，推销的观点仍然有一定的拥护者，但逐渐为营销观点所代替，西方旅游业发生了重大变化。

（1）旅游业的竞争越来越激烈，不少国家和地区大力发展旅游业，旅游者选择的余地也就增大。许多旅游经营者思考的焦点开始由“我们的企业”转移到“我们的客人”，这些旅游经营者为了生存和发展，先后采用了市场营销学的一些基本原则，竭力扩大其在市场竞争中的优势。

（2）激烈的竞争缩短了旅游企业进入目标市场之前的准备时间。旅游企业在准备阶段就开始分析市场，研究旅游消费者的需求，分析消费者的兴趣、爱好和意见，从而确立企业经营的依据和基础。

（3）旅游企业的投资急剧上升，也迫使企业经营者了解旅游者的动机和愿望，采用营销理念指导旅游企业经营，从而最大限度地减少经营失误。

总体来说，20 世纪 70 年代开始，西方旅游业逐渐进入“细分市场时代”。旅游企业已开始根据人口分布的特点、旅游者的兴趣和生活方式等对旅游消费者进行分类，依此提供恰当的旅游产品和服务。在销售过程中，“市场定位理论”逐渐得到推广，使得旅游企业在众多旅游消费者中树立起良好的形象。

进入20世纪80年代后，能否满足旅游者的特殊需求和爱好，依然是决定旅游企业经营成败的关键。旅游者对旅游产品和服务选择的余地扩大了，使得旅游企业的竞争进一步加剧。旅游企业必须注重研究市场竞争、旅游者的旅游动机及企业在市场中的不同地位，采取“重新定位”或“渗透已确立的细分市场”的策略，以便在竞争中获胜。

【本章小结】

本章首先介绍了几组市场营销的核心概念：市场；需要、欲望和需求；产品；效用、费用和满足；交换和交易；市场营销。企业的营销观念不是一成不变的，而是经历了生产观念、产品观念、推销观念、营销观念和社会营销观念几个阶段。之后阐述了市场营销学的含义、研究的主要内容和主要方法。4P、4C与4R三种营销组合理论，4P营销理论是营销的基础框架，是导向性的、最基本的理论；4C营销理论是以消费者需求为导向的营销理论，是很有价值的理论和思路；4R营销理论是在4P营销理论和4C营销理论基础上的创新与发展，是以竞争为导向的营销理论。其次论述了旅游市场的概念和特征，旅游市场营销的概念和特殊规律，并介绍了国内外旅游业市场营销理念的演变。

【即测即练】

【思考题】

1. 论述市场营销观念的演变。
2. 简述4P、4C、4R营销理论的区别。
3. 简述旅游市场的特点。
4. 旅游市场时间因素的重要性体现在哪些方面？
5. 旅游市场未来的发展潜力在哪里？

第二章 旅游市场营销环境

【学习目标】

1. 掌握旅游市场营销环境的构成和特点，以及对旅游市场营销环境（SWOT）分析。

2. 熟悉影响旅游市场营销的宏观、微观环境因素。

3. 了解旅游市场营销环境及其可持续发展的重要意义。

【能力目标】

能够运用 SWOT 分析来识别旅游企业所面临的机遇和挑战。

【思政目标】

1. 鼓励学生在创新中运用联系、全面且发展的眼光看待事物。

2. 使学生全面、客观地分析把握我国社会经济发展对旅游企业营销产生的影响。

3. 增强学生对旅游企业社会责任意识的认知。

【思维导图】

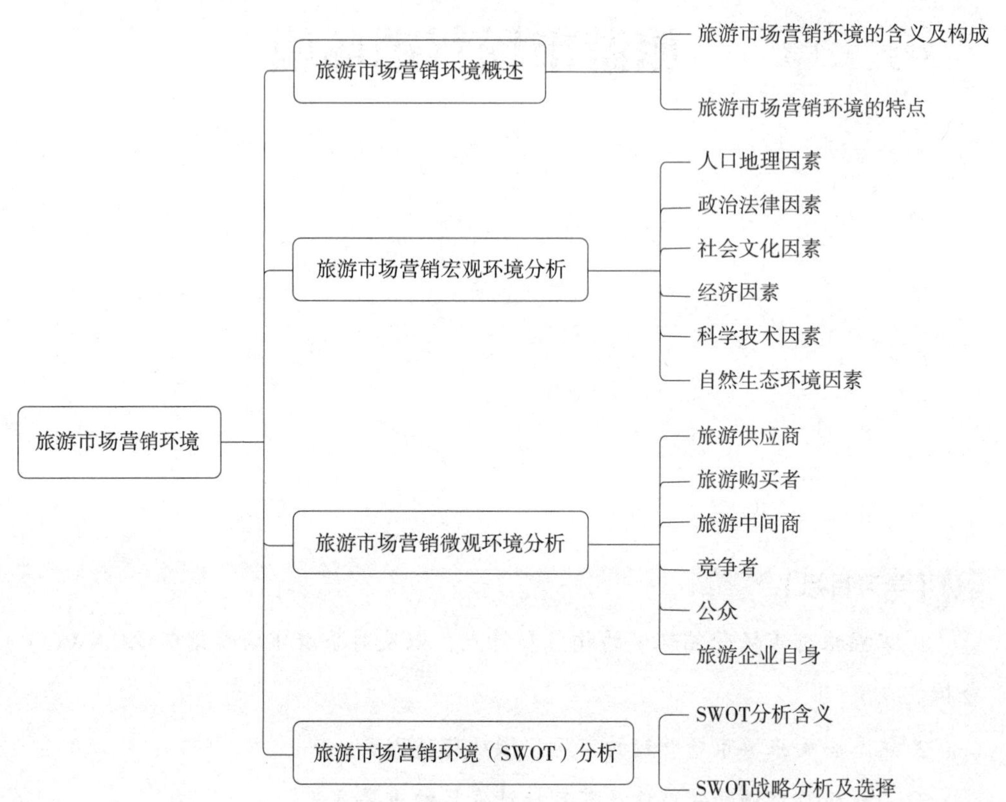

【导入案例】

影视剧带火“旅游地”，如何做到“长尾效应”

“长尾效应”指那些原来不受到重视的销量小但种类多的产品或服务由于总量巨大，累积起来的总收益超过主流产品的现象。

2023年春节期间，热门电视剧《狂飙》迎来大结局，不仅带火了剧中演员，也带火了剧中的取景地——江门。携程数据显示，2023年1—2月，广东省江门市的旅游搜索访问量环比历年同月份增长163%，带动整体旅游订单量环比增长121%。

此前，电视剧《去有风的地方》也带火了2023年春节的云南乡村旅游。在剧集备受关注的同时，打卡剧中“有风小院”一时成为风潮。

相关研究表明，流行影视可以提升取景地25%～300%的游客数量，平均可以达到31%，因影视剧的火热让取景地变成热门打卡点的事经常发生。

影视剧热度来临时，旅游目的地应该怎么承接?

第一，打造高品质的“旅游内容”。

第二，打造品牌，持续提升影视效应。

第三，深掘文化内涵，保证旅游场景的推陈出新，让游客能够有新的发现和体验。

第四，服务设施跟上，旅游目的地需要注重完善景区或目的地硬件服务设施，提升服务质量，从而避免在“影视＋旅游”的过程中频频“受伤”。

第五，营销与时俱进，重视市场营销宏观、微观因素对营销决策的影响作用，努力把影视的短暂拉动效应变成旅游经典目的地的“长尾效应”，提供更好、更新的产品服务来满足中国居民消费旅游习惯的变化。

资料来源：影视剧带火“旅游地”，如何做到“长尾效应”？ [EB/OL].（2023-02-17）. https://www.thepaper.cn/newsDetail_forward_21949624.

案例思考题：

1.“旅游＋影视”为什么成为带火一座城市的重要途径?

2. 结合案例思考，旅游消费者的需求发生了怎样的变化?

3. 试分析“旅游＋影视”旅游目的地营销模式的未来发展趋势。

第一节　旅游市场营销环境概述

一、旅游市场营销环境的含义及构成

市场营销环境也称市场经营环境，营销学家科特勒认为：企业的营销环境由企业营销管理职能外部的因素和力量所组成，这些因素和力量影响营销管理者成功地保持和发展同其目标市场顾客交换的能力。简单地说，市场营销环境是企业的生存空间，是存在于企业营销系统外部的不可控制或难以控制的因素，是营销活动的基础与条件。

旅游市场营销环境是指影响旅游市场营销管理能力的各种企业外部因素组成的企业生态系统，由旅游市场营销宏观环境和旅游市场营销微观环境两部分构成。其中，旅游市场营销宏观环境是指对旅游企业营销活动造成市场机会或环境威胁的主要社会力量；旅游市场营销微观环境是指与旅游企业紧密相连，直接影响企业营销能力的各种参与者。

旅游市场营销会受到由人口地理、政治法律、社会文化、经济、科学技术、自然生态环境等因素组成的宏观环境因素的影响，特别是对旅游企业经营模式和方法方面的影响。与此同时，直接作用于旅游企业市场营销的微观环境，主要包括旅游供应商、旅游购买者、旅游中间商、竞争者和公众以及旅游企业自身等要素，与企业市场营销活动直接相关，影响旅游企业市场营销和运营（图 2–1）。

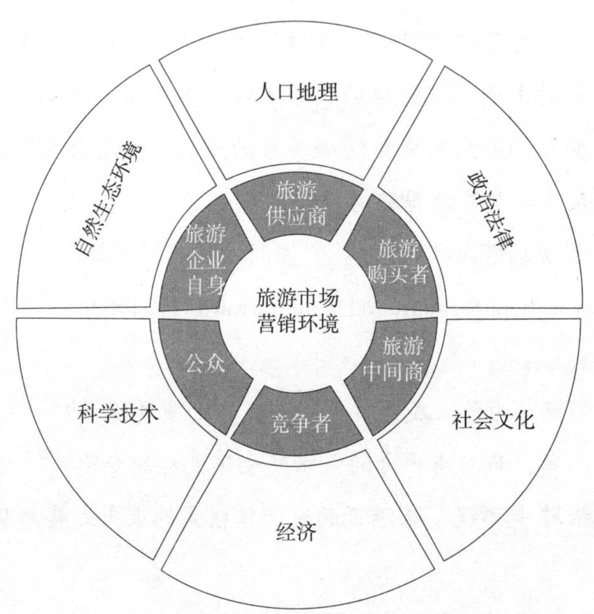

图 2–1　旅游市场营销宏观环境和微观环境的构成要素

需要强调的是，微观环境和宏观环境在旅游整体市场营销活动中缺一不可，但两者并不是并列关系，而是从属关系。也就是说，一方面，微观环境受制于宏观环境，微观环境中的所有因素均受到宏观环境的各种因素和力量的影响；另一方面，宏观环境主要以微观环境为媒介，间接影响并制约企业的市场营销活动。

任何旅游企业都如同生物有机体一样，生存于一定的环境中，企业营销活动的开展无法脱离周围环境而孤立进行。营销环境的变化，既可能给旅游企业带来可利用的市场机会，也可能给旅游企业带来一定的环境威胁。各企业营销活动要以环境为依据，主动去适应环境；同时也要在认识、掌握环境现状及其发展趋势的基础上，通过营销手段努力去影响、创造有利于企业生存和发展的环境，以此提高企业营销活动的有效性。也就是说，分析市场环境可以帮助我们了解市场营销的机会和风险，进而适应市场环境，发掘市场机会，开拓新的市场，实现旅游市场营销环境的可持续发展。旅游企业在制订营销战略及计划的过程中，营销环境分析是必不可少的关键一步。

二、旅游市场营销环境的特点

（一）客观性

旅游市场营销环境客观地存在于旅游企业周围，其存在不以营销者的意志为转移，具有强制性及不可控制性的特点。例如，旅游企业所处的宏观环境，其人口、社会文化、政治法律等因素都是客观存在的，旅游企业无法按照企业本身的意愿改变或使之不存在。在当今日益激烈的市场竞争中，旅游企业需要认识营销环境的客观性，承认其存在并主动适应环境，根据环境的变化及时调整市场营销策略。

（二）差异性

旅游市场营销环境的差异性主要表现在不同旅游企业会受到不同环境的影响。首先，不同国家或地区，由于所处地理位置、国家和民族的差异，形成了不同的自然条件、政治法律制度、社会文化和经济发展水平。其次，即便是处于同一国家或同一地区，虽其宏观环境大致相同，但其微观环境也不尽相同。例如，某一城市的两家酒店，一家为商务型酒店，而另一家为休闲度假型酒店，由此两家酒店拥有不同的顾客市场。

（三）波动性

市场营销环境本是一个动态系统，且构成营销环境的各个因素均会随社会经济的发展而不断变化。旅游市场相对于其他行业市场而言，其环境波动性特征更为明显，主要体现在：①旅游需求由于可自由支配收入变化、闲暇时间如公共假日、带薪假期的分布差异等易形成旅游流的时空波动。②旅游目的地的旅游资源禀赋造成相对的旅游流季节波动。③旅游业对环境变动的敏感性，如政治形势剧变、传染性疾病流行、重大自然灾害和重大旅游安全事故的发生等加强了其波动性特点。同样旅游市场营销环境的波动性，决定了旅游企业对环境的适应过程是一个动态过程，需时刻监视和关注环境因素的变化，及时调整营销策略。

（四）关联性

营销环境各因素间相互影响、相互制约，某一因素的变化会带动其他因素的连锁变化，进而形成新的营销环境，新的营销环境会给企业带来新的机会与威胁。例如，旅游市场需求不仅受到消费者收入水平、爱好以及社会文化等方面的影响，而政治法律因素的变化往往也会对其产生决定性的影响。

第二节　旅游市场营销宏观环境分析

旅游市场营销宏观环境是指旅游企业或旅游业运行的外部大环境，它对于旅游企业来说既不可控制又不可影响，而它对企业营销的成功与否起着重要作用。在旅游市场营销中，宏观环境因素由人口地理因素、政治法律因素、社会文化因素、经济因素、科学技术因素和自然生态环境因素组成。

一、人口地理因素

（一）人口因素

市场营销学认为，企业的最高管理层必须密切关注企业的人口环境方面的动向，因为市场是由那些想买东西且有购买力的人构成的，这类人群范围越大，则市场的规模就越大。旅游企业也不例外，旅游市场由具有购买动机且有购买力的旅游者构成。旅游者是旅游活动的主体，所有旅游企业要研究市场营销活动，就必须对人口地理因素进行统计分析，并关注其动向。人口因素是指人口数量、密度、构成、分布、年龄、性别、家庭、民族、职业等方面的变化趋势对旅游营销活动的影响。

1. 人口数量与旅游市场构成的关系

总人口是指某市场范围内人口的总和，某一旅游市场范围内的总人口数量基本上反映了该市场对旅游产品的需求量。也就是说，在收入接近的条件下，人口的多少决定着市场容量。一般来说，人口数量与市场容量、消费需求成正比。在同样经济发展水平的国家，人口的增加对旅游人次的增加起着一定作用。但是如果经济水准不同，就不能类比，如国家统计局发布的数据显示：2022 年末我国人口数量为 141 175 万人，但出国游人数比例仍相对较小，因此对人口数量与旅游市场关系还必须视消费群的特质而定。

2. 世界人口年龄结构变化与旅游市场的关系

联合国发布的《世界人口展望 2022》报告显示，1990 年全球人口平均预期寿命64岁，在2019年增至72.8岁，在2050年预计将增至77.2岁。全球人口寿命不断增长，叠加人口出生率持续下降，社会老龄化的程度也随之加深。报告预测，全球65岁及以上人口的比例将从2022年的9.7%上升到2050年的16.4%，世界人口老龄化，特别是主要旅游客源国的人口老龄化趋势有增无减。例如，在美国度假旅行支出80%是在55岁以上的人群手中。随着世界人口老龄化，国际老年人旅游市场已形成，旅游市场营销者应审时度势，制定老年人旅游市场开发战略，并推出满足老年人需求的各种旅游服务项目。

（二）地理因素

地理因素既直接影响市场营销，又间接影响国家的社会与文化，因此不可忽视。

1. 世界旅游客流的移动特点、规律与地理环境的关系

从地理学的角度而言，随着地理距离的增大，客源逐渐衰减，因为考虑到距离增大则使旅游费用和时间增多。也正因为旅游客流强度逐渐减弱，从而导致国内旅游客流大于国际旅游客流，中短程国际旅游客流大于远程国际旅游客流。在相同目标的前提下，舍远求近是一切旅游者选择的共同原则。因此，目前世界许多国家仍然把近距离的市场作为自己的主要争夺目标。

2. 旅游者的旅游动机与地理环境的关系

旅游者外出旅游除了经济、政治、文化、历史等原因外，更主要的是旅游目的地的地理要素、景观构成的吸引物所诱发的旅游动机，如气候、海滩、阳光、风景、地貌等都会对旅游者产生诱惑力。对此进行深入研究，无疑有利于对客源市场变化规律的探索。

二、政治法律因素

旅游消费的需求弹性系数较大，它不仅对价格敏感，而且对政策法规也十分敏感。一个国家的政府，总是运用自己的法律行政手段干预社会经济生活。因而政府的法令条例，特别是有关旅游业的经济立法，对旅游市场需求的形成和实现具有不可忽视的调节作用，而这些法律或规定都是在企业的控制范围之外，其调整变化将对旅游企业营销活动产生很大影响。

形成旅游活动的两大客观条件是可支配收入和闲暇时间。居民的收入水平不仅与经济发展有关，还与国家采取何种分配制度有关，而闲暇时间的多少也与政

治法规有一定关系，如假日立法使发达国家居民有了两周的带薪假日，才对远距离旅游目的地形成现实的需求。因此，接待国就可根据这一法规调整自己的营销策略，以适应市场的变化。例如，自从我国开始实行每周五天工作制以来，居民大量地参与到当地旅游当中，到市郊的风景游览点一日游或两日游；再如，受到疫情影响，人们的出游半径明显变小，省内短途游和市内近郊游热度则持续高涨。

还有些立法条款对旅游娱乐的消费需求会产生重大影响。如某些地区关于喝酒者年龄限制的规定就会对餐饮业有较大的影响。交通运输条款的规定也会对旅游需求产生影响。我国铁路客运票价、航空票价对旅游的影响显而易见。旅游娱乐消费税和扣除额的变化对旅游者的消费行为将产生更大影响，从而也影响到旅游企业的营销活动。

政府对出国旅游签证的控制直接影响到出境旅游情况。首先，简化烦琐的入关手续可以吸引更多的国外旅游者；相反，手续复杂的入关程序使相当部分的潜在旅游者望而却步。其次，两国之间的外交关系也明显影响两国互送旅游客源，如两国之间的外交关系紧张，必然会导致两国互送旅客的锐减。

在旅游业中，国家旅游部门及其他各级政府部门还会对旅游服务的质量和标准进行严格的控制。法律和法规规定旅游企业应该怎样做，什么样的产品才算合格，它们将直接影响服务和产品的营销方法。当一项立法变化时，整个行业的营销管理都要根据立法与规则及时调整旅游营销计划。在保护和充分利用自然环境与历史文化旅游资源之间，政府要加以协调，政府的态度会对旅游企业产生一定的影响。

三、社会文化因素

（一）社会因素

影响消费者行为的社会因素主要包括相关群体、家庭和社会阶层等。

1. 相关群体

相关群体，是指能影响一个人的态度、行为和价值观的群体，如家庭、邻居、亲友、周围环境等，或因某社会风尚的影响而形成具有一种消费需求倾向的群体。这个相关群体为这个人的所思所想提供了参考依据，是人们行为的主要决定因素，从而导致购买行为的异同。

相关群体可以小到几个人的小组，大到一个文化团体，对人们的消费行为起着指导作用。相关群体对个人的影响方式十分微妙，一个人通常不知不觉地就与相关群体协调起来了，多数人怎么做，自己便怎么做，多数人干什么，自己便干什么，这样，一个人就会接受和同意本群体的行为，并避免犯规的风险。因此，相关群体会影响用户购买产品的方式、品牌等，如某人发现群体中的几个家庭出游时都会使用同一在线票务服务平台预订酒店，他于是也决定试用此平台来为出游预订酒店。

2. 家庭

家庭是基本的社会单位，家庭对购买者的购买行为影响最为强烈。每个人都会受到来自其他家庭成员的影响，如宗教、经济、爱好、价值观等。每一个家庭都会有各自不同的旅游决策模式。此外，家庭生命周期也对一个家庭旅游活动产生重大影响，如无子女的青年家庭往往会对旅游十分感兴趣。旅游对孩子的教育价值的考量也往往成为家庭旅游的主要动机，家庭旅游的促销对象主要是核心家庭，即仅包括父母和未婚子女的家庭。

3. 社会阶层

同一社会阶层的成员具有相似的价值观、兴趣爱好和行为方式，不同阶层的人会表现出不同的旅游倾向。

（二）文化因素

文化因素是指一个国家或地区的民族特征、文化传统、价值观、宗教信仰、教育水平、社会结构、风俗习惯等情况。文化对个人必然有其暗示、提醒、制约的力量及潜移默化的作用，它影响和支配着人们的生活方式、主导需求、消费结构和方式及人们对旅游的观念态度等。因此，旅游营销活动必须适应文化的特点。为了成功地吸引某国家或地区的旅游者，了解当地的文化十分重要。营销活动能否适应当地文化，决定着市场经营的成败。

在旅游营销过程中，分析宏观文化因素时应考虑以下几点。

（1）确定文化中相关的动机。

（2）确定哪种文化价值观与旅游相关，人们是否将旅游、娱乐视为积极有益的活动。

（3）确定不同文化中决策的特殊形式，也就是说，谁作出旅游的决定？何时决定？决策时的信息来源和衡量标准是什么？

（4）评估适合某种文化的营销方法，什么样的营销技巧、措辞和图片对这种文化中的人是可以接受的或不能接受的?

（5）确定旅游产品在旅游消费者心目中合适的销售机构，人们是趋向于直接向供给者购买还是利用零售旅行社购买？还有其他什么可让消费者接受的产品分销方法?

在进行旅游营销时，必须对文化因素进行彻底的了解分析，对不同文化采取适当差别的营销方式，才能达到营销的目的。营销人员必须具有不同文化的相关知识，才能更好地进行营销活动。

分析文化因素主要从以下几个方面进行。

（1）风俗习惯。风俗习惯是指在特定社会文化区域内，人们共同遵守的、世代相袭而成的一种风尚和行为方式的总称，主要包括民族风俗、节日习俗、传统礼仪等。中国有句古话，叫作“入境问俗”，说明风俗和习惯对人们的行动具有强有力的决定作用与调节作用，如果旅游营销人员在这方面违禁，就会碰得头破血流。旅游者与东道国居民之间，除了在社会关系、家庭观念等方面存在差异以外，生活准则的不同还会导致社会交往的差异，包括收受小费、交换礼品、讨价还价、饮食忌讳、遵守时间等。

（2）语言文字。语言文字是传递信息、文化交流的工具，旅游营销人员不但要努力通晓目标市场的语言，还要注意不同语言之间的微妙差异，更要注意文字是否符合当地习惯，以便能在不同的思维习惯和文化之间顺利进行沟通。在旅游服务交往过程中，语言不通也常会使主客双方彼此误解，导致客人不满和企业损失。例如，当我们的服务接待人员为客人提供了优质服务以后，客人向他们表示衷心的感谢时，接待人员往往喜欢回答:“这是我应尽的责任。”这句话在我们中国的文化环境中是很得体的答复，但把这个句子直接译成英文“It’s my duty”时，其含义却是“我本来不愿意为你服务，但我必须尽这份责任”。所以，本来心满意足的客人听了这样的回答后往往会转喜为怒，甚至会反唇相讥。

（3）宗教信仰。世界上有许多宗教团体，各有自己的文化倾向和清规戒律。它们直接影响着人们的生活习惯和风俗喜好。世界各大宗教，大致有其主要流行地区。基督教在北欧、北美和澳大利亚；天主教在西欧与南美；伊斯兰教在北非和亚洲的西部；佛教在亚洲。宗教在一定程度上起到为宗教历史悠久的国家或地区输送客源的作用。我国和印度、尼泊尔、巴基斯坦、印度尼西亚、缅甸、泰国、日本、朝鲜等国人民的悠久深厚的友谊，都不能不联系到和这些国家的佛教交往史。因而，这些国家的旅游者都是我国旅游业的重要潜在市场。其次，各国的宗教节日又是推销旅游产品的良好时机。如沙特阿拉伯利用到麦加朝圣，每年接待朝圣游客几亿人次。但同时宗教也影响着人们认识事物的方式、行为准则和价值观念，宗教方面的禁忌影响到人们的消费行为。营销者要打入这一市场，就必须遵守宗教教规，适时合理地选择宣传方式，恰到好处地进行宣传。

（4）教育程度。人们的受教育程度不同，在旅游需求上也各有特点。一般来说，接受过高等教育的人喜欢环境变化，比较好动，更愿意到不熟悉的地方去旅游。接受过中等教育的大部分是劳动者，他们出外旅游的机会较少，喜欢到比较熟悉的地方去旅游，并十分注重旅游安全。而只接受过初等教育的人，一般经济收入有限，几乎不会参加旅游活动。他们即使去旅游，其旅游方式很可能是一成不变的。此外，他们不会到不太熟悉的地方去。而现今人们教育水平的提高为营销人员提出了一个课题：未来的消费者将是更会挑选的消费者，未来的旅游者将更追求旅游经历的尽善尽美。

四、经济因素

恩格尔定律中提出：一个家庭收入越少，家庭收入中用来购买食物的支出所占的比例就越大；随着家庭收入的增加，家庭收入中用来购买食物支出的比例则会下降。当人们需要减少开支时，外出就餐和娱乐休闲的费用就成了要节省的首要方面。从宏观上分析经济环境时，要着重分析以下主要经济因素。

（一）国民生产总值

国民生产总值（GNP）是反映国民经济发展的综合指标，人均国民生产总值更能反映出一个国家人民的富裕程度。有研究指出，一般来说，人均国民生产总值到 300 美元就会兴起国内旅游，而人均国民生产总值达到 1 000 美元就会有出境旅游的需求。特别是人均国民生产总值为 1 500 美元以上的，旅游增长速度更为迅速。据《中华人民共和国 2022 年国民经济和社会发展统计公报》，2022 年国内生产总值 1 210 207 亿元，比 2021 年增长 3.0%，全年人均国内生产总值 85 698 元，比 2021 年增长 3.0%。2022 年国内游客达到 25.3 亿人次，国内旅游收入实现 20 444 亿元。

（二）个人收入

经济条件是人们进行旅游活动的必要条件之一。个人收入，尤其是个人可自由支配的收入，更是决定旅游消费者购买力和支出的决定性因素。据统计，在经济发达国家中，每个国民的旅游费支出占个人收入的4%～6%。因此，个人收入是衡量当地市场容量、反映购买力高低的重要尺度。一般来说，高收入的旅游者往往比低收入的旅游者在旅游过程中平均逗留时间长、平均花费高。旅游者在旅游中选择参加的活动类型、购买的旅游产品也因收入不同而有很大的差别。

（三）外贸收支状况

国际贸易是各国争取外汇的主要途径，而外汇的获得又决定一国的国际收支状况。当一国外贸收支出现逆差时，不但会造成本国货币贬值，使出国旅游价格变得昂贵，而且旅游客源国政府还会采取以鼓励国内旅游来替代国际旅游的紧缩政策。如美国1985年外贸赤字达1 000多亿美元，财政赤字达2 000多亿美元，美国参议院批准了自1986年起购买国际机票征税的议案。相反，当外贸收支大幅度顺差，造成本国货币升值，出国旅游价格就降低，而且旅游客源国还会放松甚至鼓励国民出国旅游并购买外国商品。

五、科学技术因素

“技术”是指人们行事方法的总和。它直接影响到旅游企业的产品开发、设计、销售和管理技术，决定了企业在旅游市场上的竞争地位。作为旅游企业的营销者，需要考虑两个方面的技术环境。

（一）新技术对企业的影响

许多企业认识到，谁能引人注目地推出新产品，谁就能保证获得未来几年良好的收益。正如党的二十大报告提出，必须坚持“创新是第一动力”“坚持创新在我国现代化建设全局中的核心地位”。创新是一个国家、一个民族发展进步的不竭动力，是推动人类社会进步的重要力量。经验证明，注重革新的企业通常要比不注重革新的企业在旅游市场上成功的概率高。新技术又促进了行业的发展，计算机的应用使航空公司、旅行社、饭店等旅游企业利用计算机为消费者提供了更好的服务和许多其他便利。同样，新技术又使企业得以拥有自己庞大的国际营销网络，这种营销网络不仅有产品的销售，而且包括将企业的新观念转达给世界各地的用户。

（二）技术对旅游者的影响

技术对人类生活的影响是巨大的。技术一方面对旅游活动造成危机，另一方面又带来便利，家庭电器设备的发展缩短了家务劳动的必要时间，从而提供更多的余暇外出旅游，而且，高技术的娱乐项目已经成为旅游者的旅游活动吸引物。闻名遐迩的迪士尼乐园就是集光、声、电等多种发达技术于一体的产物。战争年代高技术的首选应用是在军事上，而目前高技术的第一应用则是娱乐业。这种富于梦幻、刺激的娱乐产品一经产生，就会赢得众多人的青睐。

同时，技术的发展使旅游设施现代化，为人们的旅游活动带来便利，如交通、通信的发展将时空的距离变得短小，洲际旅游成为易事。旅游酒店设施、设备的现代化为旅游者提供了方便。例如，希尔顿酒店和 IBM Watson 合作测试了机器人前台；喜达屋旗下的 Aloft 品牌已开始使用机器人 Botlr 为客房递物品；故宫出版社 AR（增强现实）元宇宙场景交互式电子出版物《我在故宫修文物》实现了 AR 交互，邀读者身临其境“修缮”养心殿。

拓展资料 2.1

敦煌艺术大展用 AR“复活”青鸟——千年古韵与现代技术的邂逅

但我们在看到电子和信息技术给旅游业发展带来诸多利益的同时，也要意识到它使所有旅游企业面临的共同挑战——市场的全面开放。

六、自然生态环境因素

自然生态环境主要包括一个地区的自然资源、地形地貌和气候条件等因素，是一些企业营销所必需的或能受营销活动影响的自然及生态资源的构成。旅游企业开展营销活动需要注意以下两点。

（一）自然生态资源现状及其变化

自然界的变化会从不同方面给旅游营销带来影响：一方面，美丽独特的自然环境给旅游营销创造了得天独厚的机遇，容易吸引众多旅游者；然而从另一方面来看，自然环境突变而引发的灾害也可能给旅游营销带来危险，如地震、山洪袭击等可造成的旅游损失。

（二）旅游资源与环境保护

旅游企业需要分析自然资源，尤其是旅游资源的合理科学利用，考虑旅游企业的活动对自然环境的影响问题，保护自然环境，走旅游业可持续发展之路。党的二十大报告中也指出，推动绿色发展，促进人与自然和谐共生。我们必须牢固树立和践行“绿水青山就是金山银山”的理念，站在人与自然和谐共生的高度谋划发展。近几年来，旅游业的专家学者提出了生态旅游的观念，生态旅游观念的产生与发展决定着旅游营销必须实行绿色营销策略。和传统营销观念的产品策略相比，绿色营销除了重视产品组合策略、产品生命周期策略、产品设计、产品开发策略以外，更强调的是绿色形象设计和产品的绿色审计。

第三节　旅游市场营销微观环境分析

旅游市场营销微观环境是指存在于旅游企业周围并直接影响企业营销活动的各种参与者，主要包括旅游供应商、旅游购买者、旅游中间商、竞争者、公众和旅游企业自身等。旅游企业营销人员及高层决策人员应每年或定期对面临的微观环境及其因素进行分析，以便认清形势，适应环境的变化，从而根据微观环境及其因素的变化，灵活地调整企业的营销策略，使企业的市场营销活动顺利地开展。

一、旅游供应商

旅游供应商是指向旅游企业及其竞争者提供旅游产品生产所需资源的企业和个人，包括提供能源、设备、劳务和资金等。旅游市场营销活动是以服务为主的综合性活动，其离不开各种生产要素的供给，与旅游供应商相互依存。例如，旅行社的旅游供应商有旅游景区、交通部门、宾馆饭店、休闲娱乐购物区等单位。旅游供应商所提供的旅游资源及旅游产品的价格、供应量和质量，直接影响旅游企业和服务的价格、质量、销售量和利润额，进而影响营销活动目标的实现。一般情况下，旅游企业应从资信状况和供应商多元化两个角度来选择供应商。

二、旅游购买者

旅游购买者是影响旅游企业营销活动最基本、最直接的环境因素。从购买者的角度看，这一因素又可分为旅游者和公司购买者。

（一）旅游者

旅游者是指旅游产品最终的购买者，包括购买旅游产品的个人和家庭。如观光旅游者、度假旅游者、商务旅游者、会议旅游者、体育旅游者等。旅游者购买旅游产品是为了满足个人或家庭的物质需要和精神需要，并无牟利动机。表 2–1 将此类旅游者的主要特征进行了总结。

表 2–1　旅游者的主要特征

旅游者主要特征	具体解释
人多面广	购买旅游产品的旅游者包括各种类型的人员
需求差异大	旅游者因性别、年龄、习惯的不同，对旅游的需求存在较大的差异
多属小型购买	旅游者多以个人或家庭为单位，故购买的数量较少
购买频率较高	旅游者的购买量虽少但品种多样，频率较高
多属非专家购买	由于大多数旅游者对旅游产品缺乏专门知识，他们对旅游产品的选择不属于专家购买
购买流动性较大	旅游者的购买力和时间都有一定限度，对所消费的旅游产品都需慎重选择，这就造成旅游者对地区、企业以及替代品的选择的流动性较大

旅游企业营销人员应该根据企业自身的特点来分析企业所提供的产品和服务最适合哪一种旅游者类型、购买行为以及消费方式。

（二）公司购买者

公司购买者是指各种企业或组织为开展业务而购买旅游产品的购买者。如到宾馆举行会议或展销会的企业或协会就属于此类购买者。其特点如下。

1. 公司购买者数量较少，但购买规模较大

此类购买者大多是企业单位，购买者的数目必然比消费者数目少得多，但由于公司是为举办会议等用途购买，所以购买规模较大。

2. 公司购买属于派生需求

购买者是为开展业务、扩大“生产”而购买，其费用是生产性费用。

3. 公司购买需求弹性较小

因为公司是为开展业务而购买，费用由单位支出，所以公司购买者对旅游商品和服务的需求受价格变动的影响较小。

4. 专业人员购买

公司有专门的购销人员，他们是受过训练、有专门知识、内行的专业人员，专门负责采购工作。

掌握上述特点对旅游企业开展营销活动具有重要意义。如公司购买需求弹性较小；专业人员购买时注重产品和服务的质量，一般的广告宣传对他们影响不大，对此类购买可采用高价优质旅游产品策略。

三、旅游中间商

旅游中间商是指处在旅游企业与旅游者之间，参与商品流通业务，促使买卖行为发生和实现的集体或个人，包括经销商、代理商、批发商、零售商、交通运输公司、营销服务机构和金融中间商等。这些旅游中间商一方面要把有关产品信息告知现实的旅游者和潜在的旅游者，另一方面又要使旅游者方便地克服空间障碍，到备有旅游产品的地方去。

旅游中间商一般都处于旅游者密集、丰富的大中城市里，他们各自有自己的目标群体。因此，通过他们易于沟通旅游企业和旅游者的联系。旅游中间商是一批旅游专门人才，他们一般都受过旅游专业训练，懂业务，有经验，最了解市场，也掌握了旅游者的心理。他们能够给旅游者提供最有价值的信息，帮助旅游者选择最理想的旅游产品。从某种意义上来说，中间商可以帮助旅游产品供给者提高产品的质量。

因为旅游中间商对旅游企业的营销活动影响重大，又是旅游产品销售渠道中不可缺少的一个环节，所以如何选择中间商事关重大，它关系着旅游营销计划的完成。因此，营销人员应全面、深入地调查和分析旅游中间商的发展趋势，搞好旅游营销中间商的选择、评估和管理工作。选择旅游中间商首先必须从了解自我开始。也就是说，首先要明确建立销售网的目标是什么，自己的旅游产品有多少种类，数量有多少，质量怎样，市场需求如何，市场结构如何，竞争情况怎样，产品发展趋势如何，市场的变化趋势如何，产品的市场重点在哪里，进入市场的策略是什么。

在了解“自己”的基础上才能按照既定的目标，寻找自己需要的旅游中间商。选择中间商的关键性因素是：中间商的素质、劳务费用、履行职责效果以及可控程度。

四、竞争者

竞争者属于旅游企业市场营销微观环境因素之一，竞争者的状况会直接影响企业的经营活动，应着重对竞争者进行分析。每一个旅游企业，一般都面临以下四种类型的竞争者。

（1）愿望竞争者（desired competitors），一般指向消费者提供与本企业不同类型产品，以满足消费者其他需要的产品供应者。

（2）一般竞争者（generic competitors），能向消费者提供与本企业不同品种的产品，争夺满足消费者同种需要的产品供应者。

（3）产品形式竞争者（product form competitors），能向消费者提供与本企业产品不同形式的产品，争夺满足消费者的同种需要的产品供应者。

（4）品牌竞争者（brand competitors），能提供与本企业性能几乎相同但品牌各异的产品供应者，是企业最直接而明显的竞争对手。

举例来说明，某公司准备组织员工外出疗养，或游览风景名胜，或考察民俗文化。因此，公司目前的愿望对旅游企业来说，就称为“愿望竞争者”。公司经过反复考虑，决定组织员工疗养以恢复体力和健康，而满足这一愿望，可通过乘飞机、火车或轮船等方式实现，这种方式就叫作“一般竞争者”。到了目的地后，员工可以住高、中、低等档次的酒店，这种酒店档次是能满足购买者某种愿望的各种产品的型号，就叫作“产品形式竞争者”。当公司选定酒店的档次后，公司又要考虑购买哪种品牌的酒店，是“假日”，还是“希尔顿”，或其他品牌的酒店。这也就是满足旅游者的品牌产品，这叫作“品牌竞争者”或“企业竞争者”。企业市场的营销人员，通过调查研究该公司的上述购买决策，就可以弄清楚谁是这个旅游企业的竞争者。

美国哈佛大学商学院教授迈克尔·波特（Michael Porter）认为行业竞争强度的高低是由五种基本竞争力决定的。这五种竞争力分别是：新进入者的威胁、行业内现有竞争者的竞争、替代产品的威胁、购买者讨价还价的能力和供应商讨价还价的能力，如图 2–2 所示。

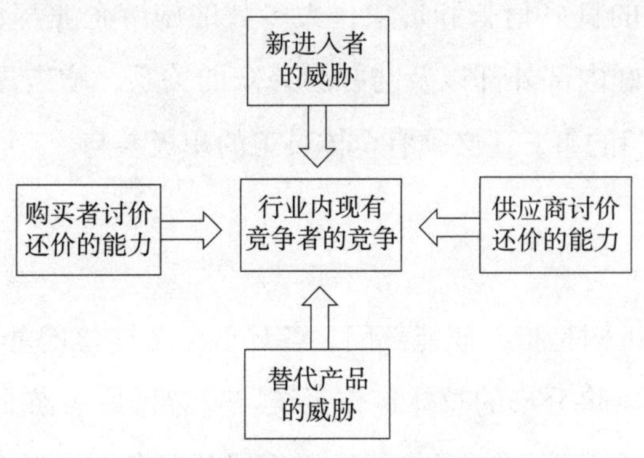

图 2–2　迈克尔·波特五力模型

旅游营销者应当充分分析本企业所处的竞争环境，发挥自身优势，以在营销活动中取得有利地位。

五、公众

公众是旅游企业市场营销微观环境的重要因素。它对旅游企业实现目标产生实际或潜在的影响。作为微观环境因素的公众环境，主要表现在以下几个方面。

（1）旅游企业内部公众，包括企业董事会、经理、职工等。内部公众对企业的忠诚度会影响外部公众。

（2）金融公众，即那些关心和了解并影响旅游企业取得资金能力的任何集团，包括银行、投资公司、证券经纪行和股东等。

（3）媒介公众，主要是报纸、杂志、广播和电视等有广泛影响的大众媒介。

（4）政府公众，即负责管理旅游企业的业务和经营活动的有关政府机构。

（5）市民行动公众，包括保护消费者利益的组织、环境保护组织、少数民族组织等。

（6）地方公众，如旅游企业附近的居民群众、地方官员等。

（7）一般公众，公司需要知道一般公众对其产品和活动的态度。一般公众既是产品的购买者，又是企业的潜在投资者。

旅游企业必须采取适当措施与周围各种公众建立好关系，及时预测他们的动向，发展同他们的建设关系，因为这些不同的公众都能促进或阻碍企业实现其目标功能。以大众媒介为例，报纸、广播、电视对某旅游企业一篇优质服务的报道，就能使这一企业提高信誉、扩大销售；相反，一篇损害旅游者利益的报道，就能使这一企业的信誉和形象大大受损，自然会影响销售。为处理好与周围公众的关系，树立旅游企业的良好信誉和形象，大多数的旅游企业都设立了公共关系部，其主要业务是处理好内部外部以及与社会公众的关系，增进理解，互相合作。公共关系并非公关部门的事，还必须有全体员工的积极参与。

六、旅游企业自身

旅游营销组织机构是指各职能部门、各环节、各岗位的分工协作、权力分配、责任承担、利益和风险分享的总体运作系统。要想做好旅游企业营销工作，各部门的协作默契与否非常重要。现代营销组织机构一般包括决策机构、指挥机构、开发机构、执行与反馈机构、监督与保证机构、参谋机构。

决策机构主要负责旅游企业的发展方向，营销计划、方针、措施，高级管理人员任免等重大事项的决策，是企业的最高权力机构，一般由旅游企业法人代表或董事会担任。

指挥机构是旅游企业营销活动的指令中心，负责营销计划的制订和实施。它以总经理为中心，配以助理，负责人、财、物的管理。指挥机构只对董事会负责。

开发机构负责推出新项目，开拓更深层次的新市场，由企划部或公关营销部负责。训练营销人员、举办营销活动、与新闻媒体联系是此部门的任务。

执行与反馈机构主要负责决策的实施、合理利用旅游资源并反馈有用信息。如饭店的餐饮部、康乐部等部门，不仅要把本部门的工作做好，还要及时把信息反馈给前厅部，以便登记和统计客人的总体情况。

监督与保证机构如党组织、工会等。

参谋机构是由专家和专业人员组成的智囊组织，负责提出建议、咨询、劝告等职能，是辅助决策的非权力组织。在宾馆一般设有信息中心，主要负责此项职能。

第四节　旅游市场营销环境（SWOT）分析

一、SWOT 分析含义

SWOT 分析即态势分析法，由美国旧金山大学的管理学教授韦里克在 20 世纪 80 年代初期提出，主要适用于从企业内部和外部收集信息，来分析市场环境、竞争对手，进而制定本企业营销和发展战略。

SWOT 分析指优势（strengths）、劣势（weaknesses）、机会（opportunities）和威胁（threats）四个方面。

旅游企业内部的优劣势是相对于竞争对手而言的，表现在资金、技术设备、员工素质、产品市场、管理技能、企业文化、品牌形象、市场地位等方面。衡量企业优劣势有两个标准：一是资金、产品、市场等一些单方面的优劣势；二是综合的优劣势，可以选定一些因素评价打分，然后根据重要程度进行加权，取各项因素加权数之和来确定企业是处在优势还是处在劣势。

旅游企业外部环境是企业无法控制的，有的对企业发展有利，可能会给企业带来某种机会，如宽松的政策和技术的进步，就有可能给企业降低成本、增加销量创造条件；有的对企业发展不利，可能会给企业带来威胁，如紧缩信贷、原材料价格上涨、税率提高等。来自旅游企业外部的机会与风险，有时需要与竞争对手相比较才能确定。有利条件可能对所有旅游企业都有益，风险也不仅仅是威胁某一企业。因此，在有些情况下，还要分析同样的外部环境到底对谁更有利或更无利。当然，旅游企业与竞争对手的外部环境是不可能完全相同的，但很多时候却有许多共同点。此时，对机会和风险的分析就不能忽略与竞争对手的比较。

二、SWOT 战略分析及选择

SWOT 分析主要用于旅游企业在选择战略时，对该企业内部的优劣势和外部环境的机会与威胁进行综合分析，并以此为依据对备选战略方案作出系统评价，并且最终选出一种适宜战略的目的。制定旅游企业应对策略的基本思路是：发挥优势因素，克服劣势因素；利用机会因素，化解威胁因素；考虑过去，立足当前，着眼未来。具体策略分析如表 2-2 所示。

表 2-2　旅游市场环境 SWOT 分析模型

内部	外部	
	机会（O） （1），（2），（3）…	威胁（T） （1），（2），（3）…
优势（S） （1），（2），（3）…	SO 发展型战略	ST 多角化经营战略
劣势（W） （1），（2），（3）…	WO 稳定发展型战略	WT 紧缩型战略

（1）SO 组合：着重考虑优势和机会因素，目的是努力使这两种因素趋于最大，可采取发展型战略。

（2）WO 组合：着重考虑劣势和机会因素，目的是努力使劣势趋于最小、使机会趋于最大，通过外部机会来弥补内部弱点，可采取稳定发展型战略。

拓展资料 2.2
吉林省旅游产业发展的 SWOT 分析及对策建议

（3）ST 组合：着重考虑优势和威胁因素，目的是努力使优势因素趋于最大、使威胁因素趋于最小，利用旅游企业的优势回避或减小外部威胁的影响，可采取多角化经营战略分散风险，寻找新的机会。

（4）WT 组合：着重考虑劣势和威胁因素，目的是努力使这些因素趋于最小，是一种旨在减少内部弱点，同时回避外部威胁的防御性策略，可采取紧缩型战略。

【本章小结】

宏观和微观环境要素对旅游市场的影响是双方面的，既影响消费者的购买行为，同时也影响营销人员的营销行为。本章的重点在于介绍和解释旅游市场营销环境的基本内容体系，使营销人员正确运用 SWOT 分析法综合分析、判断旅游企业资源上的优势和劣势，把握环境提供的机会，开发出适时、适地、适人群的营销策略。

【即测即练】

【思考题】

1. 什么是旅游市场营销环境？它具有哪些特点？

2. 构成旅游市场营销环境的宏观要素和微观要素分别有哪些？

3. 分析、研究旅游市场营销环境对旅游企业开展营销活动的意义。

4. 消费者支出结构的变化对旅游企业的营销活动有什么样的影响？

5. 选择本地区一旅游企业，试运用 SWOT 分析法对其旅游市场营销宏观、微观环境进行分析。

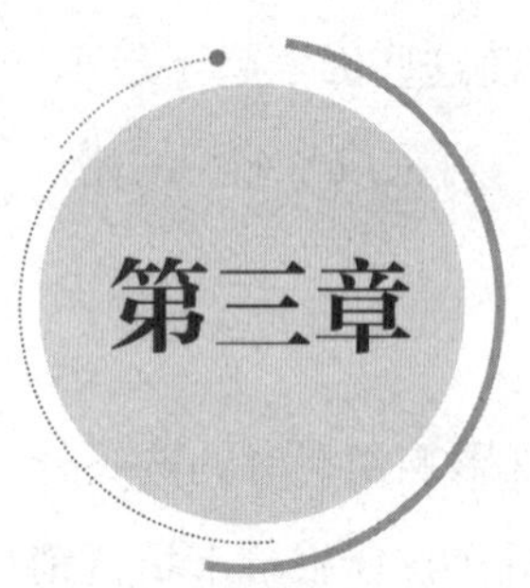

第三章 旅游者购买行为

【学习目标】

1. 掌握旅游者购买行为的模式和影响旅游者购买行为的主要因素。
2. 熟悉旅游者购买行为的概念和内容。
3. 了解旅游者购买决策过程。

【能力目标】

1. 掌握分析旅游者购买行为的技能。
2. 培养根据消费者行为分析制定具体针对性的营销策略的能力。

【思政目标】

1. 树立辩证唯物主义世界观。
2. 增强学生保护和弘扬中国传统文化的意识。
3. 培养生态文明意识。

【思维导图】

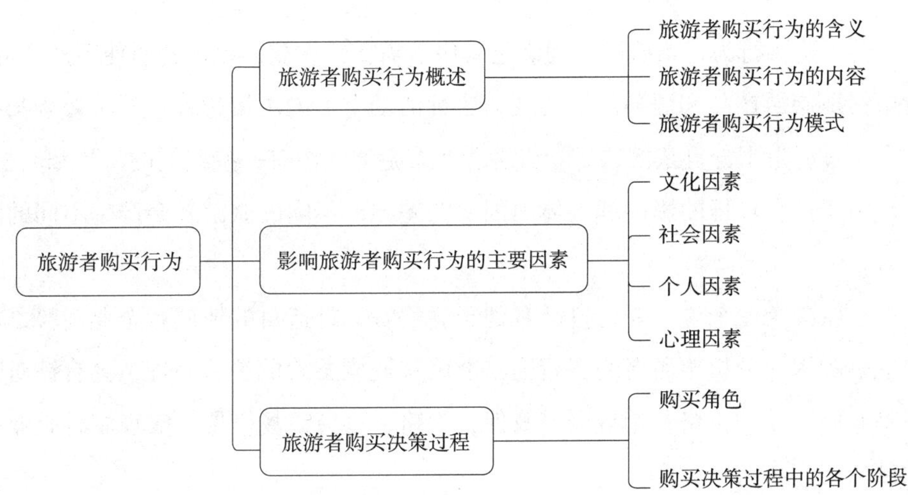

【导入案例】

2016 年 12 月，教育部等 11 部门联合发布《关于推进中小学生研学旅行的意见》，将游学、研学纳入日常教学活动中。据调查，2018 年国内研学旅行人数达到 400 万人次，市场规模保持在 2.3 亿人以上，研学旅游需求旺盛，市场潜力巨大。目前研学旅游主要针对的市场是 3 ～ 16 岁人群，不同年龄阶段的儿童在研学旅游产品偏好上存在差异。此外，面对研学旅游“决策 – 消费”分离的客群特征，旅游企业在持续发掘不同年龄段儿童兴趣、刺激和匹配用户兴趣点的同时，也需要考虑学校和家长的诉求，设计出不同的研学旅游的产品。

资料来源：绿维文旅 . 2021 年旅游消费热点人群分析 [EB/OL].（2021-09-30）. https：//www.sohu.com/a/492926125_121124432.

案例思考题：

1. 影响不同年龄段儿童研学旅游产品偏好的因素有哪些？

2. 如何正确理解“决策 – 消费”分离？

3. 这则案例给你什么样的启示？

第一节 旅游者购买行为概述

一、旅游者购买行为的含义

旅游者购买行为是指旅游者为满足其旅游需要，在旅游动机的驱使下产生的、以货币换取旅游产品和服务的活动及与这种活动有关的决策过程。旅游者购买行为的产生过程是十分复杂的，尽管旅游者在旅游活动中有一些共同的需要和动机，但是，由于社会环境的影响和人体内因素的差异，不同的旅游者会产生不同的购买行为。

对于旅游企业来说，要使自己有别于竞争者，打造目的地或者企业优势，就必须理解和深入分析旅游者购买行为，准确掌握旅游者的消费心理，更有针对性地调整旅游产品的价格、销售渠道及促销策略，适应市场需要，实现旅游企业的经营目标。

二、旅游者购买行为的内容

旅游企业的营销人员在研究旅游者购买行为时，应了解消费行为所包含的内容和行为方式，具体如下。

（1）市场由谁（who）构成，即购买者。购买主体是购买决策的执行者。旅游企业可以根据旅游者的年龄、性别、职业、收入等把消费者划分为不同的类型，了解谁是企业某种产品的购买者，分析最有可能购买某种商品的旅游者类型。

（2）购买什么（what），即购买对象。这是指旅游者主要购买的产品和产品的类型、价格、品牌等。

（3）为何（why）购买，即购买目的。这是指旅游者购买商品的目的和真正的动机。它是由消费者的需要和对需要的认识引起的。

（4）谁（who）参与购买，即购买组织或执行购买的人。旅游者购买的商品不同，购买的复杂程度就不同，所需解决的问题也不一样，参与购买行为的人，即购买组织也不尽相同。

（5）怎样（how）购买，即购买行动或购买方式。这是指购买主体在购买行为中的购买方法与货币支付方式。购买方法可分为邮购、函购、自购、托人购买、电话购买、网上购买等；货币支付方式可分为现金支付、信用卡、支票、延期付款、分期付款等。

（6）何时（when）购买，即购买的时机（间）。旅游企业应该了解旅游者购买商品有无季节性及消费者喜欢和经常在什么时间购买商品。

（7）在何地（where）购买，即购买地点。消费者对购买地点的选择一般是有规律性的，旅游企业应该分析旅游者经常购买商品的地点。

一般来讲，旅游企业对于目标市场顾客的购买行为中这7个"w"了解得越清楚，则越能掌握市场需求、顾客偏好的变化规律，也越能设计出有效的营销战略和营销组合。从方法上来讲，旅游企业必须了解顾客购买行为的规律，通过市场调查或消费者调研来掌握了解目标市场消费者的购买行为。

三、旅游者购买行为模式

行为模式是指一般人或大多数人如何行动的典型方式。消费者购买行为模式就是指一般人或大多数人如何购买商品的典型方式。关于消费者行为学的研究领域已经涵盖社会心理学、人类学、社会学、经济学等丰富的学科体系。现阶段关于消费者购买行为的研究点已经不再是仅针对如何作出购买决策，而开始将视角延伸至消费者偏好、社会角色因素、情境营销因素等更多方面的内容。

现代行为科学在分析人类行为时，建立了不少分析模式，其中最著名、最基本的是"刺激–反应"模式（图3–1）。该模式根据罗森伯格和霍夫兰德的社会态度行为模式改变而来。行为学家认为，消费者的购买行为是消费者受到某种刺激后作出的一种反应。旅游者购买行为的模式是在"刺激–反应"模式基础上，结合购买行为过程中的特殊性创建而成的。旅游者受到的刺激因素归为两种类型：一种是营销因素，即由旅游产品、产品价格、旅游者购买渠道、旅游产品促销组成的4Ps；另一种是非旅游企业营销因素，即旅游者所处的经济、政治、文化等的环境因素。旅游者在受到相关刺激时，所作出的"反应"通常体现在购买过程中作出的对旅游产品、旅游产品的品牌、经销商、购买渠道、购买时间等的决策。

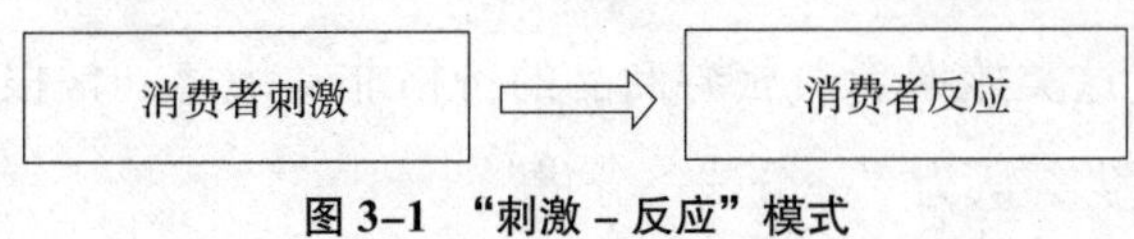

图3–1 "刺激–反应"模式

如果单纯地从"刺激–反应"模式分析购买者行为，那么在可控的、相同的刺激因素的影响下，旅游者应该作出相同的反应，但是在消费者行为研究中发现，对于同样一个刺激因素，不同的旅游者作出的反应往往并不一样。这意味着，旅游者从受刺激到作出反应，经历了一个看不见的中间过程，这一过程主要是由于不同行为个体的心理反应不同而产生的行为的差异。由于旅游企业不能对特定个体的心理完全了解，故将旅游者购买的心理过程称为“购买者黑箱”（图 3–2）。“购买者黑箱”主要包含两个心理过程：一个是“购买者行为特征的影响因素”；另一个是“购买者决策过程”。因此，旅游企业研究“购买者黑箱”，即研究“旅游者的特征如何影响其购买行为”和“旅游者购买决策过程如何影响其购买行为”，这两个主要内容将在本章的第二节和第三节中详细阐述。

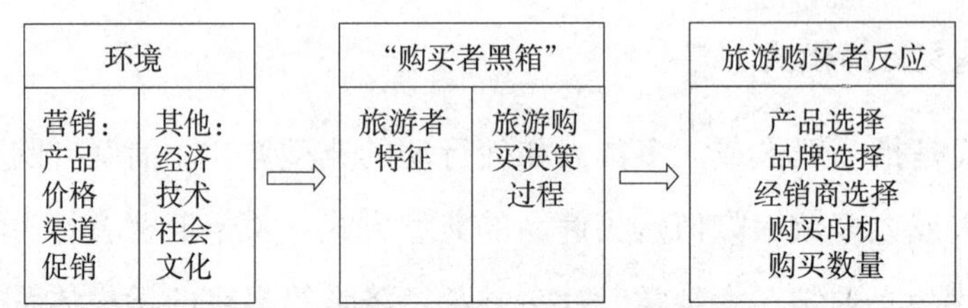

图 3–2　旅游者购买行为模式

旅游者的实际购买行为是非常复杂的，使用旅游者购买行为模式是对其过程的抽象和简化。虽然不同的旅游者的购买行为是千差万别的，但是在研究过程中，仍发现在实际生活中有许多人的购买行为非常相似，这就构成了以下几种典型的形式。

（1）理智型。这类旅游者头脑比较冷静、有主见、不易受外界因素的影响，购买旅游产品时，会广泛收集信息，购买时十分谨慎，反复挑选。

（2）冲动型。这类旅游者感情比较外露，容易受外界因素影响。其主要表现为：购买旅游商品前没有足够的准备，往往凭一时感觉作出购买决策，易受促销手段的影响，较易作出快速购买行动。

（3）习惯型。这类旅游者根据长期养成的消费习惯，总是去购买同一类型的旅游产品或习惯去同一旅游企业购买产品，较少受广告宣传的影响。

（4）经济型。这类旅游者对旅游商品的价格非常敏感，常根据价格的高低来判断商品质量的优劣，认为“一分钱一分货”。

（5）情感型。这类旅游者情感深刻、审美感强，在购买旅游产品时容易受促销和情感的诱导，对购物现场的环境反应十分敏感，通常购买符合自己感情需要的旅游产品。

（6）不定型。这类旅游者对商品的心理尺度尚未稳定，没有明确的购买目的和要求，缺乏商品常识，没有固定的偏好，一般是奉命购买和顺便购买。

（7）疑虑型。这类旅游者害怕上当，对所买的旅游产品疑心重重，导致在购买过程中犹豫不决。

认真研究旅游者的购买行为模式和特点，能够使旅游企业采取更加有效的营销策略，提升旅游企业的市场竞争力，提高收益。

第二节 影响旅游者购买行为的主要因素

旅游者购买行为的产生是受到许多因素的影响而形成的，从旅游的实际情况来看，可大体分为两大类，即影响需求的外部因素和由需求产生的内部因素（或个体因素），主要包括文化因素、社会因素、个人因素和心理因素四个方面。

一、文化因素

文化是人类在社会实践过程中所获得的物质、精神的生产能力和创造的物质、精神财富的总和。文化是决定人类欲望和行为最基本的因素，对消费者购买行为起到一定的导向作用。文化因素对旅游者购买行为的影响主要包括文化和亚文化两个方面。

（一）文化

在市场营销学的意义上，文化通常是指为一个社会所共有且世代传承的一整套信念、价值观、态度、习惯和行为方式。其渗透在人们的观念、行为和思维方式中。不同的国家、不同的民族、不同的地域及不同的社会，都有与之相适应的文化氛围，而其文化内涵不尽相同，这就使旅游者的生活方式、消费理念、消费内容都存在差异。因此，对于旅游企业来说，了解旅游者的文化背景是非常重要的。

（二）亚文化

亚文化是指在文化或综合文化的背景下，属于某一区域或某个集体所特有的观念和生活方式。在同一主文化的不同亚文化群体中，人们的价值观念、风俗习惯及审美观等表现出不同的特征。在旅游市场中，亚文化群体不仅包含与主文化相通的价值与观念，也有属于自己的独特喜好和旅游产品的独特要求。

亚文化群体主要可以分为以下四种类型。

（1）民族亚文化群体，即不同的民族还存在以民族传统为基础的亚文化，不同的民族有着不同的兴趣、崇尚和生活习惯以及不同的消费行为。

（2）宗教亚文化群体，即不同宗教的戒律和教规不同，表现出与其特有的文化偏好和禁忌相联系的亚文化，在购买行为上也显现不同的特征。

（3）种族亚文化群体，即不同的种族有其特有的文化风格、生活态度和生活习惯，其购买行为也各不相同。

（4）地理亚文化群体，即不同地理区域的消费者有各自的生活方式和行为特征，当然也会表现出不同的购买行为。

综上所述，旅游企业应认真分析不同亚文化群的偏好和行为方式，以便更好地细分市场，提供更加符合市场需求的旅游产品和营销策略。

传统文化影响下的中国人旅游消费行为特征

二、社会因素

社会因素在旅游者购买行为中具有较为直接、有力的影响，是旅游者在决定是否购买某种旅游产品时需要考虑的因素。其主要包括相关群体、家庭、社会角色与地位。

（一）相关群体

旅游者的相关群体是指那些直接或间接影响一个人的态度、看法和行为的群体，亦即消费者的社会关系。根据旅游者是否直接属于该群体，可以分为成员群体和非成员群体。

1. 成员群体

旅游者直接属于这个群体，且该群体对旅游者的态度和行为直接影响的，被称为成员群体。成员群体具体分为以下两种。

（1）首要群体，即对一个人经常发生直接影响和相互影响的群体，如家庭、朋友、邻居和同事，这类群体对旅游者购买行为的影响程度较大。例如，在家庭旅游中，丈夫想到拉斯维加斯去娱乐，而妻子想到法国去购物，丈夫出于体谅和关爱妻子，往往会听从妻子的想法，到法国去购物。

（2）次要群体，即对一个人的影响不是经常和频繁的群体，但是这种影响比较正式。例如，环境保护协会的成员作为旅游者，相较其他游客，更加注重旅游产品中与环境相关的内容。

2. 非成员群体

除了成员群体，一个人的行为也经常受到非成员群体的影响，即旅游者受自己不属于其中的相关群体的影响。这类群体主要包括崇拜性群体和隔离群体。崇拜性群体是指某一旅游者本不属于但希望从属和加入的群体，如某一青少年旅游者对明星的崇拜，并希望有朝一日能成为其中一员，该旅游者会更倾向于购买明星同款的旅游产品。如果某旅游者不愿意接受一个群体的价值观和行为方式，并拒绝加入其中，那么这一群体就是该旅游者的隔离群体。

虽然相关群体对旅游者的购买行为具有较大影响，但其影响程度在产品选择和品牌选择中并非都相同，也会随着旅游产品生命周期的不同而发生改变。旅游产品的生命周期可分为导入期、成长期、成熟期和衰退期。在某类旅游产品刚刚进入导入期时，旅游者在购买与否的决策上受到相关群体的影响较大，受品牌选择的影响较小；当此类旅游产品进入成长期时，旅游者在购买该产品及相关品牌的选择上都受到相关群体较大的影响；当此类旅游产品进入成熟期时，旅游者在品牌选择上一般会受到相关群体的较大影响；当该旅游产品进入衰退期时，相关群体对该旅游产品和品牌选择的影响都很小。因此，旅游市场营销人员必须在不同的旅游产品周期制定不同的市场营销策略，以此影响群体的各类成员，使企业利益提升。

（二）家庭

家庭是以婚姻、血缘或有继承关系的成员组成的社会生活的一种社会单元。家庭是社会生活最基本的单位，家庭成员的价值观、生活方式、行为准则都会对旅游者的消费行为起到至关重要的影响。此外，家庭也是旅游产品的主要消费群体。我国的家庭旅游近年来呈现逐渐上升的趋势。因此，研究家庭这一特殊的相关旅游群体对旅游者个体购买决策的影响是非常必要的。

人类学家拉尔夫·林顿（Ralph Linton）认为，夫妻和子女是一切家庭结构的基础。以这种结构为主的家庭是社会中最重要的消费单位，夫妻和子女在旅游产品购买的过程中所起的作用不同，并互相产生影响。在子女尚小的家庭中，父母一般是购买的倡导者。随着子女年龄的增大，他们也逐渐影响到家庭的购买决策。在旅游过程中，子女也经常成为某些购买行为的决策者。《中国居民家庭亲子游消费报告 2021》显示，儿童人口规模的持续增长，为国内亲子游市场创造了巨大的持续增长空间。随着“80后”“90后”父母成为消费主力，亲子游市场呈现出明显的多元化、品质化趋势。

市场营销学中认为，旅游者作为家庭成员所经历家庭各个阶段形态的变化，对其消费的形式、内容和特征等都有不同的影响。一个家庭从成立到消失的全部过程称为家庭生命周期。例如，新婚阶段的夫妻对具有特色的旅游产品以及旅游目的地的环境、位置有较强的选择，旅游消费呈现出一个较强的旺盛期。在子女未成年阶段，受环境、经济、身体、安全等方面的影响，家庭旅游购买行为多集中在近距离的目的地和相对单一的旅游产品的消费。在子女成年后，家庭对旅游产品消费的可能性增多，其出游的要求与其社会地位、经济收入相对应。在退休年迈的阶段，经济状况好的老年人往往会结伴外出旅游，其旅游需求要求舒适、慢节奏、高消费。国际上通常称这些老年旅游者为“银发阶层”。

（三）社会角色与地位

一个人在一生中会加入许多群体——家庭、俱乐部、各类组织等，一个人在各群体中的作用和位置可以用他在某一群体的角色与地位来确定。角色是对一个人行为的期望和要求，是指一个人在各种不同的场合中应起的作用。每一种角色都伴随着一种地位，即从社会角度规定了的权利和义务的社会位置，着重反映了社会对该角色作用的总评价，具有高低之分。每一种角色和其对应的地位都会影响旅游者对旅游产品的购买行为。例如，王女士是一家公司的总经理，同时她也是女儿、妻子和母亲。在公司，她作为决策者，决定团建旅游的方案；在家庭中，对于出游的计划，她可能只是建议者或者购买者。旅游者的购买行为倾向于向社会展示他们所处的地位，如对酒店、交通工具、旅游目的地、旅游产品等的选择，都代表一定的社会地位。当然，旅游者也可能在特定的环境中，暂时脱离自己的社会地位和角色。例如，旅游者在参加参与性极强的旅游活动时，可能暂时抛开自己的角色。此外，地位和角色并不是一成不变的，它们会随着不同社会经历、地理区域时间的推移而发生变化。

三、个人因素

旅游者购买行为的个人因素主要是指旅游者的人口统计因素，如旅游者的年龄、性别、职业、经济状况、生活方式、个性和自我概念等。这些因素在旅游活动中对旅游者购买决策具有一定的现实局限性和直接限制性。

（一）年龄

从旅游者个人角度来看，年龄的不断变化意味着其生理状况、心理状况、经济状况、旅游购买经验等方面是不断变化的，直接影响其对旅游不同产品的选择和评价的价值取向发生变化。在旅游市场上，年龄是划分市场的传统标志，如可以分为儿童市场、青年市场、中年市场、老年市场等。例如，在美国旅游市场中，20 世纪 70 年代生育高峰中出生的一代，现在的年龄为 45 ~ 50 岁，他们受到良好的教育，收入较高，是出国旅游的重要力量。不同年龄的旅游者对衣、食、住、行等均有不同的偏好。一般来讲，年轻人喜欢时髦的、刺激性和冒险性较强的旅游活动。老年人由于有丰裕的积蓄，与积蓄及收入较少的年轻人相比，更倾向于选择豪华、舒适、体力适中的旅游产品。

（二）性别

由于生理和心理上的差异，不同性别的旅游者对旅游产品的购买行为具有一定的差异。除了价格因素外，男性一般更注重产品的品牌、质量，女性更注重产品的外观和感情色彩；男性受广告等促销手段的影响较小，而女性则受促销的影响较大；男性购买商品比较果断和迅速，而女性则往往比较谨慎。由于存在这些差异，一些旅行企业纷纷开发针对不同性别市场的产品和营销策略，例如，推出“三八妇女节”特惠旅游产品，从价格上对女性倾斜；推出符合女性特点的购物主题游；通过对 40 ~ 45 岁男性消费者的分析，开发惊险性较强的旅游项目，以此吸引该年龄段的男性消费者。

（三）职业

一个人所从事的职业在很大程度上代表了他在社会上的地位和收入水平，也决定了他的闲暇时间。对于旅游者而言，生活经历和工作性质不同，消费构成和购买习惯也会有所区别。工作繁杂程度高、人际交往频繁、工作任务重的旅游者，倾向于选择放松型的度假旅游。例如，城市白领阶层更倾向于选择远离城市的地方作为旅游目的地，追求闲淡舒适的旅游项目。旅游者的职业还会影响旅游时间的选择，例如，教师具有较长的假期，且其假期时间相对固定，故可以有较充裕的时间旅游。这也要求旅游企业的营销人员分析、了解和识别本企业开发的旅游产品的目标市场的职业特点，以便更有针对性地开展营销活动。

（四）经济状况

在旅游市场中，旅游者的经济状况在很大程度上影响其购买旅游产品的种类、品牌及购买方式，最终决定了旅游者能否实现旅游及旅游消费水平的高低。世界旅游组织（UNWTO）研究表明，当人均 GDP（国内生产总值）达到 14 000 元（2 000 美元）时，休闲游将获得快速发展；当人均 GDP 达到 21 000 元（3 000 美元）时，旅游出现爆发性需求，旅游形态出现以度假游为主；当人均 GDP 达到 35 000 元（5 000 美元）时，步入成熟的度假旅游经济，休闲需求和消费能力日益增强并出现多元化趋势，但这并不意味着收入越高，购买旅游产品的欲望越高。研究表明，高收入者因为受到闲暇约束，旅游消费倾向较低；低收入者主要受到收入约束，旅游消费倾向也较低；中等收入群体的旅游消费倾向最高。此外，旅游消费是一种高弹性的消费活动，即旅游者会随着个人或整个社会经济状况的好坏来调整旅游预算，甚至取消旅游计划。综上，旅游企业的营销人员必须时刻关注整个社会的经济指标的变化，适时地调整旅游产品的定位和定价。

（五）生活方式

生活方式是指一个人在世界上所表现的活动、兴趣和看法的生活模式，是消费者心理特征的外在表现，包括衣、食、住、行及闲暇时间的利用等。即使来自相同的亚文化群，甚至来自相同职业的人们，也可能具有不同的生活方式。个人生活方式从心理特征、价值取向、交往关系以及个人与社会的关系等角度可分为：内向型生活方式和外向型生活方式；奋发型生活方式和颓废型生活方式；自立型生活方式和依附型生活方式；进步的生活方式和守旧的生活方式等。不同的生活方式会使人做出截然不同的消费行为。

旅游企业应该清晰地认识到，旅游者不只是购买旅游产品本身，他们购买的是这些旅游产品所代表的价值观和生活方式。因此，为了更好地发现不同生活方式的旅游者群体，制定相应的营销策略，旅游企业可以利用 AIO[activity（活动）、interest（兴趣）、opinion（观点）] 测度法，从三个维度来测量旅游者的生活方式。

（1）活动，如旅游者的工作、休闲、购物和社交等。

（2）兴趣，即旅游者对家庭、娱乐、食品等的兴趣。

（3）观点，是指旅游者关于社会、政治、经济、文化和环境保护等的意见。

（六）个性和自我概念

个性是指一个人特有的心理特征，它会带来一个人对其所处的生活环境相对一贯和持续不断的反应，表现出比较固定的行为倾向。在旅游市场中，如果具有某种个性特征的旅游者在选择某些旅游产品或服务时有明显的相同之处，那么营销人员就可以将个性作为分析旅游者购买行为的一个可用变量。

自我概念，也可以称为自我形象，是与个性相关的一个概念，是指一个人在内心形成的关于自己的复杂的内心图像。个人的日常行为倾向于与这种自我形象相一致。例如，那些认为自己很勇于冒险的旅游者，就会喜欢选择那些具有挑战性和冒险性的旅游产品与项目；那些认为自己青春活力、充满激情的旅游者，就不会选择消磨时光、慢节奏的旅游活动，更倾向于潜水、爬山、跳伞等旅游活动。

四、心理因素

根据相关研究，个体的行为是受其心理活动支配和控制的。旅游者购买行为同样也受到其个人心理因素的影响，其购买行为是建立在心理活动的基础上，即消费者在消费决策中支配购买行为的整个心理活动过程。动机、知觉、学习、信念和态度是影响旅游者购买行为的主要内在驱动因素。因此，以上述四个心理因素为主要内容，对旅游者购买行为进行分析。

（一）动机

动机是引发一个人满足自己某种生理需要或心理意愿，而去做某件事情的内在驱动力。根据这一解释，动机源于需要，它是一种上升到必须满足的需要。如果这种需要不能及时得到满足，就会造成内心紧张状态。人需要寻求减轻内心紧张状态的办法，努力维持自己的某种心态平衡。例如，一个人为了暂时摆脱常规生活中的压力和约束，可能选择外出旅游，获得放松和休息。因此，对旅游者的购买行为动机的深入研究和分析是非常有必要的。在此，主要介绍三个最流行和著名的需要—动机理论：马斯洛需要层次理论、弗洛伊德的动机理论和赫茨伯格的动机理论。

1. 马斯洛需要层次理论

亚伯拉罕·马斯洛（Abraham Maslow）认为，人们需要动力实现某些需要，有些需求优先于其他需求。换言之，①人是有欲望的动物，会产生多种不同的需要。②这些需要是以层次的形式出现的，即有等级、高低之分。马斯洛将人的需要分为五个层次，通常被描绘成金字塔内的等级（图 3–3）。从层次结构的底部向上，依次为：生理需要（对食物、水、住房等的需要）、安全需要（对受保护、稳定、安全等的需要）、社交需要（对归属、爱情及友情等的需要）、尊重需要（自尊、地位等的需要）、自我实现需要（自我发展和实现的需要）。③只有较低层次的需要得到满足之后，才会产生上一层次的需要并要求得到满足。

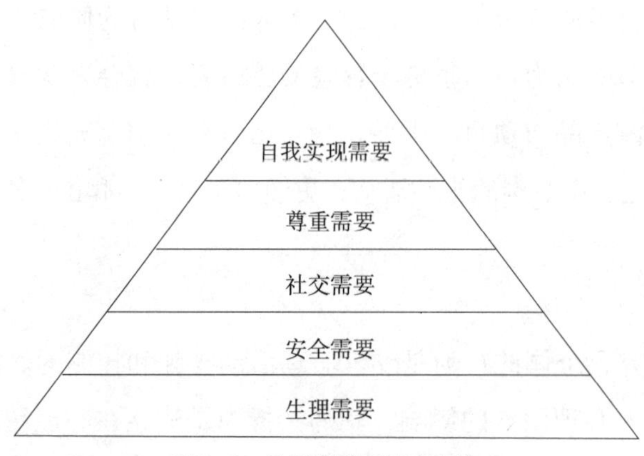

图 3–3　马斯洛需要层次理论

根据马斯洛需要层次理论可知，旅游需要不是旅游者先天就有的，它并不属于旅游者的生活必需品，而是较高层次的需要。因此，旅游企业需要对目标市场过往购买的旅游产品内容和价格、使用的渠道、参与的促销活动等方面进行分析，确定已经被满足的需要层次，通过各种营销手段，挖掘旅游者隐藏在潜意识中渴望被满足的上一层次的需要，从而为旅游产品确定恰当的市场定位和营销方向。

2. 弗洛伊德的动机理论

西格蒙德·弗洛伊德（Sigmund Freud）认为，形成人的行为的真正心理因素大多是无意识的。 在人的成长过程中，不可能所有的欲望都被满足，一定会有一部分欲望和需要遭到了压制，而不能得到满足。但是这些欲望和需要既无法消除，也无法被完全控制，就会压抑在内心中，形成一种心理的“无意识”，它们会在无意的话语或意念活动中体现出来。换言之，一个人的行为是在受到多种因素刺激后产生的一种“无意识”的结果。该理论用在旅游市场中，可解释为旅游者是在购买某种旅游产品的时候，可能受到了多种因素的刺激，唤起了“无意识”或“潜意识”的结果。根据弗洛伊德的理论，旅游企业营销人员需要采取多种因素来刺激旅游者的购买欲望，特别是需要采取各种带有情感色彩的因素来刺激旅游者做出购买行为。

3. 赫茨伯格的动机理论

弗雷德里克·赫茨伯格（Frederick Herzberg）的动机理论被称为“双因素”理论，亦称为“激励—保健”理论，在现代管理学科中较为流行。该理论认为人的行为受到两种因素的影响。

（1）保健因素，是指造成人不满的因素。

（2）激励因素，是指让人感到满意的因素。

该理论的基本要点如下。

（1）不是所有的需要得到满足都会产生更积极的行为，只有激励因素得到满足，才会调动人们的积极性。

（2）保健因素得不到满足，会引起强烈的不满，但满足时不一定会调动积极性。

（3）激励因素得不到满足时，不会引起破坏性的结果。

该理论应用在旅游市场中，可解释为，旅游企业应努力规避会引发旅游者不满的因素，如旅游产品质量、服务人员专业性、酒店卫生程度等，因为一旦保健因素得不到满足，则会引起旅游者的不满意，从而产生负面结果，但是保健因素的满足，不一定会使旅游者做出购买行为。因此，旅游企业需要识别可刺激旅游者购买的激励因素，如酒店免费升级、价格折扣、VIP（贵宾）服务等，会使旅游者更愿意做出购买行为。

（二）知觉

知觉是一系列组织并解释外界客体和事件的产生的感觉信息的加工过程，即客观事物直接作用于感官而在头脑中产生的对事物整体的认识。人的感官主要为视觉、听觉、嗅觉、触觉和味觉，每个人通过这些感官对外界刺激物产生反应，但即便两个旅游者处在相同的刺激物和目标状态下，他们吸取、组织和解释这些感觉到的信息的方式也不尽相同，进而会产生不同的购买行为。

具体来说，人们通常会经历三种知觉形成过程，从而产生对同一事物的不同知觉，并表现出行为上的差异性。

1. 选择性注意

人们在日常生活中会面对众多的刺激物，但大部分刺激物都会被人们无意识地过滤掉，只有与当前需要有关的刺激物可以更多地引起人们的注意。这意味着，在旅游市场中，营销人员需要有效的沟通策略，以引起旅游者对旅游产品的注意。

例如，倾向于国际游的消费者，异国风情可能会得到他更多的注意，而国内旅游项目中涉及的活动则会被其过滤掉。

2. 选择性曲解

人们总是将信息按照自己的思维模式进行理解，使之符合自己的意愿、经验和见解的倾向。因此，旅游者即使注意到了刺激信息，也不会完全按照旅游企业预期的方式对此进行理解和接受，旅游者总是会将收到的信息曲解为适合自己思维定式的形式。例如，旅游者会根据对旅游企业的信任程度来理解旅游产品的信息。因此，在旅游市场营销中，旅游企业在面对对其印象不好或对旅游产品持怀疑态度的旅游者时，就需要首先解决目标旅游者先入为主的看法和态度等问题，以此取得旅游者的信任。

3. 选择性记忆

选择性记忆是指一个人只会记住那些符合自己态度和信念以及需要记住且能够记住的信息。这就意味着，旅游企业想要让目标旅游者记住其旅游产品的信息，就必须将相关信息与目标群体熟悉喜欢的事物相关联，并且在一定时期内经常地、反复地出现，以强化旅游者的记忆。

许多旅游产品和旅游服务具有无形性的特征，使得旅游者无法通过观察对其进行了解。因此，旅游企业应该尽可能地将无形的产品有形化，增加反复出现的频次，以此刺激旅游者的知觉，使其产生购买行为。

（三）学习

学习是指由于经验和知识的积累而引起的个人行为的改变。人类绝大部分的行为是驱使力、刺激、诱因、反应和强化等相互作用的结果。

驱使力是指促成行动的一种强烈的内在刺激。当驱使力被引向刺激对象时，就会成为一种动机。诱因是指那些决定一个人何时、何地以及如何作出反应的次要刺激物，如亲人对他的鼓励等。对于旅游营销人员来说，可以通过把学习与强烈的驱使力联系起来，运用刺激性暗示和提供积极强化等手段来建立旅游者对该旅游产品的需求。旅游公司也可以设计具有不同驱使力的产品，并提供强烈的暗示诱导来促使旅游者转向其他旅游产品。

（四）信念和态度

信念是指一个人对某些事物所持有的看法、认知或评价。信念可能是建立在事实基础上，可能是一种偏见，也可能是出于某种感情因素而产生的。旅游者对于某一旅游企业、旅游目的地或旅游产品都会有自己的认知与看法，这是对事物的一种描述性的看法，没有好坏之分，如“迪士尼乐园是孩子们的天堂”。

态度是指一个人对某些事物或某种观念长期持有的好与坏的认识上的评价、情感上的感受和行动上的倾向。人们几乎对所有的事物都持有态度，态度导致人们对某一事物产生好感或厌恶感、亲近或疏远的心情。与信念不同的是，态度是人对事物表现出来的价值判断，它使人们对事物表现出拒绝或接受的“顽固性”倾向。简言之，态度是一个人对某人或某事物所持有的根深蒂固的看法。例如，某些旅游者由于以往的经验对某一品牌酒店产生肯定的态度，就会成为该酒店品牌的忠实顾客，且这种态度是很难改变的。若旅游者对某一旅游品牌持有否定态度，同样也是很难改变的。因此，对于旅游企业而言，不要试图改变旅游者的态度，而是应该改变自身的旅游产品以迎合其已有的态度。

旅游者购买行为受到众多因素的影响。一个人的选择是文化、社会、个人和心理等多个因素互相影响与作用的结果。虽然有些因素是旅游营销人员无法改变的，但是这些因素在识别对产品感兴趣的购买者方面是十分有用的。其他因素则可以受到旅游营销人员的影响，提示旅游企业如何开发旅游产品、价格、渠道、促销，以便引起旅游者的强烈反应。

拓展资料 3.2

疫情后国内出境游发展趋势

第三节 旅游者购买决策过程

通过对影响旅游者购买决策的因素的阐释，不难发现，旅游者购买过程存在一定的差异性或特殊性，但营销学家研究发现，旅游者的购买过程同样存在共同性或一般性。本节将从由谁作出购买决策和购买过程的具体步骤两个方面解释旅游者是如何实际地作出购买决策的。

一、购买角色

同日常生活的消费者购买行为相比较，旅游过程中的购买行为具有综合性、多样性等特点，即旅游购买行为并不是对单项物质产品和服务的购买，而是包括对饮食、住宿、交通、游览、娱乐、通信以及购物和其他服务等多种形式的产品和服务的综合性购买。在旅游购买决策过程中，可能所涉及的人往往不止一个，而是多个人一起组成一个购买决策单位。为此，旅游营销人员有必要识别和区分旅游者在旅游购买决策中可能扮演的角色。

通常，消费者在购买决策过程中主要分为五个角色。

（1）发起者，是指首先提出或有意购买旅游产品或服务的人。

（2）影响者，是指其看法或建议对最终决策者具有一定影响的人。

（3）决策者，是指对是否买、为何买、如何买、在哪里买等方面作出决定的人。

（4）购买者，是指具体实施购买行为的人。

（5）使用者，是指实际消费或使用产品和服务的人。例如，年轻父母为子女购买夏令营旅游项目的过程中，父母可能是发起者，家中的其他成员或多或少地对购买决策产生影响，父母是最后的决策者与购买者，而使用者只能是孩子。如果是父母与孩子共同旅行，那么父母可能扮演发起者、决策者、购买者和使用者，而孩子只是影响者和使用者的角色。

同一个消费者在购买不同的旅游产品时可能会充当不同的角色。因此，旅游企业有必要识别和了解这些角色的特点，对产品的设计、信息的确定和营销计划的实施有关联意义。

二、购买决策过程中的各个阶段

市场营销学中提出若干消费者购买决策的模式，目前使用较为广泛的是五阶段模式（图 3-4），即旅游者的决策过程大致分为五个阶段：认识需要、收集信息、备选产品评估、购买决策和购后行为。这一模式强调了购买过程早在实际购买行为前就发生了，并且购买后还会有持续的影响。这个模式强调了企业在营销活动中应把注意力集中在购买过程中，而不是在购买决策上。值得说明的是，并不是旅游者的每一次购买都要经历这五个阶段，这种购买模式主要适用于分析当旅游者面对他们不熟悉的、购买单位价值高和重复购买率低的旅游产品的情况。其他购买情况下，旅游者可能会跳过或省略其中的某些阶段。因此，该模式的学习是分析旅游者购买决策过程的基础。

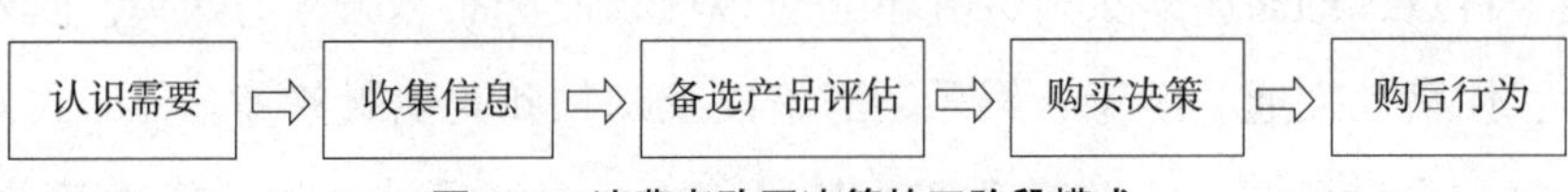

图 3-4 消费者购买决策的五阶段模式

（一）认识需要

旅游者的购买过程从对旅游产品的需要的认识开始。所谓认识需要，就是消费者发现现实的状况与其所追求的状况之间存在差异时，产生了相应的解决问题的要求。引发消费者旅游需要、诱发购买动机的原因主要有两种：①旅游者内在的原因。例如，消费者在寒冷的冬天感觉到身体的不适，从而引发想要去更温暖的城市过冬的需要。②旅游者受到外在的刺激。例如，消费者每天上班的路上都会看到去泰国旅游的电视广告，就可能引发其对于外出旅游的需要。

针对购买目的的不同，旅游者购买行为的动机主要可以分为四种类型。

（1）生理动机诱发类型，此类旅游者购买行为的动机是以身体的运动和治疗为目的的，如体力的休息、参加体育运动、治疗以及对健康的种种考虑等。

（2）文化动机诱发类型，其是指人们获得关于其他地区、国家的知识的愿望，如了解和欣赏异地文化、艺术、风俗、音乐、宗教和绘画等。

（3）人际交往动机诱发类型，其包括在异地结交新朋友、探亲访友等。

（4）地位和声望动机诱发类型，其包括想要被人承认、引人注目、受人赏识等。

旅游企业应了解引起目标市场中消费者产生旅游需要和兴趣的环境，清楚旅游者相关需要的特点，进而有针对性地设计能够引发潜在消费者旅游需要的刺激源。同时，通过对营销中的促销沟通战略的制定与实施来引导和激发旅游者对某一特定旅游产品的需要。

（二）收集信息

当消费者的旅游需要被激发出来，进而转化为驱使力和动机。而驱使力的强度，直接决定了旅游者对于解决满足该需要的急迫程度，也就决定了消费者收集信息的状态。如果被唤起旅游需要的消费者的驱使力不大或者不明显，那么这个消费者就不会主动收集信息，其主要处于被动收集信息的状态，即如果有相关旅游的信息出现，会加强注意。如果引发旅游者旅游需求的内驱力很强、迫切的需要被满足，那么消费者会主动收集信息，如找到旅行社进行咨询、在网络平台搜索相关旅游信息等。

对旅游企业而言，了解旅游者获取旅游产品的信息来源是至关重要的。消费者的信息来源一般有以下四个途径。

（1）个人来源，是指旅游者通过相关群体获得相关旅游信息。如从家人、朋友、邻居和熟人那里收集旅游信息。由于信息传播者与旅游者具有较稳定的、长期的非商业性的关系，因此，该来源对旅游者的购买行为产生的影响较大。

（2）商业来源，是指旅游者通过各种商业传播渠道收集到的相关信息的途径，包括从旅游广告、推销员、线下旅行社、旅游展览会、线上旅行社等收集信息，由于该渠道的信息功利性强，多是旅游企业有意而为，所以人们对于此类信息的信任度最低。

（3）公共来源，是指旅游者从报纸、杂志、网络平台等大众传媒的客观报道和消费者团体评论中收集信息。其可信度高于商业来源，但信息量小于商业来源。

（4）经验来源，即旅游者从过往旅游购买行为中亲身经历和体验后的信息总结，为新的旅游购买决策提供判断依据的途径。由于这是旅游者个人消费经验的积累，所以其影响度较大，但也会受到其自身因素的制约，信息量较少。

旅游企业应该充分地了解旅游者的信息来源和不同来源的重要程度，如旅游者是如何知道这个旅游产品的、他们都接收到了哪些关于该产品的信息，又是如何看待这些信息的等内容，这对有效地沟通目标市场非常重要。

由于旅游购买只能是在目的地进行，而不能转移到旅游者的常住地进行，且多以服务的形式表现出来，所以旅游产品呈现出无形性和生产与消费同一性的特征，即不能预先生产出来等旅游者来到后才出售。因此，来自个人和经验的信息对于旅游者的购买决策影响力更大。这就要求旅游企业特别关注旅游产品的质量、消费者的满意度、旅游者评价等内容，从而提升本企业的口碑。

（三）备选产品评估

旅游者收集到所需的旅游信息后，需要对这些信息进行整理，对各类信息进行对比和评估，从而在可供选择的旅游产品中作出选择。虽然目前仍没有一种能描述消费者在所有情况下都可以运用、简单明确的信息评价过程，但这一过程应是建立在旅游者自觉和理性的基础之上的。每一种旅游产品都是其各种产品属性的组合，如质量、价格、品牌等，不同的旅游者会根据自己的需要和兴趣对各种属性的重视程度不同，这会直接影响消费者对旅游产品的选择。如对于高收入群体，对于旅游产品的质量与服务的看重程度要高于对价格这一属性；没有收入的学生群体，可能更加看重旅游产品的性价比。

（四）购买决策

旅游者经过了备选产品的评估，初步形成了旅游产品的购买意图。但是，并非所有的购买意图都可以直接形成购买行为，主要有三个因素在影响购买意图向购买决策的转化：①他人的态度，即其他人对旅游者有购买意图的旅游产品的态度。这个影响程度取决于他人持否定态度的强烈程度和购买者愿意听取他人意见的程度。②偶然因素，即购买过程中有未预料到的突发情况，这也会直接影响旅游者的购买决策。如假期取消、身体抱恙等自身因素，以及和旅游目的地发生自然灾害、社会政治大事件等外界因素。③可预见风险。在旅游者做购买决策的过程中，可察觉风险也会对其产生影响，如出国游是否顺利获得签证、去高原旅游所带来的身体的不适、异地间的文化冲突等。这种情况下，旅游市场营销的人员需要做好预案，从而降低这种可察觉风险给旅游者带来的负面影响，才能使旅游者积极采取购买行为。

（五）购后行为

旅游者会在购买旅游产品后，通过旅游体验对整个活动进行评价，确认该旅游产品的满意程度，衡量自己购买决策的正确性，为今后的旅游购买决策提供参考。因此，旅游的结束并不意味着买卖关系的终结。旅游企业必须提供完善的反馈渠道，注重旅游者的购后评价，虚心接受投诉，化解旅游者的不满情绪，降低对企业的负面影响。

（1）旅游产品的无形性特点，使得旅游者在真正体验旅游之前，对该项目有一定的期望。当旅游过程中的实际感受达到预期时，旅游者会感到满意；当实际感受超过预期时，旅游者会感到非常满意；但如果实际感受没有达到预期，旅游者将会感到不满意。因此，旅游企业必须如实宣传产品，尽量使旅游者的预期与实际感受保持一致。

（2）通过对影响旅游者购买行为的因素分析可知，旅游者的个人经验会对后续的购买行为产生非常重要的影响。因此，一个满意的购后感受可能会使旅游者以后继续购买本旅游企业或旅游品牌的产品，甚至会为该旅游产品、旅游目的地、旅游品牌进行宣传。相反，不满意的购后感受会阻止旅游者的再次购买行为，甚至产生破坏性的行为，如反面宣传、诋毁旅游目的地等。

【本章小结】

旅游企业在制订市场营销计划前，必须了解消费者的购买行为，其中包括旅游者购买行为的基本模式、影响旅游者购买行为的主要因素以及旅游者购买决策过程。这些内容可以使旅游营销人员了解目标市场的旅游者的购买行为的特征，有助于旅游企业更好地满足消费者的需要。同时，掌握旅游者认识需要、收集信息、备选产品评估、购买决策和购后行为五个购买决策阶段，使企业能够根据不同的阶段实施对应的营销活动，以达到占领市场的目的。

【即测即练】

【思考题】

1. 简述“刺激－反应”模式，并举例说明。
2. 分别举例简述影响购买者行为的因素。
3. 为什么说文化对旅游者行为有最广泛、最深刻的影响？
4. 旅游者购买决策包括哪些主要阶段？
5. 结合实际，阐述分析旅游者购买行为对旅游企业营销活动的意义。

第四章 旅游市场调研与预测

【学习目标】

1. 掌握旅游市场调研的概念、方法、类型及问卷设计。

2. 熟悉旅游市场调研的内容和程序。

3. 了解基本的旅游市场预测的方法。

【能力目标】

1. 培养学生掌握旅游市场调研与预测的技能。

2. 培养学生的综合思辨能力。

【思政目标】

1. 培养学生较好地开展市场调研、分析、预测和解决旅游企业相关市场问题的能力，引导学生脚踏实地、求真务实，正确使用调研数据，锤炼学生实事求是、诚信做人的思想品格。

2. 让学生牢记“没有调查就没有发言权”，正确认知调研人员的职业技能和职业道德。

3. 培养学生锐意进取、勇于创新、与时俱进的时代开拓精神，激发学生良好的合作意识，挖掘学生全面思考问题的能力。

【思维导图】

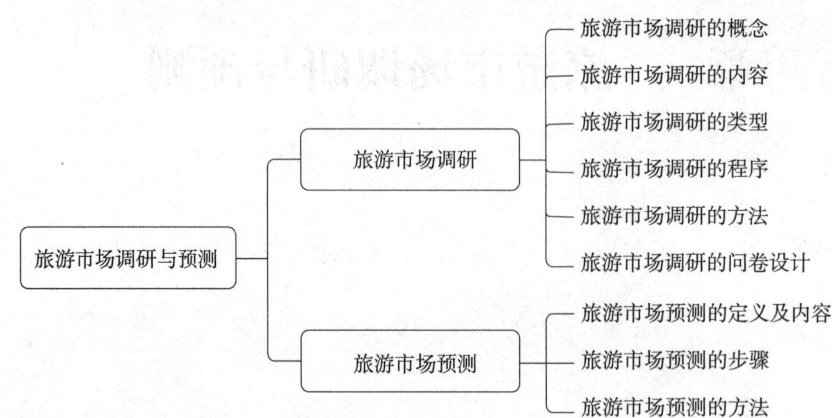

【导入案例】

西安市居民旅游消费行为调查

2000 年，西安市旅游局为了了解当地居民的旅游消费行为，安排了一项电话访问调查。根据西安城区的布局，按照城北、城中、城南对居民进行分群，采用电脑随机抽样的方式选择居民。然后，根据如下三个指标选择居民家庭中的成员：①年龄在 25 岁以上。②本年在西安居住 5 个月以上。③在西安居住超过 2 年。

为了获得限定的个体样本，采用随机方法从居民家庭中进行选择。如果一个家庭中有多个符合条件的成员，则选择即将过生日的那个成员。最后，对选出的人再次进行电话访问调查。抽样设计过程的步骤如下。

（1）目标总体：调查期内，在西安市根据工作电话号码选择居民家庭中符合条件的成年人。

（2）抽样方式：利用计算机程序产生随机的电话号码。

（3）抽样单位：工作电话号码。

（4）抽样技术：分群抽样技术。目标总体从地理上分为三个部分：北、中、南。

（5）抽样规模：868。

（6）执行：在分群中分配样本；采用计算机随机生成方式拨号；列出该居民家庭中符合条件的所有成员；选择即将过生日的那位成员。

资料来源：旅游消费行为研究，选择什么样的人来调查 [EB/OL].[2023-03-20]. http：//www.china-audit.com/lhd_1uqlm66dwn62h60030u1_12.html.

案例思考题：

1. 西安市旅游局用了怎样的调研方法和技术？

2. 这些方法和技术在使用中应注意的问题是什么？

第一节　旅游市场调研

一、旅游市场调研的概念

2013年7月，习近平总书记在湖北武汉主持召开部分省市负责人座谈会时提出："调查研究是谋事之基、成事之道。没有调查，就没有发言权，更没有决策权。"习近平总书记在党的二十大上要求："弘扬党的光荣传统和优良作风，促进党员干部特别是领导干部带头深入调查研究，扑下身子干实事、谋实招、求实效。"习近平总书记就调查研究发表的一系列重要讲话、作出的一系列重要指示，深刻阐明了调查研究的极端重要性。一切正确的决策都是在深入调查研究之后制定的，旅游市场营销也不例外，需要进行市场调研。市场调研，也称市场调查或市场研究。"现代营销学之父"科特勒认为，"市场调研是系统地设计、收集、分析和提出数据资料，以及提出与企业所面临的特定的营销状况有关的研究结果"。美国市场营销协会也指出，"市场调研是针对企业特定的营销问题，采用科学的研究方法，系统地、客观地收集、整理、分析、解释和沟通有关市场营销各方面的信息，为营销管理者制定、评估和改进营销决策提供依据。"

从以上定义中，可以发现市场调研有两个基本观点。

（1）系统整体性。营销调研不是片面地调查某一方面，而是从总体出发，系统地收集和分析信息。

（2）调研是手段而非目的。旅游市场调研是了解市场信息、市场状况的一种手段，其最终目的是为进行市场预测和科学决策提供真实的、科学的依据。

综上所述，旅游市场调研指运用科学的方法和手段，有目的、有系统地收集、记录、整理、分析有关旅游企业市场的资料和信息，为旅游市场营销决策提供可靠依据的经济活动。

二、旅游市场调研的内容

旅游市场调研的内容十分广泛而丰富，由于调研目的的不同、调研时间不一，其内容要求也不相同。一般来说，旅游市场调研的基本内容分为旅游企业外部调研和旅游企业内部调研。

（一）旅游企业外部调研

1. 旅游市场环境调研

（1）政治环境。调研对旅游市场起影响和制约作用的国内外政治环境，如国家政治制度与体制、政局、各级政府的态度等。

（2）经济环境。调研地区经济特征和经济发展水平、旅游资源状况、世界旅游经济发展趋势等。

（3）法律环境。调研与旅游市场有关的法律、法规和条例等，如环境保护法、旅游法、保险法、合资经营条例、出入境规定、地区性旅游管理条例等。

（4）社会文化环境。调研内容包括旅游目的地和客源地的民族特征、价值观念、生活方式、风俗习惯、宗教信仰、伦理道德、教育水平等。

（5）地理环境。调研内容包括区位、气候、自然景观、历史沿革、季节因素以及物产方面等。

（6）科技环境。调研内容包括与旅游业相关的新发明、新成果、新技术、新工艺、新材料等的研究开发、应用状况和发展趋势等。

2. 旅游市场需求调研

（1）旅游者规模及构成。调研内容包括：经济发展水平与人口特征；收入与闲暇时间；旅游者数量与消费构成；旅游者对旅游产品的要求和意见等。

（2）旅游动机。旅游动机是激发一个人外出旅游的内在驱动力，主要包括健康动机、文化动机、交际动机、地位与声望动机等。

（3）旅游行为。旅游行为是旅游者旅游动机的具体实施。调研客源地旅游者何时旅游、何处旅游、由谁决策旅游以及怎么旅游等。

3. 旅游市场供给调研

（1）旅游吸引物。凡是能够吸引旅游者到来并能引发旅游者情趣的事物、事件或现象，均属于旅游吸引物范畴。它的数量和质量决定着旅游者对目的地的选择。

（2）旅游设施。旅游设施是向旅游者提供服务时依托的各项物质设施和设备，可分为旅游基础设施和旅游服务设施两类。

（3）可进入性。可进入性是指旅游者进入旅游地的难易程度和时效标准。包括交通条件、通信条件、地方政策及旅游经营因素、签证手续的繁简程度、服务效率等。

（4）旅游服务。调研内容包括售前服务（旅游咨询、签证、办理入境手续、财政信贷、货币兑换、保险等）、售中服务（旅游活动过程中向旅游者直接提供食、住、行、游、购、娱及其他服务）、售后服务（机场、港口及办理出境手续、办理托运、委托代办服务及跟踪服务等）。

（5）旅游企业形象。旅游者对旅游产品或旅游目的地的评价和态度直接影响他们的购买决策。其调研内容包括理念识别系统、视觉识别系统、行为识别系统。

（6）旅游容量。旅游容量作为旅游地规划管理的一种强有力工具，它保护环境免遭退化或破坏，维持旅游景点的质量，从客观上保证了旅游者在旅游地的体验质量。其调研内容包括旅游空间容量、旅游生态容量、旅游社会容量、旅游心理容量等。

4. 旅游市场营销调研

（1）旅游竞争状况。调研内容包括竞争企业分析和竞争产品分析。竞争企业分析主要调研现实的和潜在的竞争对手数量、市场占有率、经营状况、价格及推销政策、分销渠道及其他竞争策略、规模及竞争实力、所处地理位置与活动范围等；竞争产品分析主要调研竞争者产品的质量、数量、品种、价格、档次、特色及不足之处等。

（2）旅游产品。调研内容包括：旅游资源的品位、级别，产品的特色、优势、风格、声誉、组合方式；旅游产品的市场生命周期；旅游产品的市场占有率和销售潜力；旅游者对产品的评价和接受程度；旅游者购买或接受服务的频率等。

（3）旅游价格。调研内容包括：定价是否合理；旅游者的价格心理状态；价格的供给弹性和需求弹性；各种旅游产品差价及优惠价水平是否合理；新产品如何定价等。

（4）旅游分销渠道。调研内容包括：销售渠道的数量、分布和营销业绩；现有销售渠道是否畅通；市场上是否存在经销此类产品的权威机构；主要中间商销售渠道策略实施、评估、控制和调整情况及其对旅游产品的要求和条件。

（5）旅游促销。调研内容主要包括促销对象、促销方法、促销投入、促销效果四个方面。

旅游市场外部调研如表 4-1 所示。

表 4–1 旅游市场外部调研

旅游市场 环境调研	旅游市场 需求调研	旅游市场 供给调研	旅游市场 营销调研
政治环境 经济环境 法律环境 社会文化环境 地理环境 科技环境	旅游者规模及构成 旅游动机 旅游行为	旅游吸引物 旅游设施 可进入性 旅游服务 旅游企业形象 旅游容量	旅游竞争状况 旅游产品 旅游价格 旅游分销渠道 旅游促销

（二）旅游企业内部调研

（1）企业的发展战略调研。其主要调研内容包括：旅游企业发展趋势，旅游企业形象，国内外市场需求量，旅游企业地域分布特点，旅游企业的规模、生产能力、服务规格及档次，旅游企业生产或服务的软、硬件水平，人员的规模、素质和员工需求等。

（2）企业市场营销调研。其主要调研内容包括旅游企业自己的产品策略、价格策略、分销渠道策略、促销策略等。

三、旅游市场调研的类型

（一）按调研目的分类

1. 探索性调研

探索性调研又称初步调研，是旅游企业为了掌握市场状况、找出运营对策所做的调研。探索性调研通常用于旅游企业尚不了解市场情形、尚未掌握市场情势以及尚未确定具体调研内容和范围时所采取的调研活动，其功能在于发现问题或解决问题，为进一步深入调研打下基础。

2. 描述性调研

描述性调研是指通过大量的调研和分析，需要有较为详尽的调研计划、调研方案和缜密的实施步骤，对旅游市场营销活动中有关的客观事物和现象进行如实的描述。描述性调研比探索性调研更细致、具体，但也只是描述出问题表面现象的原因，若需深刻地揭示出其因果关系，要进一步进行因果关系调研。

3. 因果性调研

因果性调研是在描述性调研的基础上进一步分析问题的因果关系，并弄清原因和结果之间的数量关系。

4. 预测性调研

对未来市场的需求变化进行估计，即为预测性调研。预测性调研对旅游企业制订有效的经营计划，避免较大风险和损失有着特殊重要的作用。

（二）按调研对象范围分类

1. 全面调研

全面调研又称普查，是对调研对象中所有单位无一例外地进行调研的方式。能取得较全面、系统的总量资料，适用于旅游市场的宏观了解，如普查、旅游人才规划调查等。

2. 非全面调研

非全面调研是对调研对象中的部分单位进行调研的方式。所选单位应具有充分的代表性，以利于最终获取较全面的总体资料。非全面调研又分为典型调研、重点调研、抽样调研等。

（1）典型调研。典型调研是指根据调研目的和任务，在被调研对象中选择一个或若干个具有典型意义的单位进行深入调研的方式。

（2）重点调研。重点调研是指在被调研对象中选择一个或几个市场现象比较集中、对全局具有决定性作用的重点单位进行调研的方式。

（3）抽样调研。抽样调研是指按调研任务确定的范围，从全体调查对象总体中抽选部分对象作为样本进行调研，用所得样本结果推断总体结果的调查方式。根据步骤调研对象总体中每一个单位被抽取的概率是否相等的原则，抽样调研又分为随机抽样调研和非随机抽样调研。

四、旅游市场调研的程序

（一）明确问题和调研目标

明确问题和调研目标是旅游市场调研的重要前提。在调研前，必须清楚调研什么，应达到什么样的调研目标，才能确定调研的对象、内容、方法等问题，才能发现需要解决的问题所在，进而分析影响问题的因素，做好旅游市场营销调研的最初准备。特别需要注意的是，营销管理层对问题必须妥善把握，对问题的界定既不能太宽也不能太窄。

（二）制订调研计划

调研计划是整个调研工作的行动纲领，是使调研工作有秩序、有计划地进行，以保证旅游市场调研取得成功的关键。在确定调研目标后，需要拟订调研方案和工作计划。调研方案是对某项调研本身的具体设计，主要包括调研对象、调研任务、调研范围、资料来源和调研方法等内容。调研工作计划是对某项调研的组织领导、人员配备、时间安排、实施步骤和费用预算等事先进行的安排，目的是使调研工作有计划地进行，以保证调研方案的实现。

（三）收集调研资料与信息

调研计划确定后，要开始系统地收集资料和信息。这是一项耗时较长、费用较多而且容易出现差错的活动。在收集调研资料与信息时，务必树立实事求是的科学态度，不弄虚作假。这一阶段的主要任务是系统地收集各种资料，包括一手资料和二手资料，对大多数调研活动来说，两者都是需要的。

1. 一手资料

一手资料也称原始资料或实地调查资料，是为实现调研目的专门收集的原始资料。一手资料的主要来源是旅游者，其次是中间商和旅游企业内部资料信息。收集一手资料的调查方法有四种——观察、专题讨论、问卷调查和实验，这是进行市场调研的一般方法。一手资料的特点是有目的性、时效大，特别适宜分析那些变动频繁、敏感性的要素，但耗费时间长和花费金钱多。

2. 二手资料

二手资料又称文案资料，它是指为其他目的已收集到的信息。调查人员开始调查时总是先收集二手资料，通过二手资料可以从中判断分析调研问题是否部分或全部解决。若能解决，则无须再去收集成本很高的一手资料。

二手资料的主要来源包括以下几点。

（1）内部来源。其包括旅游企业盈亏表、资产负债表、销售资料、销售预测报告、库存记录以及以前所做的报告。

（2）政府出版物。其包括政府的公开调查统计报告、年鉴、研究报告。

（3）期刊和书籍。其包括国内外公开出版物如报纸、杂志、图书刊登的新闻、报道、消息、评论以及调查报告。

（4）商业性资料。其包括旅游行业协会和其他旅游组织提供的资料，或旅游研究机构、旅游专业情报机构和咨询机构提供的市场情报和研究结果。

获取二手资料的优点是收集成本低，而且可以立即使用。但二手资料中可能没有调研人员所需资料，或资料已明显过时、不准确、不完整或不可靠。这时就必须去收集更切题、更准确的一手资料。

（四）分析与处理信息

资料收集完成后，旅游市场调研人员应对获取的资料进行整理、分析，从中提取与目标相关的信息。对调查资料的分析必须实事求是，尊重客观事实，切忌以主观臆断来代替科学的分析。信息分析主要有两种方法：一是统计分析法，常用的有计算综合指数、时间序列分析、指数分析、回归分析等方法；二是模型分析法，模型是专门用来表达现实中真实的系统或过程上相互关联的变量及其关系。

（五）提出报告

旅游市场调研人员要将调研的结果写成调研报告，这是整个调研活动最终结果的体现。调研报告的编写力求观点正确、材料典型、中心明确、重点突出、结构合理。调研报告一般由导言、正文、结论和附件组成。

（1）导言。导言部分介绍调研项目的基本状况，主要是对调研目的简单的基本说明。概述调查宗旨、经过、调查目标、调查方法和技术以及必要的致谢等。其包括调查目标、调查任务的详细说明、调查结果的阐述、结论、对策建议等。

（2）正文。正文是调研报告的主体部分，其中应概述旅游市场营销调研的目的、说明调研所运用的方法及必要性，以及对调研结果和分析结果的详细说明。

（3）结论。结论可以采取多种方案的形式给出，要对每一种方案的可能性与可给旅游企业带来的收益加以说明，供旅游企业有关人员决策时参考。

（4）附件。附件部分是用来论证、说明正文有关情况的资料，包括有关的图表、附录等。

五、旅游市场调研的方法

（一）文案调研法

文案调研法又称间接调研法、资料分析法或室内研究法，是通过收集各种信息数据和情报资料，从中摘取与调研有关的内容，进行分析研究的一种调查方法。它就是通过收集旅游企业内部和外部各种历史与现实的动态统计资料（二手资料），从中摘取与旅游市场调研有关的信息，在办公室内进行统计分析的调研活动。

（二）实地调研法

实地调研法又称直接调研法，是在周密的调研设计和组织下，由旅游市场调研人员直接向被调研者收集原始资料的一种调研方法，主要有访谈法、观察法和实验法。

（1）访谈法。访谈法也称访问法，即通过面对面、留置问卷调查、电话、互联网等方式，以调研提纲或调查表的形式，向被调研者了解情况、收集资料的方法，可分为面谈调研法、电话调研法、邮寄调研法、邮寄问卷调研法等。

（2）观察法。观察法是旅游市场调研人员到各种现场进行观察和记录的一种市场调研方法。

（3）实验法。实验法是指旅游市场调研人员将调研对象置于特定的控制环境中，通过控制采取变量和检验结果差异来发现实验变量与目标变量的因果关系的一种调查方法，它适用于获取因果性调研数据。

六、旅游市场调研的问卷设计

旅游市场调研不仅需要有明确的调研目标和科学的调研方法，还必须运用一定的调研技术。问卷设计是市场调研中较为常用的调研技术。

（一）调查问卷的定义

调查问卷又称调查表，是指以书面问答的形式了解调查对象的反应和看法，由此获得资料和信息的一种调查方式。调查问卷设计是旅游市场调查中一项基础性的工作，直接关系到调研能否达到预期的目的。

（二）调查问卷的目的

调查问卷是用来收集调研数据的一种重要工具，是调查者根据调研目的和要求设计的，它在调研目标与调研信息之间架起了一座桥梁，在数据收集过程中起着重要作用。

（三）问卷的基本结构

1. 标题

标题是为了点出整个调查问卷的目的和内容。标题要简明扼要，清楚准确地表达所要调查的主题，让人一目了然，增强被调查者的兴趣。例如，“旅游者满意度调查”等。

2. 问卷说明

问卷说明意在向被调查者说明调查的意图、填表须知、时间及个人资料隐私保护等问题。大量的实践表明，不愿意参与调查问卷的被调查者从开始的几秒钟就表现出没兴趣，拒绝合作。因此，简明易懂、诚恳礼貌，能激发被调查者兴趣是对问卷说明的基本要求。例如，您好，感谢您参加我们的调查！本次调查只需占用您两分钟时间。

3. 被调查者的基本情况

有些问卷在卷头说明或问卷内容之后设立题目，了解被调查者的情况，一般包括性别、民族、婚姻状况、收入、教育程度、职业等，可作为对被调查者进行分类比较的依据。

4. 调查主体内容

主体部分是研究主题的具体化，是问卷的核心部分。它包含调查所要收集的主要信息，包括各类问题和问题的回答方式。调查者可以通过主体部分问题的设计和问卷的答复对被调查者情况有较充分的了解，以便做进一步的数据统计与分析。

5. 编码

多数的调查问卷需要加以编码，以便进行分类整理和统计分析。

6. 调查者的情况

在调查表的最后，附上调查人员的姓名、访问日期、时间等，以明确调查人员完成任务的情况。

（四）问卷的基本类型

1. 开放式问题

开放式问题，是在设计调查问题时，不设计备选答案，让被调查者自由地用自己的语言来回答和解释有关想法的问题类型。调研人员没有对被调查者的选择进行任何限制，让其自由回答，利于激发被调查者的兴趣，得到较为深入的观点和看法。

常用的开放式问题类型有自由回答式、语句完成式等。

例如：

（1）自由回答式：您选择到长白山旅游的主要原因是？

（2）语句完成式：当我们一家人想出去吃一顿随意的小吃时，我通常选择？

2. 封闭式问题

封闭式问题，是调查者在提出问题的同时，还将问题的一切可能答案或几种主要可能答案全部列出，让被调查者从中选出一个或多个答案作为自己的回答，而不做答案以外的回答。

常用的封闭式问题类型有两项选择法、单项或多项选择法、量表法、顺位法等。

例如：

（1）两项选择法：您是香格里拉大酒店的 VIP 会员吗？

是□ 不□

（2）单项或多项选择法：您这次来访的主要目的是？

会议 / 团体□ 商务□ 集会 / 宴会□ 游乐□

（3）量表法：小航空公司通常会提供比大航空公司好的服务。

□赞同 □非常赞同 □非常反对 □反对 □既不赞成也不反对

（4）顺位法：请按 1 ～ 3 等评定以下餐厅食品质量。

中餐厅□ 西餐厅□ 咖啡厅□

（五）问卷设计应遵循的基本原则

1. 必要性

问卷篇幅应尽量简短，题目数量最好限定在 20 ～ 30 道，保证每一个问题都与调研目标紧密相关，并需要考虑各题目之间是否存在重复、矛盾等问题。问题应简明易懂，语言表达要清晰准确，避免使用含义模糊、模棱两可的词语。

2. 准确性

问卷用词要清晰明了，提问要简洁易懂，一般使用平常用语，避免被调查者有不熟悉的俗语、缩写或专业术语。当涉及不易理解的专业术语时，需对其作出阐释。

3. 客观性

避免用引导性或带有暗示性或倾向性的问题。调查问卷要保持客观性，提问不能有任何暗示，措辞要恰当，避免有引导性的话语。例如，“某旅行社的产品质优价廉，您是否准备购买？”类似这样的问题具有引导性，被调查者会简单得出结论，其结论缺乏客观性、可信度低，不能反映被调查者对旅游产品的真实态度和真正的购买意愿。

4. 可行性

问卷不能出现涉及被调查者心理、个人隐私或有损自我形象等不易于回答的问题。要考虑到被调查者的自尊，可将此类敏感性的题目设计成间接问卷，或列出档次区间，或阐明这种行为或态度是很大众化的，以此来减轻被调查者的心理压力。例如，“您的年收入是多少？”也许导致被调查者难以回答，而影响调查成果的真实性，如改用“你们这一年龄或职称的教师年收入是多少？”或划分出不同的档次区间供其选择，效果会比较好。

拓展资料 4.1

乡村旅游服务营销改进研究——基于旅游者问卷调查

第二节　旅游市场预测

一、旅游市场预测的定义及内容

（一）旅游市场预测的定义

市场预测是企业制定营销战略和营销策略最重要的依据，因此，旅游市场的预测着重是旅游市场的营销预测。具体来说，旅游市场预测指在旅游市场调研的基础上，运用科学的方法，对旅游市场的发展趋势以及与之相联系的各种因素的变化进行研究、分析、判断和估计，以掌握市场发展的趋势和规律。旅游市场预测就是对旅游市场或旅游市场中的某一因素进行的预测。它是根据旅游市场调查收集的相关信息，进行科学分析、推理，以此判断旅游市场未来的状况或发展趋势，从而避免盲目地作出营销决策，提升营销的效果。

（二）旅游市场预测的内容

旅游市场预测的内容较为广泛，根据预测目的的不同，旅游市场预测的内容主要包括以下四个方面。

1. 旅游市场环境预测

对旅游市场环境发展的预测，主要是对旅游供求关系影响的外部宏观因素预测。其包括：国际国内政治、经济形势及有关方针、政策的变化，国民经济发展水平问题等的预测；自然环境和资源变化的预测；科学技术进步和发展对旅游业所产生的影响的预测；社会文化及生活方式变化和人们消费水平变化的预测；旅游业相关行业变化可能对旅游业带来的有利或不利影响的预测等。

2. 旅游市场需求预测

（1）旅游市场需求总量预测。旅游市场需求总量预测主要是指在一定区域和一定时间范围内，旅游者可能的购买力及购买力投向的总量。旅游需求总量表示旅游企业在一定时期和一定营销费用条件下，可能达到的最大销售额。通常测量旅游市场需求总量的公式为

$$Q=\sum_{n=1}^{N}P_n\times q$$

式中：Q 为旅游市场需求总量；N 为特定旅游产品的可能购买人数；P_n 为第 n 个旅游者平均购买数量；q 为特定产品的平均单价。

（2）旅游客源预测。预测客源地旅游者变动情况，包括旅游者数量变化、季

节变化、地区分布、构成变化和旅游时长变动等。

（3）旅游需求结构预测。旅游者在餐饮、住宿、交通、游览、娱乐、购物等方面的消费是旅游企业的主要收入构成，其变化直接影响旅游市场需求潜力和旅游产品的销售。

3. 旅游供给预测

（1）旅游供给能力预测。此即了解有多少旅游企业生产同类旅游产品，及其规模、成本、管理水平和技术等情况。

（2）旅游发展能力预测。旅游发展能力预测包括对旅游业技术条件、旅游资源供给、交通运输现状及发展趋势的预测等。

（3）旅游容量预测。旅游环境容量包括旅游心理容量、旅游资源容量、旅游生态容量、旅游经济发展容量、旅游地域社会容量等。准确地预测旅游地的既有容量和极限容量，使旅游地的接待能力处在一个合理容量之内，维持供需的相对平衡，以保持旅游资源的吸引力和维护自然环境不致退化。

4. 旅游效益预测

（1）旅游市场占有率预测。旅游市场占有率是指旅游产品供给者销售的旅游产品数量在它们所处旅游市场产品总量中所占的比重。对它，一方面可以预测本企业的销售量，另一方面可以预测竞争对手的实力及本企业在旅游行业中的竞争力量和所处的地位，以便掌握市场竞争的动态状况，采取相应的市场竞争策略。

（2）旅游收益预测。旅游企业通过对营销成本和利润的预测，可以了解旅游收入的数量、构成与收入水平，反映旅游经济活动的成果，包括经济效益、社会效益和生态效益，有助于提高旅游企业的经营管理水平，并为投资决策和营销决策提供依据。

二、旅游市场预测的步骤

（一）确定预测目标，拟订预测计划

进行旅游市场预测前，首先要确定预测主题，明确预期的目标，拟订相应的预测计划。预期目标的确定要按照经营管理的需要、决策的要求，确定预测对象、预测的时间期限、预测结果的精确要求、任务完成的时间限制，并进行目标分析，将总体目标逐层分解，为完成预测任务，合理安排人员的分工协作、资料的收集、预测方法的选择奠定基础。

（二）收集、整理和分析资料

充足的资料是有效预测的依据。确立预测目标后，旅游企业应进行资料收集，任何一种预测，必须以资料为基础。收集的资料可分为历史资料和现实资料两类。历史资料包括历年的社会经济统计资料、业务活动资料和市场研究信息资料；现实资料主要包括目前的社会经济和市场发展动态，生产、流通形势、消费者需求变化等。

收集资料，一般可以利用各种调研方法获取一手资料，也可利用各种有效渠道获取二手资料。收集资料要注意资料的广泛性和适用性，原始资料必须经过归纳、分类、整理，最好分门别类地编号保存，去伪存真、去粗取精，做到准确、及时、完整和精简适用。在这个过程中，要注意标明市场异常数据，要结合预测进程，不断增加、补充新的资料。

（三）选择预测方法，建立预测模型

对收集的资料进行分析判断并建立预测模型是旅游市场预测中非常关键的步骤。预测模型是对预测对象发展规律的近似模拟。首先，旅游企业预测者经过分析了解预测对象的特性，同时根据各种预测方法适用的条件和性能，选择合适的预测方法。预测方法选择是否得当，将直接影响预测的精度和可靠性。其次，在对数据变化趋势的分析中，建立描述、概括预测对象的特征和变化规律的预测模型。预测模型，是指尽可能用简单和形象的方法描述预测对象的变化规律，或者是与其相关因素的依存关系、变化运动的关系。

（四）预测实施

在选择预测方法建立预测模型的基础上，初步掌握预测对象的发展规律，根据预测模型，依据对未来的了解分析，输入有关资料或数据，推测（或计算）预测对象的可能水平和发展趋势，即可得到预测结果。

（五）评价和修正初步预测结果

为了防止由于预测结论失误而造成的决策失误，利用模型得到的预测结果只是一个初步结果，预测结果必须经过分析、评价及不断的修正、综合考虑，最后才能得到合理的预测效果。

（六）确定预测值，提交预测报告

对预测结果进行检验后，需要把预测的最终结果编制成报告。向有关部门上报或以一定的形式公布，并提供和发布预测信息，供有关部门和企业在决策时参考。旅游市场预测报告应概括预测研究的主要活动过程，列出预测的目标、预测对象、相关因素分析、主要资料和数据、预测方法的选择和模型建立，以及模型的评价修正等。

三、旅游市场预测的方法

（一）定性预测法

定性预测法，又称经验判断法，是市场预测中经常使用的方法。定性预测主要依靠预测人员所掌握的信息、经验和综合判断能力，预测旅游市场未来的状况和发展趋势。

这类预测方法的主要优点是：简便易行，特别适用那些难以获取全面资料进行统计分析的问题。其主要缺点是：缺乏客观标准，往往预测者由于经验、认识的局限，而带有一定的主观片面性。

常用的定性预测法有以下几种。

1. 经营管理人员意见调查预测法

这种方法是以旅游企业领导层和各业务部门主管人员的经验与判断为基础，经过分析综合，制定预测方案。此法的优点是：在短时间内能集中有关人员的意见，作出迅速判断，在缺乏预测资料时特别有用，如果决策者有较丰富的经验和分析判断能力，对各方面的情况比较熟悉，就可以得到较好的预测结果，并且预测成本较低。此法的缺点是：主观因素影响较多，客观的数据和资料不足，容易发生偏差。

2. 销售人员意见调查预测法

对旅游企业基层销售人员进行调查，征询其对产销情况、市场动态及未来销售额的估计，加以汇总整理，对旅游产品未来的市场前景作出综合判断。吸引销售人员参加预测可获得许多好处。基层销售人员在市场发展趋势上可能比其他任何一个人更具敏锐性。通过参与预测过程，销售代表可以对他们的销售定额充满信心，从而激励他们达到目标。而且，一个“基层群众”的预测过程还可产生细分为按产品、地区、顾客和销售代表的销售估计。

3. 旅游者需求意向调查预测法

这是通过直接询问现实和潜在的旅游者的购买倾向与意见，并据此判断销售额的一种预测方法。此法由于能够直接了解现实和潜在的旅游者的购买意向，如能获得完整资料，预测的准确性就较高。调查旅游者需求意向的具体方法很多，如直接访问、邮寄调查、电话调查、专业用户调查、组织座谈会等。

4. 专家预测法

专家预测法，也称德尔菲法，是以专家的经验和判断进行预测的一种预测方法。此法在国外使用较为普遍。这种方法的主要特点是：向一组专家分别征询意见，专家之间互不见面，只直接和调查预测企业联系。此法的具体工作步骤如下。

（1）拟订预测课题。拟订出需要预测的课题，设计征询表，并提供有关背景资料。

（2）组成专家调查组。所选择的专家应具有与预测课题有关的专业知识、工作经验、预测分析能力和一定的声望。专家应在专业、水平、年龄、职务、性格、社会背景等方面具有广泛的代表性，以便取得较全面的信息。

（3）进行第一轮调查。将征询表邮寄给专家，专家根据通知的要求，对所预测的事物提出个人的判断与分析，并说明依据与理由。

（4）进行第二轮调查。把搜集到的专家意见加以集中整理，将不同的预测结果及其依据与理由，以匿名的方式再分送给各专家，进行第二轮征询，要求专家补充、修改各自的预测，并加以说明或评论。

（5）反复多次征询调查，得出一致意见。专家根据各方面的资料、数据、意见，提出自己的补充或修改预测意见，并说明其依据与理由。这种不记名的反复征询，一般经过四五轮，意见便逐渐趋向一致，最后得出比较切合实际的集中答案。

专家预测法最大的特点是匿名性、多次反馈、小组的统计回答。匿名避免了专家间的互相影响，同时意见的不断调整反馈，避免了主观性和片面性，最终形成专家小组的一致意见，决策者得到的是更全面、更专业、更有价值的决策支持。但由于责任较为分散，一般仅适用于总额的预测，而用于区域、顾客群、产品大类时可靠性较差。

（二）定量预测法

定量预测法，也称统计预测法，它是以大量的历史数据资料为基础，运用统计方法和数学模型，对旅游市场的未来变化趋势作出数量测算的一种预测方法。这种方法的主要优点是“凭数据说话”，可避免定性预测中的主观片面性，预测结果往往十分确切地表明未来的发展水平。其主要缺点是：需要大量的数据资料和复杂的计算，同时很难将诸多非量化因素准确纳入其计算体系。定量预测法通常分为时间序列预测法和因果关系预测法两大类。

1. 时间序列预测法

时间序列预测法是利用预测目标的历史统计数据，按时间先后顺序排成数列，运用统计方法找出数列的发展趋势或变化规律，并使其向外延伸，预测市场未来的变化趋势的方法。时间序列分析法应用范围比较广泛，如对产品销售量的平均增长率的预测、季节性产品的供求预测、产品的生命周期预测等。比较常用的时间序列预测法有移动平均法和指数平滑法两种。

（1）移动平均法。移动平均法是根据时间序列资料逐渐推移，依次计算包含一定项数的时序平均数，以反映长期趋势的方法。当时间序列的数值由于受周期变动和不规则变动的影响，起伏较大，不易显示出发展趋势时，可用移动平均法，消除这些因素的影响，分析、预测序列的长期趋势。移动平均法有简单移动平均法、加权移动平均法、趋势移动平均法等。

（2）指数平滑法。指数平滑法是以一个指标本身过去变化的趋势作为预测未来的依据的一种方法。对未来预测时，考虑近期资料的影响应比远期大，因而不同时期的资料有不同的权数，越是近期资料，权数越大；反之，权数越小。根据平滑次数不同，分为一次指数平滑法、二次指数平滑法和三次指数平滑法等。

2. 因果关系预测法

因果关系预测法是通过与预测目标有直接或间接影响因素的分析，找出其变化的因果关系，并根据这种变化规律来确定预测值的方法。常用的因果关系预测法有回归分析预测法、基数迭加法、比例推算法等。

（1）回归分析预测法。回归分析预测法是在分析市场现象的自变量和因变量相关关系的基础上，建立变量之间的回归方程，将回归方程作为预测模型，根据自变量在预测期的数量变化，预测因变量在预测期的变化结果的方法。通常这种预测方法会被用于预测旅游企业未来几年的经营收益的增长情况、预测某一旅游地客源未来几年的增长变化情况等。

根据所涉及自变量的多少，可分为一元回归分析预测和多元回归分析预测。根据变量之间数量关系的不同，可分为线性回归分析预测和非线性回归分析预测。

回归分析预测法的基本步骤为：①根据预测的目的，选择确定自变量和因变量，并判断其相关类型。②初步确定方程模型，进行参数估计。③进行统计检验。④进行预测和区间估计。

（2）基数迭加法。基数迭加法也称因素分析法，是在分析影响预测对象各种因素的基础上，通过确定各因素的影响程度来进行预测的一种方法。影响程度指各因素引起预测对象变化的百分比。

用基数迭加法进行预测的最大优点是简单、方便，但确定各因素的百分比是难点，因此要综合分析各种历史资料和经济发展趋势，慎重考虑各种因素，提高预测准确性。

（3）比例推算法。比例推算法是利用旅游产品之间相关的比例关系进行预测的方法。由于预测的比例关系是通过分析统计资料计算而得，排除了人为的主观因素，所以预测结果具有较高的可信度。

拓展资料 4.2

中国康养旅游市场发展现状与未来前景预测报告

【本章小结】

本章较为详细地介绍了旅游市场调研与预测的内容、过程和方法、旅游市场调研问卷设计。在旅游市场调研一节就旅游市场调研类型、内容、程序、方法做了较全面的介绍，同时针对旅游市场调研问卷设计，就问卷设计的过程、问题提出的方式和应注意的基本原则等做了较完整的介绍。在旅游市场预测一节就旅游市场预测的内容、旅游市场预测的步骤、旅游市场预测的方法进行了阐述。

旅游市场的预测并非只是作出预测推测那一瞬间的行动，而是一个过程。旅游市场预测是建立在科学、充分的旅游市场调研基础之上的。因此，旅游市场调研和旅游市场预测是联系紧密的两个影响旅游企业营销决策的行为，应当予以重视。

【即测即练】

【思考题】

1. 旅游市场调研的内容有哪些？
2. 简述收集二手资料的来源。
3. 简述旅游市场预测的内容和步骤。
4. 旅游市场预测方法有哪几种？
5. 结合实际，谈谈如何在旅游市场调研中运用观察法。
6. 如何设计高端旅游市场调查问卷？

第五章 旅游目标市场营销战略

【学习目标】

1. 掌握旅游业中常用的市场细分依据或标准、选择目标市场的几种模式、三种基本类型的目标市场策略、目标市场定位的方法。

2. 熟悉旅游市场细分工作中应遵循的原则、评估细分市场的因素、目标市场营销策略的影响因素、市场定位的步骤。

3. 了解市场细分的概念及意义、市场定位的概念及作用。

【能力目标】

能够运用 STP 战略分析解决旅游企业营销问题。

【思政目标】

掌握为旅游企业制定具有竞争优势的市场营销战略的方法，树立发展信心，具备责任担当，践行社会主义核心价值观。

【思维导图】

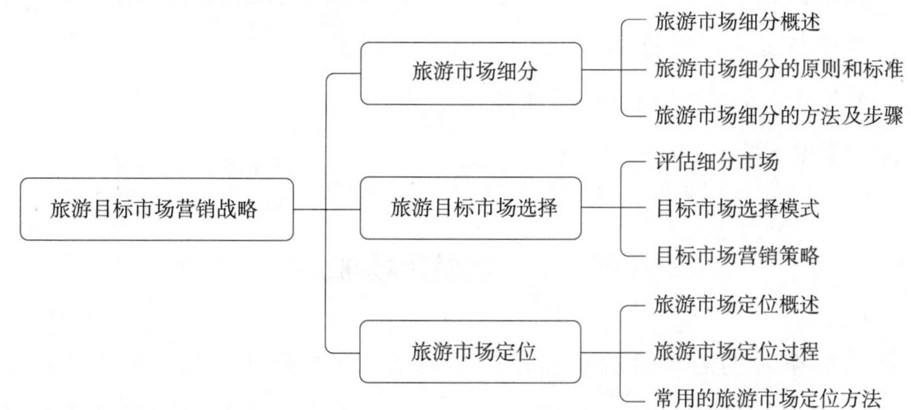

【导入案例】

探险产业万亿市场正待激发

联合国世界旅游组织国际联盟事务部主任约兰达·佩尔多莫表示："探险旅游是一个重要的、富有价值的、正在飞速发展并具有巨大潜力的旅游细分市场。"

在中国，频繁进行探险旅游的人群占总人口的 4.2%；美国这一数据为 6.95%；澳大利亚为 10.74%。中国探险协会探险研究院发布的《中国探险产业研究报告 2021》（以下简称《报告》）显示，中国普通旅游者中，至少参加过一项探险活动的人占比为 23%，这一比例有上升的趋势，而在美国这一比例超过 42%。因此仅探险旅游方面，我国就有相当大的增长空间。

《报告》还显示，在我国探险旅游消费者中，拥有本科及以上学历的人占比达到了 68.01%。2017 年，我国受过高等教育的人群占全国总人口的比重为 13.88%，由此来看，探险旅游消费者的受教育程度普遍高于普通大众的受教育程度。在不参加探险活动的消费者中，关于他们不进行探险活动的原因调查显示，出于安全考虑的占比达到了 72.26%。而在相应项目安全系数提升后愿意进行探险活动的人数占比超过了 70%，其中非常愿意参加探险活动的占比达到了 31.1%。此外，国内旅游者中认为自己从未进行过探险活动的人，实际有 40.75% 的人进行过登山、攀岩类活动，20.39% 的人进行过徒步穿越活动，10.83% 的人进行过山地自行车、滑板等探险活动。

资料来源：探险产业万亿市场正待激发 [EB/OL].（2021-04-23）. https://m.gmw.cn/2021-04/23/content_1302248885.htm?source=sohu.

案例思考题：

1.“探险旅游是一个重要的、富有价值的、正在飞速发展并具有巨大潜力的旅游细分市场。”这一判断的依据是什么？

2. 如何开发我国探险旅游细分市场？

3. 这则案例给你怎样的启示？

第一节 旅游市场细分

随着旅游者的需求日益多样化、个性化，旅游企业无论规模大小，都不可能同时满足旅游市场的各种需求。为此，旅游企业有必要明确其能为之服务的某一个或某几个顾客群体，集中力量满足他们的需求。这就是市场细分（segmentation）、选择目标市场（targeting）与市场定位（positioning）战略，简称STP营销战略。

一、旅游市场细分概述

（一）市场细分与旅游市场细分

1. 市场细分的概念及由来

市场细分的概念于1956年由美国著名营销学家温德尔·史密斯（Wendell Smith）提出。在此之前，企业经营者把消费者看作具有同样需求的群体，大量生产单一品种的产品来满足市场需求，为“大量市场营销”阶段。到了20世纪50年代，随着生产力的发展和科学技术的进步，产品迅速增加，品种不断增多，形成了买方市场。与此同时，消费者的需求也日益多样化、复杂化。一些企业开始注意并力图适应消费者的需求差别，运用市场细分策略，有针对性地提供不同的产品，采取不同的分销渠道和广告来开展营销，开始了“目标市场营销”阶段。可见，市场细分是商品生产发展和消费者需求日益多样化反映在企业战略上的必然结果。

市场细分又称市场分割，是企业通过市场调研，根据消费者的需求与欲望、购买行为、消费习惯等方面的差异性，将某一产品的整体市场划分为若干个消费群体的过程。所划分出来的每一个消费者人群就是一个市场部分，称为细分市场。需要注意的是，市场细分是动词，指的是对整个消费者市场进行细分的过程；细分市场是名词，是市场细分的产物或结果。

市场细分的基础是消费者需求客观存在的差异性，根据需求差异程度，市场可以分为同质市场（homogeneous market）和异质市场（heterogeneous market）。同质市场的需求差异性很小，对企业同一营销策略的反应也十分相似，如食盐市场。异质市场是指消费者对产品的价格、质量、款式等要求存在差异性，如旅游市场。不同消费者对旅游产品的类型、价格等要求有很大的不同。我们又可以将消费者差异性市场需求分为一般异质性需求和完全异质性需求两种。一般异质性需求是指消费者的需求有差异，但是可以归纳为几个群体，群体内部成员的需求具有较强的共性。完全异质性需求是一种极端的表现，它是指每个消费者的需求都是完全不同的。定制产品把每一个客户看成一个细分市场就是基于这种理论。

2. 旅游市场细分的含义

旅游产业发展到一定阶段，市场上旅游产品供过于求，旅游消费者需求多种多样，旅游产品和服务的提供者，无论是某个旅游目的地国家，还是某个景区、旅行社、酒店，都会存在资源、设施、技术、供应能力等方面的限制，无法满足该市场中全部旅游者的所有需求。旅游企业只能根据自身的优势条件，选择力所能及的、适合经营的旅游消费群体作为服务对象，从事某些旅游产品和服务的生产与营销活动。

所谓旅游市场细分（tourism market segmentation），就是指旅游企业按照旅游者的需要和欲望、购买态度、购买行为等特征因素，将整体旅游市场划分成若干个不同的旅游者群体的过程，可以从下述几个方面理解旅游市场细分概念的内涵。

（1）旅游市场细分的客观依据是现实及潜在顾客需求的差异性。

（2）旅游市场细分的对象是对某一旅游产品有现实和潜在需求的消费者群体，而不是产品。

（3）不同细分市场的旅游者的需求、欲望和购买行为存在明显差异，需要旅游企业提供不同的产品或采取不同的营销策略予以满足；同一细分市场的旅游者的需求、欲望和购买行为较为相似，旅游企业可以用一种产品或营销策略予以满足。

（二）旅游市场细分的意义

1. 有利于发现市场机会

即使处于买方市场，供给多过需求，市场上仍客观存在尚未被满足或未被完全满足的旅游消费需求，这些需求就可能构成旅游企业的市场机会。将整个旅游市场按照不同标准进行细分，旅游企业可以对每一个细分市场的购买潜力、满足程度、竞争情况等进行分析对比，深入、全面地把握各类市场需求特征，发现需求未得到有效满足的细分市场。只要善于细分，就能找到市场需求的空隙，就能够及时发现市场机会。

2. 有利于提高旅游企业经济效益

任何一个旅游企业既没有足够的接待服务能力，也没有足够的旅游吸引物面向所有的游客，满足他们各种各样的要求。旅游企业通过市场细分后，更加容易辨别细分市场的需求规律、偏好特征等，才能针对目标市场的需求，提供产品，扩大销量，增加旅游企业的收入，提高经济效益。

3. 有利于制定市场营销策略

市场营销组合策略是由产品策略、价格策略、渠道策略、促销策略等策略所组成的。通过市场细分，旅游企业能够更好地发现符合自己特点的细分市场，针对细分市场开发出适销对路的产品，实施有效的沟通手段，最终占领市场。同时，在细分的目标市场上，信息容易被了解和反馈。一旦旅游者的需求发生变化，旅游企业可迅速改变营销策略，制定相应的对策，提高企业的应变能力和竞争力。

二、旅游市场细分的原则和标准

（一）旅游市场细分的原则

旅游营销者在进行市场细分时应遵循一定的原则，保证市场细分真正有效展开。有效的市场细分必须遵循以下几个原则。

1. 可衡量性

可衡量性（measurability）是指细分市场的规模和购买能力能够被衡量。否则，某些特性就不适合成为细分市场的依据。可衡量性主要包括两重含义：①细分出来的旅游市场必须具有某些清晰可辨的共同特点，成员对某一旅游产品或服务具有相同的利益追求。②细分出来的旅游市场是能测量和评估其人群规模和购买潜力的。因为如果只能猜测其规模和购买潜力，则无法指导营销投入，甚至无法知道是否值得进行投入。

2. 可进入性

可进入性（accessibility）指要求旅游企业的人力、物力、营销组合因素能够达到所选择的细分市场，从而占有一定的市场份额。这对于具有异地性特征的旅游市场尤为重要。如果受自身资源条件、营销能力等限制，旅游企业无法通过有效的媒介途径向细分市场传递信息，没有向细分市场销售旅游产品的渠道，则说明旅游企业不能到达该细分市场，不具备吸引和服务于相关细分市场的实际能力，很难从市场获得利益，应该放弃这一细分市场。

3. 可盈利性

可盈利性（profitability）要求细分出的市场必须有足够大的规模，在顾客人数和购买力上达到有利可图的程度，亦即要求细分市场有可开发的经济价值。因为每个细分市场都需要一套营销组合方案，要花费很大的成本。只有足够大的市场和发展潜力才值得企业进行开发，如果细分市场十分狭窄，或者潜在消费者很少，就不值得去开发。但也要注意到某些细分市场的顾客数量虽然在整体市场中比重很小，但其绝对规模或购买力足以达到盈利的水平，甚至具有很大的开发价值。因而应被划分出来区别对待，形成特定的细分市场，如探险旅游市场。

4. 稳定性

严格的市场细分是一项复杂而又细致的工作，因此细分后的市场要相对稳定（stability）。如果细分的旅游市场变化太快，会使制定出来的营销策略很快失效，造成营销资源配置重新调整的损失，使企业陷入被动局面。细分市场工作要注意，有些消费人群属于短期市场或中期市场，存期不足 5 年；有些消费人群则属于短暂流行的时尚市场，如追星族等；还有一些消费人群的形成是某些不可复发性事件带来的结果，属于昙花一现。

（二）旅游市场细分的标准

要进行旅游市场细分，首先要确定细分标准。市场细分没有一个绝对化或固定的标准，各旅游企业应根据自身的经营领域、经营实力、业务优势，特别是市场经验，采用多种变量。常用的变量可以分为两大类：一类是有关旅游者的描述性特征，包括地理特征、人口统计特征和心理特征；另一类是旅游者行为特征，如旅游者对利益、使用时机、品牌的反应。本节选择四大类因素变量：地理变量、人口统计变量、心理变量、行为变量。

1. 地理变量

地理变量是旅游市场细分的最基本变量，是按照旅游者所处的不同地区的地理位置、自然环境等来细分市场的。这些地理因素主要包括地理区域、人口密度、气候条件、地形地貌等。采用这种方式的理论依据在于：处在不同地理位置的旅游者，对同一类旅游产品往往会有不同的需求和偏好，他们对企业所采取的营销战略，对企业的营销策略也会有不同反应。根据地理变量对客源市场进行划分，是旅游市场细分工作最常见的一种方法，如世界旅游组织根据地区间在自然、经济、文化以及旅游者流向等方面的联系，将世界旅游市场分为欧洲、美洲、东亚及太平洋、南亚、中东、非洲六个旅游区域；还可按照洲、国家、地区、省、市进行细分。

2. 人口统计变量

人口因素一直是细分市场的重要标准，这是因为旅游者的需求、偏好与人口统计变量有着密切的关系，而且与其他细分标准相比，人口统计变量更容易被测量或量化，有关数据相对容易获得。常用的人口统计变量一般包括年龄、性别、职业、收入、家庭生命周期、受教育程度、宗教信仰等。旅游企业可以选择其中一个或者几个变量作为划分的依据，如按照年龄可以将旅游市场细分为老年、青少年等不同细分市场。

3. 心理变量

心理变量主要包括旅游者动机、态度、个性和生活方式等心理因素。利用心理变量进行市场细分，通常能够解释消费需求和行为差异的深层次原因，但心理因素有时很难量化和把握，使用起来有一定难度。例如，旅游者的动机主要有身体、文化、人际交往、地位和声望四个方面，具有文化动机的旅游者往往会选择文化差异明显或者文化特征鲜明的旅游目的地，对文化相关的景点、景区感兴趣。

4. 行为变量

行为变量主要指与旅游者购买行为表现有关的一些变量。不同类型的旅游者在行为上会有很大的差异性，据此进行旅游市场细分往往是许多营销人员的最佳选择。采用这种方法进行市场细分，常用的依据主要包括购买率、购买组织形式和品牌忠诚等。依据购买率将旅游市场细分为经常性购买者市场、中等程度购买市场、偶尔性购买市场。依据购买组织形式将旅游市场细分为团队市场和散客市场，是旅游市场最基本的细分形式之一。有些旅游者只选择同一家航空公司或同一品牌的饭店，因此，航空公司和饭店可以按照这种行为习惯将旅游者分为坚定的品牌忠诚者、转移型忠诚者和无品牌偏好者，通过有针对性的市场营销活动来扩大市场占有率。

三、旅游市场细分的方法及步骤

市场细分没有单一的方法。营销人员必须使用不同的变量，或单独，或联合，以便找到认识市场结构的最佳途径。随着旅游市场全球化进程的加快，用来划分国际市场的一些传统变量，如地理变量和国家界限等，将逐渐被心理变量、行为变量所代替，因为后者能够更加准确地反映旅游者之间的文化异同。旅游市场细分的变量复杂多样，要依据旅游者的需求特征和营销的目标加以选择。

（一）旅游市场细分的方法

1. 单一变量法

单一变量法即根据影响旅游者需求的某一最重要变量因素进行旅游市场细分。这种方法简便易行，但难以反映复杂多变的旅游者需求，通常作为市场细分的起点对旅游市场做粗略的划分。例如，依据性别变量将旅游者分为男性和女性两个市场。

2. 综合变量法

综合变量法是指运用影响旅游者需求的两种或者两种以上因素进行综合细分。例如可以同时运用年龄、收入等变量因素对度假旅游市场进行细分。要注意选择与一定旅游产品消费需求有关，并且影响突出的变量来综合分析。

3. 系列变量法

系列变量法即将与旅游者需求差异相关的多项因素，按照由大到小、由粗到细、由浅入深的顺序，逐步进行旅游市场细分。细分工作要点是把握各变量之间在内涵上的从属关系，合理排序，否则会造成细分工作的混乱，增加成本。这种方法是较严格意义上的市场细分方式。例如对于观光旅游市场，可以先按照年龄细分，再依次按照收入、职业、追求利益、购买方式变量细分，划分出来的目标市场越来越具体。

4. 完全细分法

完全细分法是一种极端形式的市场细分方式，是根据每一位旅游者需求的差异，最终将每位旅游者分割为一个特定的细分市场。这种细分方法就是要针对每位旅游者的不同需求，为他们“量身定制”满足其特殊需求的产品和服务，也即实施“定制”营销。此种方法成本太高，在绝大多数情况下都不可能被企业所采用。但对于某些具有很高个人消费水准的旅游市场，尤其是某些高级别的商务旅游市场，可以采用完全细分法。

（二）旅游市场细分的步骤

旅游市场细分的步骤，通常是先确定细分的标准或依据，以此为基础分割市场，然后对分割后的市场进行分析，最后确定目标市场。美国营销学家麦卡锡提出细分市场的一整套程序，包括以下七个步骤。

1. 选定市场范围

选定市场范围，是根据企业自身能力和特点确定进入何种类型市场，提供什么样的旅游产品，即圈定旅游企业产品和服务的市场范围，明确经营的大方向。市场范围的确定，部分要依赖于旅游企业的资源禀赋特点（如北方的滑雪场、冰雕、雾凇等），更主要的是应基于旅游者的需求特征。

2. 罗列潜在顾客的基本需求

选定市场范围后，旅游企业可以从地理差别、人口特征、旅游动机、寻求利益等方面，列出现有和潜在的顾客的全部需求。如对于休闲度假市场，旅游者的需求可能包括宁静的氛围、清新的空气、舒适的居住环境、轻松的娱乐活动、安全健康的绿色饮食等。

3. 分析潜在顾客的不同需求

对于基本的旅游需求，不同顾客强调的侧重点可能会存在差异。例如，对于休闲旅游的潜在顾客而言，轻松的娱乐活动可能是他们所共同追求的，但是偏好的活动项目可能大不相同，有些顾客喜欢划船、钓鱼，有些顾客则偏好爬山，有些顾客喜欢露营野炊。通过这种差异性比较，将特点鲜明的顾客潜在需求进行汇总归纳，初步识别出不同的顾客群体。

4. 找出潜在顾客的共同需求

潜在顾客的共同需求很重要，但只能作为旅游企业设计营销组合的参考，不能作为市场细分的基础。旅游企业需要排除共同需求，找出潜在顾客的差别，选择具有鲜明特征的需求作为细分标准。

5. 划分相应的顾客群

根据潜在顾客基本需求的差异性，旅游企业将其划分为不同的顾客群体或子市场，根据特征赋予它们一定的名称，并据此采用不同的营销策略。

6. 分析细分市场的特点

进一步分析各细分市场的需求与购买行为特点，以便在此基础上决定是否可以对这些细分的市场进行合并，或做进一步的市场细分。

7. 评估各细分市场

评估各细分市场的规模、容量，如顾客数量、购买频率、需求量等，分析细分市场的发展趋势，剔除没有前景的市场。

拓展资料 5.1

携程营销变化

第二节　旅游目标市场选择

市场细分揭示了旅游企业所面临的各种可供选择的旅游市场。旅游企业需要对各个细分市场进行评估，决定将多少和哪些细分市场作为企业的目标市场。所谓目标市场，就是旅游企业在市场细分的基础上，进行营销活动所要满足的顾客群体，亦即旅游企业的服务对象。

一、评估细分市场

要选择目标市场，就必须在市场细分的基础上对细分市场进行适当评估。企业在评估细分市场时，需要考虑以下三个因素。

（一）有一定的规模和发展潜力

旅游企业必须收集和分析各个细分市场的当前销售额、增长率和预期盈利能力，特别关注有适当规模和增长潜力的市场。但“适当规模和增长潜力”是一个相对量。销售额巨大、增长速度快和边际利润高的市场的确具有吸引力，但并不是对每一个企业都最合适。一些小型旅游企业会发现，它们没有足够的能力和资源去为大市场服务，或者，这些市场的竞争太激烈了，难以应对。企业应力求避免“多数谬误”，即避免与竞争企业遵循同样的逻辑思维，将规模最大、吸引力最大的市场作为目标市场。大家共同争夺同一个消费群体将造成过度竞争和社会资源的浪费，同时使旅游者的一些本应得到满足的需求遭到忽视。因此，那些从绝对的意义上说规模较小而且不太有吸引力的市场，可能更有利可图。

（二）细分市场的结构性吸引力

细分市场可能在规模和增长速度上都很理想，却在利润方面缺乏吸引力。旅游企业必须考察几个影响细分市场长期吸引力的结构因素。战略学家波特教授认为，有五种因素影响某一市场长期盈利能力，分别是：现有竞争者、潜在竞争者、替代品、购买者、供应商。

1. 现有竞争者的威胁

如果一个细分市场当中已经有许多强大的竞争者，且这些竞争者竞争意识强烈，那么这个市场就没有什么吸引力。这些情况常常会导致价格战、广告战等，如果新产品推出，旅游企业要参与竞争就必须付出较大的代价。

2. 潜在竞争者的威胁

该细分市场如果会吸引新的竞争者加入，会增加新的生产能力和大量资源，并争夺市场份额，那么该细分市场就会没有吸引力。

3. 替代品的威胁

如果细分市场中存在许多现实的和潜在的替代品竞争者，那么该细分市场就会缺乏吸引力。替代品会导致旅游产品的价格弹性比较高，限制细分市场内的价格和利润增长。

4. 购买者讨价还价能力加强的威胁

购买者的相对购买实力也影响细分市场的吸引力。如果一个细分市场上的购买者讨价还价能力很强或者正在加强，该细分市场就会没有吸引力。在此情况下，购买者会试图压低价格，要求更高的质量和更多的服务，并挑起竞争者之间的竞争，必然会使卖者的利润受到损失。大旅行社在购买酒店客房时，就能够通过谈判得到很低的房价。

5. 供应商讨价还价能力加强的威胁

如果一个细分市场当中有几个强有力的能够控制价格或减少供应数量或降低供应质量的大供应商，那么该市场也没有多少吸引力。当供应商很集中或有组织，同时又没有可替代者，或供应商所提供的产品是重要的原料，那么该供应商讨价还价的能力就比较强。

（三）旅游企业自身状况

“市场机会”不等于“企业机会”，只有那些与企业的战略和资源吻合的机会，才能成为企业真正的机会。

首先要评判细分市场的需求与旅游企业的现行战略是否吻合。即使某些细分市场具有吸引力，但与企业的目标不吻合，也可以立即排除掉。其次要分析旅游企业是否具备足以使它在该市场获得成功的能力和资源。如果企业缺乏在该市场成功竞争的优势，还不可能轻易获得这种优势，那么就不要进入这个细分市场。甚至，即使企业已经拥有所需要的实力，它还要具备超过竞争对手的能力和资源，以确保在该市场上的成功。

二、目标市场选择模式

在对细分市场进行评估之后，旅游企业需决定为哪几个细分市场服务，即目标市场选择。通常，旅游企业可参考以下五种模式。

（一）市场集中化

市场集中化是最简单的一种模式，指的是旅游企业只选择一个目标市场，只生产一类旅游产品，供应单一的顾客群体。这种情况下，旅游企业可以更好地掌握细分市场需求，占领该细分市场，取得成功后向更多的细分市场扩展。但单一市场的风险比较大，一旦选择的市场不景气或者旅游需求发生变化，企业经营可能面临破产风险。

选择市场集中化模式，一般基于以下考虑：①旅游企业具备在该细分市场从事专业化经营或取胜的优势条件。②限于环境或资金能力，只能经营一个细分市场。③该细分市场中没有竞争对手或竞争对手势力很弱小。由于旅游产品具有综合性的特点，在现实中，几乎很少有旅游企业只是针对一个细分市场，提供一种旅游产品。

（二）产品专业化

产品专业化是指旅游企业集中生产一种旅游产品或服务，并向各类顾客群体提供这种旅游产品或服务。采用这种战略的旅游企业一般具有一定垄断性的优势资源，能够利用这种旅游资源开发不同档次的特色旅游产品，以满足不同细分市场的需求。通过这种方式，旅游企业能够充分发挥企业的资源优势，分散经营风险，同时可以在某一产品领域树立良好的形象。值得注意的是，当市场中出现强有力的替代品或升级换代产品，又或者是顾客对该产品的品牌偏好发生变化时，旅游企业原有的垄断优势消失，将面临巨大的威胁。

对于某些旅游景区来说，由于某些自然与人文景观具有天然垄断性，因此可以向不同年龄、性别、职业的顾客群体提供同一种旅游产品。

（三）市场专业化

市场专业化是指旅游企业集中力量，为同一细分市场提供不同层次和类型的旅游产品，最大限度地满足目标顾客的需要。这种方式要求旅游企业具有丰富的旅游资源和较强的产品开发能力，能够满足某一特定细分市场的多种旅游需求，有利于在顾客群体中树立品牌形象。但由于集中于某一类顾客，当细分市场的需求潜力和特点发生变化，企业也会遇到收益下降的风险。因此，旅游企业必须随时关注该细分市场的规模和需求的变化。例如，一些专门为青年背包旅游者提供住宿接待服务的青年旅馆或“背包客旅馆”。

（四）选择专业化

选择专业化是指旅游企业选择若干个具有良好的盈利能力和结构性吸引力，符合企业目标和资源的细分市场作为目标市场，但每个细分市场之间的联系较少。旅游企业面向不同的细分市场，推出不同类型的旅游产品，以满足不同消费群体的需求。选择性专业化能够很好地分散企业经营风险，即使某个市场失利，也不会使企业面临绝境，但这种方式也分散企业的力量，要求企业具有较多的资源和较强的营销能力。

（五）市场全面化

旅游企业选择整个市场作为目标市场，全方位地推出旅游产品，以满足整个市场的需求，即以所有的细分市场作为目标市场。这种方式有一定难度，需要企业具有非常强的竞争优势和实力，才能实现多元化经营，通常为实力雄厚的旅游企业集团采用。

三、目标市场营销策略

（一）目标市场营销策略模式

对市场进行细分后，旅游企业面临不同的子市场，就要进行恰当的评价，结合自身的资源和目标选择合适的目标市场营销策略。企业目标市场营销策略有三种模式，即无差异市场营销（undifferentiated marketing strategy）、差异性市场营销（differentiated marketing strategy）和集中性市场营销（concentrated marketing strategy）。

1. 无差异市场营销

旅游企业在市场细分后，发现市场中顾客需求的共性大于差异性，倾向于将整个市场视为同质的市场，以单一的产品投向市场，运用单一的营销组合面向整体旅游者，力求在一定程度上满足尽可能多的顾客的需求。

在此情况下，旅游企业采用的是同一种营销策略，能够节约市场调研和促销费用；但也导致不能适应多变的市场形势，无法满足细小的细分市场需求。在旅游业发展初期，由于旅游者的旅游需求尚处于启蒙阶段，旅游经验不丰富，旅游的个性化需求还未充分体现，因此，许多旅行社一度采用无差异营销策略。目前，随着旅游市场的需求差异日益明显，这种方式越来越少，但一些具有垄断性资源的旅游景点，会以同样的产品面向不同类型的顾客。

2. 差异性市场营销

差异性市场营销是指旅游企业决定同时为几个细分市场服务，并结合各细分市场特点，分别设计旅游产品和制定营销组合。差异性市场营销是有针对性地满足具有不同特征的顾客群，以多种产品应对激烈的市场竞争，有利于扩大销售额和提高企业信誉。如果旅游企业的多种产品同时在几个细分市场占有优势，就会增强旅游者对企业的信任感。另外，旅游产品类型多样，分销渠道、促销宣传也要多样化，致使营销费用大幅度增加，要求企业具有一定的规模和实力。

3. 集中性市场营销

集中性市场营销是将整个市场分割为若干细分市场后，旅游企业集中全力在一个或几个细分市场，开发相应的市场营销组合，实行集中营销。这种策略适合资源较少的企业，其目的是在较少的细分市场拥有较高的占有率，而不是在各个市场占有较小的市场份额。在一个或几个细分市场占据优势地位，不但可节省市场营销费用和增加盈利，而且可以提高企业与产品的知名度，在必要时还可迅速扩大市场。需要注意的是，无差异市场营销和差异性市场营销战略，都是以整个市场为目标，而集中性市场营销策略则是选择部分市场作为目标。

三种目标市场营销策略各有利弊。旅游企业要持续进行市场调查和预测，掌握和分析市场变化趋势与竞争对手的条件，扬长避短，发挥优势，把握时机，灵活应变，去争取较大的利益。

（二）目标市场营销策略选择的影响因素

旅游企业进行目标市场营销策略选择时，要具体分析产品、市场及企业自身状况。影响旅游企业目标市场营销策略选择的因素主要有以下五个。

1. 企业资源

如果企业资源雄厚，即人力、物力、财力雄厚，技术条件好，且市场营销管理能力较强，可以选择无差异市场营销策略或差异性市场营销策略；如果企业资源较少，则无法兼顾整个市场，应实行集中性市场营销策略，待时机成熟时，再通过差异性市场营销策略或无差异市场营销策略来扩大市场份额和市场领域。

2. 市场同质性

顾客的需求、偏好等特点具有很大的相似性，即市场同质性较高。如果市场同质性较高，那么顾客对营销刺激的反应相同，应实行无差异营销；相反，如果市场需求的差异较大，则为异质市场，应采用差异性营销或集中性营销。如果市场同质性较高，企业仍想实行差异性营销策略，则在一定程度上需要设计诱因刺激旅游者产生不同偏好，对市场进行强行分割，但代价会很高。

3. 产品同质性

市场同质性是指细分市场之间的相似程度，产品同质性是指旅游者感受到的产品在性能、特点等方面的相似程度。某些特定类型的产品同质化程度高，性能特点方面的差异小，旅游者在选择时主要考虑价格，一般可以实行无差异营销以降低成本；相反，对于异质产品，即产品的品质、功能等差别较大，则应实行差异性营销或集中性营销。

4. 产品生命周期

产品处于不同的生命周期阶段，企业应适时调整目标市场营销策略。当新产品投放市场处于导入期和成长期，营销的重点是启发顾客需求、巩固旅游者的偏好，可以采用无差异营销或针对某一子市场实行集中性营销，以探测市场需求、潜在顾客情况。当旅游产品进入成熟期后，市场竞争加剧，旅游者需求呈现多样化，企业采用无差异营销策略很难奏效，最好采用差异性营销策略，开拓新市场，延长产品生命周期。

5. 竞争者的战略

竞争者的战略也会对旅游企业选择目标市场营销策略产生影响。一般来说，如果竞争者进行市场细分并采用差异性营销策略，企业若采取无差异性营销策略将无法适应不同市场的特点，也无法形成较高的竞争力；如果强大的竞争者实行的是无差异营销，则企业应实行集中性营销或更深一层的差异性营销，去满足市场需求；如果企业面临的是实力较弱的竞争者，可采取与之相同的战略，凭借实力击败竞争对手。总之，旅游企业要善于从复杂多变的市场竞争环境中分析各方力量，掌握有利时机，采用适当竞争策略。

拓展资料 5.2

万豪国际集团精细化在华发展策略：以品牌 + 目的地布局呈现丰富宾客体验

第三节　旅游市场定位

在选择目标市场之后，旅游企业要为自己的产品、品牌在市场上树立某种特色，塑造预定的形象，并争取目标市场的认同，这就是定位。同选择目标市场一样，进行准确的市场定位也是旅游企业一项重要的营销战略。

一、旅游市场定位概述

（一）旅游市场定位的概念

1. 市场定位

“定位”一词最初是由美国著名营销专家艾尔·里斯（Al Ries）和杰克·特劳特（Jack Trout）于20世纪70年代提出来的。他们认为：定位始于产品，一种商品、一项服务、一家公司、一个机构甚至一个人……定位并不是对产品本身做些什么，而是针对潜在顾客的心理做些什么，即把产品在潜在顾客心目中确定一个适当的位置。

“定位”概念被广泛使用于营销领域后，衍生出多个专门术语，市场定位是其中使用频率较高的一个。

科特勒对市场定位的阐述是：所谓市场定位，就是对公司的产品进行设计，从而使之在目标顾客心目中占有一个独特的、有价值的位置的行为。市场定位的本质是使企业与其他企业区分开来，并使顾客清晰地感觉和认知这种差别，从而在顾客心中留下特殊印象。

2. 旅游市场定位

借鉴上述关于定位的观点，可以概括出旅游市场定位（tourism market positioning）的定义。所谓旅游市场定位，就是旅游企业通过识别目标顾客的需要，设计并向顾客树立与竞争者不同的特色旅游产品与组织形象，使顾客对该旅游产品和旅游企业有比竞争者更好的认知，从而在顾客心目中形成特定地位的过程。

准确的市场定位除了要了解竞争者的市场定位，还要研究目标顾客对该产品的各种属性的重视程度，然后设计旅游产品、旅游企业的独特形象，在顾客心目中创造特定的地位。

（二）旅游市场定位的作用

1. 树立旅游企业品牌形象

定位是通过“差异化”来影响旅游者的心智的。在旅游者越来越注重个性化的趋势下，旅游企业从“独特”和“差异化”出发，更多地集中于“个性”的创造，有助于在目标顾客心目中占据独特的位置，从而树立特定品牌形象，提高识别度、认知度。

2. 增强旅游企业的市场竞争力

旅游企业一旦形成明确和有效的市场定位，就意味着在旅游者心中有了特定的形象和地位。这种形象会影响旅游者对产品的感知和判断，影响旅游者对品牌的态度，进而影响购买行为。因此，有效的市场定位可以帮助旅游企业提高市场竞争力。

3. 强化旅游产品的针对性

在旅游者越来越注重个性化的趋势下，面对激烈的竞争，旅游企业必须遵循市场细分、选择特定目标市场、固化市场定位的策略。只有这样，才能充分挖掘特定细分市场的消费需求，并提供针对性的产品及服务，从而提升顾客满意度。

二、旅游市场定位过程

旅游市场定位的关键是在目标旅游者心目中塑造出旅游企业的差异化竞争优势，从而将自己与其他企业区分开。通常，旅游市场定位由识别竞争优势、选择竞争优势和传播竞争优势三个步骤来完成。

（一）识别竞争优势

识别竞争优势是市场定位的首要工作。企业的竞争优势通常表现为两种：一种是成本领先优势，就是企业能够以低于竞争者的价格提供相同质量的产品，或以相同的价格水平销售更高质量的产品；另一种是差异化竞争优势，就是企业提供的产品具有特定的功能，能够满足旅游者特定的偏好。

有的企业很难找到自己的竞争优势，或者只能够找到比较小的竞争优势，很容易被人模仿。因此，旅游企业必须不断地寻求新的潜在优势，并逐一加以利用，使竞争者应接不暇。旅游企业可以从产品差异化、服务差异化、人员差异化、形象差异化、渠道差异化等方面寻找自己的竞争优势。

1. 产品差异化

产品差异是指旅游企业的服务设施、服务环境、服务产品展示等有形因素表现出来的差异。例如，北京烤鸭色泽红艳、肉质细嫩、味道醇厚；迪拜某酒店（帆船酒店）的船形建筑以及豪华内饰设计。特别是对于旅游景区、景点而言，某些特殊的自然地理景观具有不可复制的垄断性，构成了旅游产品的差异化优势。

2. 服务差异化

除了有形产品的差异化，旅游企业还可以通过向目标市场提供与竞争者不同的优质服务来打造自身的竞争优势。旅游企业通过提供优质的服务，建立与旅游者之间的良好关系，在市场中占据一席之地。例如，航空公司可以通过提供常客奖励计划等取得竞争优势。

3. 人员差异化

旅游企业可以通过聘用和培训比竞争者更加优秀的员工来实现差异化。例如，新加坡航空公司因其美丽优雅的空姐而享誉全球，迪士尼员工的友善使其获得了强大的竞争优势。相较于产品差异和服务差异，人员差异具有较高的模仿壁垒，可以形成较长期的竞争优势。

人员差异化的实现不仅要求旅游企业在招聘时选择那些具有某些品质的人员，还要求旅游企业在员工入职后进行系统的培训，提高员工的品质，如能力、礼貌、诚实、可靠、谦虚、善于沟通等。

4. 形象差异化

形象是旅游者对于产品或品牌的感知、认识和评价的综合印象。形象差异化是指旅游企业要在旅游者心中树立与竞争者不同的个性特征。即使竞争对手的产品和服务同质性很大，企业仍然可以通过塑造差异化的品牌形象来获得竞争优势。品牌形象是一个综合性的概念，需要硬件设施、产品质量特色、服务水准、人员素质、广告宣传等诸多要素的支持。品牌形象的塑造是一项长期而艰苦的工作，企业不可能仅通过几则广告就达成目标，需要精心策划、长期进行，并配合使用多种营销手段。

5. 渠道差异化

实行渠道差异化的旅游企业可以在渠道的建立、设计、管理、维护等方面获得自己的竞争优势。渠道差异化有助于企业避开产品质量同质化、服务和广告手段同质化的激烈竞争，建立独特的品牌优势。高端渠道出售的产品，会让人愿意认同它的档次，通过低端渠道出售高端产品，则会让人产生不信任感；通过新兴渠道进行产品销售，会让人对产品留下时尚的印象等。

（二）选择竞争优势

1. 确定传递竞争优势的数量

限于自身的资源和能力，每个旅游企业必须决定向其目标顾客强调多少种利益与特色，不能全面出击。一般有三种情况可供选择：单一差异推广、双重差异推广、多重差异推广。

许多营销者主张应该向目标市场推出一种利益，即单一差异推广。例如广告制作人罗瑟·瑞夫斯（Rosser Reeves）认为，旅游者倾向于购买“第一名”的产品，公司应该为每个品牌制定一个独特的销售定位（unique selling position，USP），并将其传递给旅游者。定位在第一位的企业该宣传什么呢？主要还是最优质量、最佳服务、最低价格、最好价值和最佳位置等。企业若能潜心研究其中某个对目标市场最为重要的方面，并始终一致地保持这种优势，它就很有可能成为最有名、旅游者印象最深的企业。

双重差异推广就是企业同时强调自己的产品或服务在两个方面的差异。当“第一”的口号被竞争者广泛使用时，企业有必要采取双重差异推广，强化在旅游者心目中的形象，如一家饭店可能会声称它有最佳的位置和最好的服务。

在当今大众市场越来越细化的情况下，许多旅游企业都在设法拓宽定位点，以求吸引更多的细分市场，那么企业就应该考虑进行多重差异推广，即为每个产品或每项服务创造两个以上的差异点。随着旅游企业在品牌上所强调的特色的增加，可能面临不被旅游者信任的危险。

一般来说，旅游企业进行选择时，需要注意以下三个问题：定位过宽、定位过窄、定位混乱。

（1）定位过宽。定位过宽是指所宣传的差异没能把企业的特色凸显出来，导致旅游者难以了解产品的独特之处。

（2）定位过窄。定位过窄，即给旅游者传达的旅游企业或旅游地的形象过于狭窄，限制了旅游者对产品的认知，阻碍了旅游市场的开拓。

（3）定位混乱。定位混乱可能是由宣传差异太多、定位变化太快等原因导致，也会造成旅游者对产品印象不清晰，无法实现定位的目的。

2. 选择要传递的竞争优势

旅游企业可能存在多方面的竞争优势，但不是所有的优势都有价值，也并不是所有的竞争优势都能形成差异化竞争的战略手段。一般来讲，值得强调的竞争优势应该具备以下特点。

（1）重要性。能够为顾客提供高价值的利益。

（2）独特性。企业为顾客提供的利益是与众不同的，竞争对手无法提供。

（3）优越性。与竞争对手相比，企业提供给顾客的利益或者提供的方式更优越。

（4）沟通性。优势是可以沟通、传达的，顾客能够感知和理解。

（5）独占性。这种优势是竞争者难以模仿的。

（6）经济性。从旅游企业的角度来说，开发成本是可承担的；从旅游者的角度来说，价格是可支付的。

（7）营利性。旅游企业可以从该项差异中获取利润。

（三）传播竞争优势

旅游企业确定要传递的竞争优势后，就需要将其准确地传播给旅游者，促使其了解企业的市场定位，吸引其购买旅游产品。

旅游企业的营销组合策略必须与其市场定位协调一致，以便向目标市场传达鲜明的定位形象。一家酒店将自己定位在“服务细致入微”，就要求其在客房设计上考虑顾客需求的细节，在服务中强调个性化服务，在渠道设计上考虑顾客的便利性，在促销上充分展示“细致入微”的细节。

许多旅游企业、旅游目的地通常用宣传口号来传播其定位。例如浙江省的“诗画浙江”，凸显当地的自然景观、人文景观。

三、常用的旅游市场定位方法

如何实现市场定位的目的，使旅游企业与众不同？下面介绍几种常用的市场定位方法。

（一）根据产品利益定位

产品利益定位是指突出产品的一些属性，而且这一属性能够让旅游者体会到利益的满足。旅游企业可以定位为某一特定属性（利益）上的领先者，将这一属性做到极致。

（二）根据质量和价格定位

质量和价格定位是指将质量和价格结合在一起进行品牌定位。高星级酒店价格高，是典型的优质—优价组合定位；优质—低价是旅游者心目中的超值选择；

质价相符让旅游者感到满意，旅游企业可以强调物有所值。

（三）根据竞争者定位

这是一种强调市场竞争的定位方法，通过与主要竞争者的对比，达到树立自身品牌的目的。旅游企业根据自己在市场上所处的竞争位置，采取不同的市场定位，主要包括避强定位、比附定位和对抗性定位。

1. 避强定位

避强定位是指避开强有力的竞争者，或者避开竞争者已有的强势定位，寻找市场中未被满足的需求，结合旅游企业自身资源进行定位的策略。避强定位能够使企业远离其他竞争者，以新鲜新奇的形象在该市场上迅速站稳脚跟。避强定位往往造就“第一”，比较容易获得成功。

2. 比附定位

比附定位就是攀附名牌的借势定位策略。企业通过各种方法和同行中的知名品牌建立一种内在联系，使自己的品牌迅速进入旅游者的心智，占领一个牢固的位置。例如，“东方威尼斯”（苏州）。

3. 对抗性定位

对抗性定位也被称为“迎头定位”，是旅游企业与市场上实力较强的竞争者采用针锋相对的定位，从而使自己能够吸引竞争者的顾客，扩大自己的市场份额的策略。例如，百事可乐和可口可乐就是对抗定位的成功典范。

（四）根据特色定位

特色定位是旅游企业在综合考虑各项要素的基础上，使自己的产品具有与众不同的特色的一种定位方法。一个旅游企业具备被顾客所需要和看重的特色，就能获得更多的顾客和市场份额。例如，九寨沟将自己定位为“童话世界”。

（五）根据形象定位

形象定位是指旅游企业想在旅游者心目中树立一种特定形象的定位方法。形象对旅游企业来讲非常重要，旅游者面对各类产品，通常会根据心目中的企业和产品的形象与感觉来进行购买决策。

（六）根据情感定位

情感定位是指赋予产品或品牌一种独特的情感内涵，使之走进旅游者内心的一种定位方法。这种定位是将人类情感中的关怀、温暖、怀旧、爱等情感融入品牌，使旅游者在购买、体验过程中获得此类情感体验，获得旅游者的认同与喜爱。

例如，江西婺源采用“梦里老家”的广告词，产生一种亲切感，引起旅游者的向往。

【本章小结】

在旅游目标市场营销中，旅游企业需要采用科学的细分标准及方法，区分主要的细分市场；在此基础上综合分析，选择一个或几个细分市场作为目标市场，为主要细分市场定制产品或服务以及营销方案；此外，旅游企业应该通过有效的识别、传播优势，在旅游者心目中占有特殊的位置，完成市场定位工作。总之，旅游目标市场营销战略的制定一般需要经过三个主要步骤：旅游市场细分、目标市场选择和市场定位。市场细分是目标市场选择的前提，目标市场选择是市场细分的目的，准确的目标市场选择必须通过深入细致的市场细分工作；市场定位通过企业与目标市场的互动最终确立。

【即测即练】

【思考题】

1. 旅游市场细分的变量有哪些？
2. 旅游市场细分的步骤包括哪些？
3. 旅游目标市场选择模式有哪些？
4. 旅游目标市场营销策略有哪些？
5. 常用的市场定位的方法有哪些？
6. 旅游市场定位的过程有哪几个部分？

第六章 旅游产品策略

【学习目标】

1. 掌握旅游产品生命周期及其相应的营销策略，掌握旅游产品组合策略和旅游产品品牌策略。

2. 熟悉旅游新产品的开发策略。

3. 了解旅游产品整体概念。

【能力目标】

1. 学会分析旅游产品生命周期及其各阶段营销策略。

2. 学会制定旅游新产品开发策略。

【思政目标】

1. 遵循生命周期的发展规律，树立危机意识，不断整合创新、挑战自我。

2. 增强中国文化旅游品牌自信，提升民族自豪感。

【思维导图】

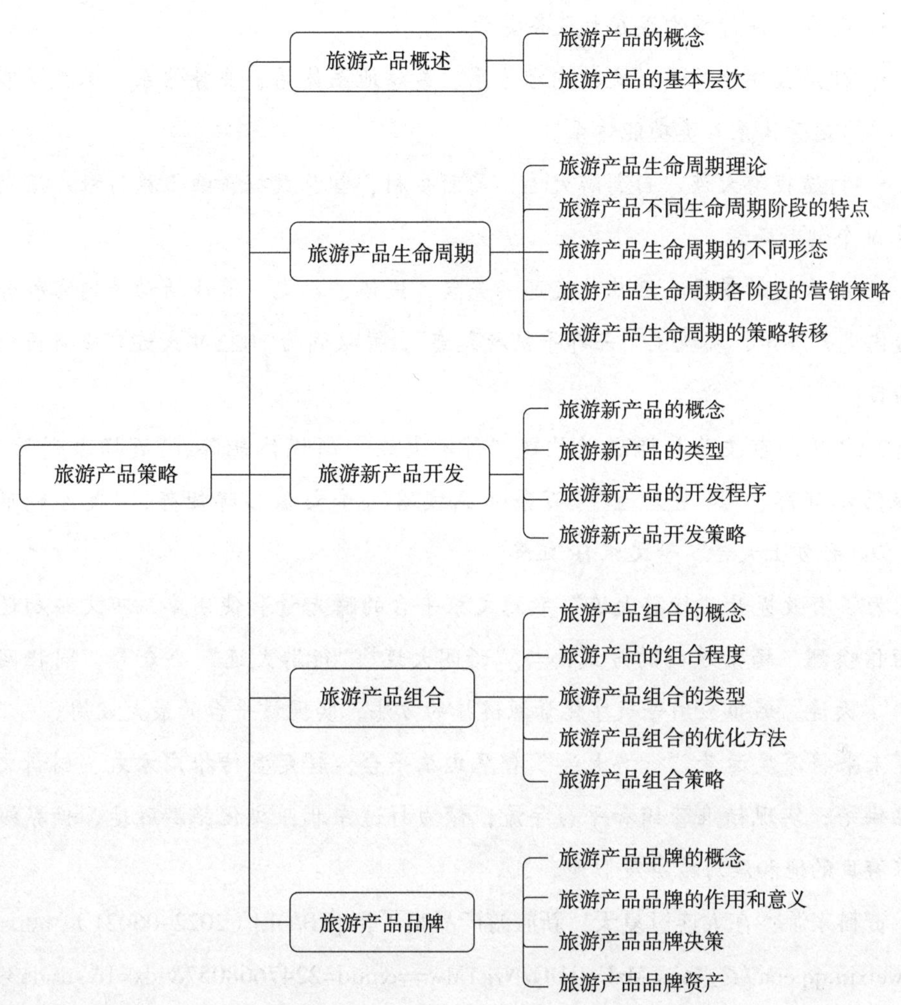

【导入案例】

大连旅游开启“智能时代”

为助力大连创建全国文明城市，抢占夏季旅游黄金季消费市场，2022年6月20日，“行游大连”智慧文旅平台正式上线。“一部手机游大连”——“行游大连”智慧文旅平台由大连市文化和旅游局联合同程旅行共同打造，不仅有效宣传推广大连文旅资源，更重要的是能为市民和游客获取文旅信息提供方便快捷的渠道与全面智能的服务，一站式向游客提供旅游产品智能化推荐、沉浸式漫游体验、旅游点互动导览、重点场景交互式体验。

该平台基于“1+6+6+*N*”的设计目标进行建设，依托微信（WeChat）平台建设 1 个大连市全域旅游总入口。

• 整合吃住行游购娱 6 大服务要素。

• 建成数字化体系、文旅内容体系、智慧地图体系、业务体系、工具功能体系、平台运营体系 6 类功能体系。

• 打造夜游大连、自驾游大连、美丽乡村、智慧数据、线上旅行社、活动日历等 *N* 个创新场景。

• 将大连的景区、酒店、交通、美食、民俗、人文、节庆活动等内容整合在平台内进行展示，实现了“一部手机游大连”，并被列为 2022 年大连市重点民生实事项目。

2022 年，市文旅局还通过构建“行游大连”新媒体矩阵、“百场系列活动”文旅活动矩阵、“遇见大连”“百条精品线路”等文旅品牌矩阵、“我为城市代言”“60 秒爱上大连”等文旅 IP 矩阵。

为了有效提升“行游大连”智慧文旅平台的曝光量和使用率，市文旅局还通过短信唤醒、场景赋码的方式，与“新闻大连”“行游大连”公众号，同程网平台，“e 大连”城市应用等数字化资源链接的方法，实现该平台的最大效用。

未来将深度运营“行游大连”智慧文旅平台，转变宣传推广方式、创新文旅产品供给，实现精准营销和平台导流，倾力打造东北亚文化旅游胜地、世界级知名旅游目的地和滨海旅游度假地。

资料来源：在大连过夏天！新旅游产品来了！ [EB/OL].（2022–06–21）. https://mp.weixin.qq.com/s?__biz=MzUzODQzNzk1Mw==&mid=2247668057&idx=1&sn=da397635de69cbe661f2ab97243778ed&chksm=fadba177cdac28616ad81f09cc320969b56e9d430234fbc174fc5b87c977bafbc9e510e948cf&mpshare=1&scene=23&srcid=0206ea8p1GP2po8aZ5B0E6lV&sharer_sharetime=1675658859892&sharer_shareid=6aa103f23fd9665bf4e2edf36deb8ed6#rd.

案例思考题：

1. 大连旅游新产品体现在哪里？

2. 大连旅游产品与媒体宣传是如何配合的？

3. 这则案例给你什么样的启示？

第一节　旅游产品概述

旅游产品策略在 4P 策略中占主导地位，因为企业首先要明确将什么产品推向市场，继而才能设计价格、促销、渠道策略，所以产品策略是基石。

一、旅游产品的概念

从供给者的角度来看，旅游产品是旅游企业凭借一定的旅游资源和旅游设施，向旅游者提供的，能满足其在旅游过程中综合需要的各种服务。

从需求者的角度来看，旅游产品是指旅游者支付一定的金钱、时间和精力所获得的满足其旅游欲望的全部经历。

二、旅游产品的基本层次

以前的旅游市场营销一直用核心产品、形式产品和附加产品三个层次来体现旅游整体产品的概念。现在旅游产品的内涵日益丰富，从三个层次扩展为五个层次，内容不断增加（图 6–1）。

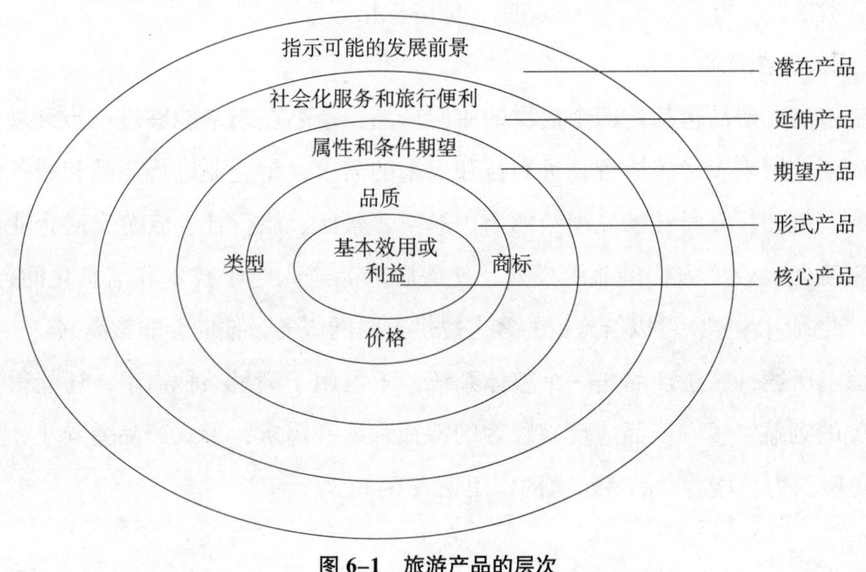

图 6–1　旅游产品的层次

（一）核心产品

旅游产品的使用价值，即产品向顾客提供的基本效用和根本利益。产品只有具有核心层面的内容，才具有其存在的价值。具体说，吃、住、行、游、购、娱六大要素构成一件旅游产品的核心层次。例如，顾客入住客房中要能够得到安静、清洁、安全的休息。

（二）形式产品

旅游产品借以展示其核心内容的特定形态。形式产品是核心产品的实现形式和载体。具体的形式体现为产品的品质、形态、商标、价格、包装、服务人员的态度等。例如，饭店的建筑、装潢、设备、设施、服务人员的仪容仪表、饭菜的特色、价格，饭店知名度都是饭店的形式产品，是消费者能够感受的有形产品。

（三）期望产品

旅游期望产品是旅游者在购买产品时期望得到的与旅游产品相关的一整套属性和条件。例如，旅游中的便利条件，服务场所清洁的安全、营业时间的延长、酒店景点的地理位置好、目的地文化易于沟通等。

（四）延伸产品

附加给顾客的额外服务和利益，使顾客得到更多的好处、意外的满足、超值的享受。延伸产品是旅游企业提高竞争力、区别于竞争对手、突出产品特色、对顾客产生吸引力的重要营销手段。例如，免费提供旅游信息和咨询服务、送票上门、免费接送、售后服务、快速结账、价格折扣等。

（五）潜在产品

旅游潜在产品包括前四个层次的旅游产品，产品在未来能够进一步升级、扩展、演变，用来满足旅游者长远利益和未来的需求，是企业进行产品和服务创新的内容。例如，高科技的发展给酒店、航空、景区、旅行社、旅游交通企业的产品带来变化，改变人们的旅游模式，使旅游产品进入电子技术和信息化的行列。企业以此吸引顾客，可以给旅馆的客人提供互联网服务，他们会非常高兴。

综上所述，旅游产品是一个整体系统，不但用于满足某种需求，还能得到与此相关的利益。核心产品应反映顾客的特征和核心需求，形式产品差异小，延伸产品是吸引力。旅游产品各层次的作用见表 6–1。

表 6–1 旅游产品各层次的作用

旅游产品层次	作用
核心产品	消费者追求的核心目标
形式产品	把核心产品充分表现出来

续表

旅游产品层次	作用
期望产品	期望得到相关的属性和条件
延伸产品	提高竞争力和吸引力
潜在产品	现有产品的演变趋势和前景

第二节　旅游产品生命周期

一、旅游产品生命周期理论

旅游产品生命周期是指某种旅游产品从投放市场，经过成长期、成熟期后到最后淘汰的整个市场过程。它不同于产品的使用生命，后者专指产品的耐用程度，即在使用过程中产品的寿命。旅游产品生命周期，理论上可分为投入期、成长期、成熟期和衰退期四个阶段。如图 6–2 所示。

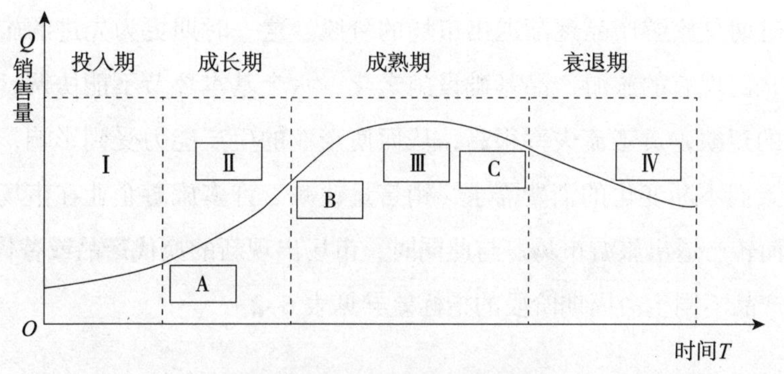

图 6–2　旅游产品生命周期曲线

产品生命周期理论对企业分析产品在市场中的地位和发展趋势，及时开发新产品，淘汰过时产品，有针对性地制定正确的产品策略有重大意义。

二、旅游产品不同生命周期阶段的特点

（一）投入期

这一时期是旅游产品进入市场的初始阶段。旅游产品的生产设计还有待进一步改进，基础设施急需配套、完善。吃、住、行、游、购、娱六个基本环节有待于进一步协调、沟通。同时，服务人员劳动技巧不娴熟，服务质量不高。旅游产品的知名度不高，销售额增长缓慢且不稳定。对外宣传、广告费用较高，旅游企

业利润率较低，甚至处于亏损局面。

（二）成长期

新的旅游产品日渐被消费者接受，旅游产品的生产设计已基本定型，主题明确。基础设施已趋完善，六个基本环节相互联系紧密，处于正常运转状态，服务人员劳动熟练程度提高，服务趋于标准化和规范化，服务质量得以大幅度提高，旅游产品渐渐提高其知名度，产品的销售额稳步上升，企业利润得以大幅度提高。与此同时，新的企业参与市场，展开竞争，销售增长迅速。

（三）成熟期

这一时期是旅游产品的主要销售阶段。旅游产品成为名牌产品或品牌产品。产品销售额渐渐达到高峰而增长趋于缓慢，年销售量增长率在1%～5%，旅游企业生产能力发挥到最大。产品拥有很大的市场占有率，企业利润也达到最高水平。旅游市场已趋于饱和，供求基本均衡，但企业间的竞争日趋激烈。

（四）衰退期

这一时期是旅游产品逐渐退出市场的阶段。这一时期更为先进的旅游新产品层出不穷，而现有的旅游产品基础设施老化，六个基本环节不能协调，经常出现某一环节的短缺，员工流失率很高，从而使企业的生产能力受到影响，旅游产品已不适应人们不断变化的消费需求，销售量锐减。许多旅游企业在市场竞争中被淘汰，从而转产退出旅游市场。与此同时，市场出现新的换代产品或替代产品。

旅游产品不同生命周期阶段的指标差异见表6–2。

表6–2　旅游产品不同生命周期阶段的指标差异

各项指标	投入期	成长期	成熟期	衰退期
竞争者	少或无	有或较多	多	纷纷退出
市场认知度	低	较高	高	降低
销售增长率	缓慢	快速	平稳减慢	负增长
销售量	低	快速增长	最大	下降
成本	高	一般	低	回升
利润	低或亏损	上升	最大	下降或亏损
产品质量	不稳定	较稳定	稳定	稳定
顾客	创新者	早期使用者	中间多数	落伍者
营销目标	建立知名度鼓励试用	最大限度占领市场	保护市场争取最大利润	压缩开支榨取最后价值

旅游产品生命周期通常采用销售增长率划分法来判定。

用 E 表示销售增长率；Q_0 表示上期销售额；Q_1 表示本期销售额。

公式为

$$E=（Q_1-Q_0）/Q_0 \times 100\%$$

则：投入期：$0 < E < 10\%$

成长期：$E > 10\%$

成熟期：$0.1\% < E < 10\%$

衰退期：$E < 0$

三、旅游产品生命周期的不同形态

并非所有的旅游产品都是S形曲线。由于旅游产品具有强烈的脆弱性，容易受到环境影响，同时某些旅游产品具有较高的旅游品位或拥有独特的自然特色或蕴藏丰富的文化底蕴，在旅游功能上具有不可替代性，在生命周期曲线上表现为没有衰落阶段，如图6–3所示。

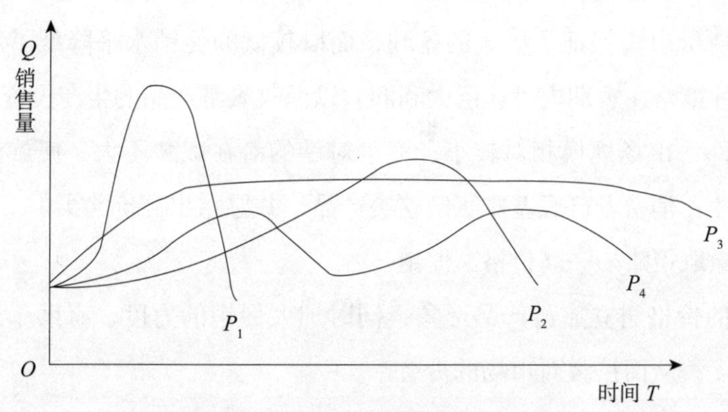

图6–3　不同形态的旅游产品生命周期

P_1 旅游产品生命周期很短，但销售量很大，来也匆匆，去也匆匆。如节日游。

P_2 旅游产品成熟期短，但投入期和成长期很长，研发费用高，属于超前消费的旅游产品。如出境游、太空游。

P_3 旅游产品投入期和成长期较短，但成熟期长，没有衰落期，世界级文化遗产。如故宫、长城、巴黎卢浮宫。

P_4 呈现规律的周期性。如会议旅游、宗教旅游、商务旅游。

四、旅游产品生命周期各阶段的营销策略

（一）投入期营销策略

重点应使产品尽快为消费者所接受，缩短产品导入时间，有四种营销策略可供选择。如图 6–4 所示。

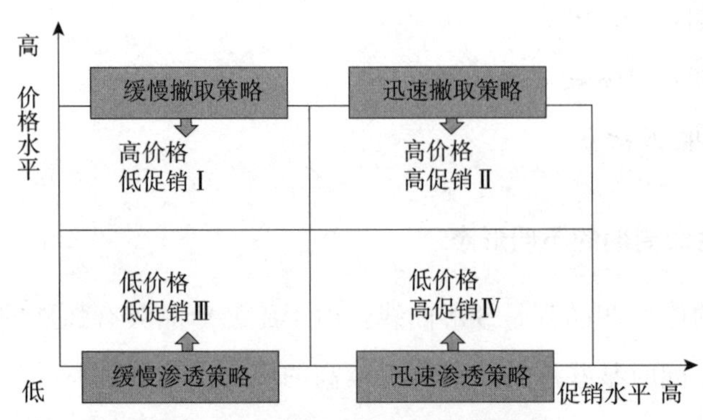

图 6–4 旅游产品投入期的营销策略

1. 缓慢撇取策略——高价格低促销

产品以高价出售保证了更大的盈利，而以较低的促销水平降低了新产品的销售费用。这种策略在短期内可获巨大利润，以回收旅游产品的生产投资。

适用条件：市场规模相对较小；竞争对手的潜在威胁不大，使旅游产品具有很大的垄断性；消费者已经基本了解这类产品，并愿意出高价购买。

2. 迅速撇取策略——高价格高促销

以较高的价格树立旅游产品形象，同时加大促销的力度，有助于迅速建立该产品的知名度，从而扩大对市场的占有率。

适用条件：市场上有较大的需求潜力，市场对此产品不太了解，目标顾客具有较强的求新心理，急于购买新产品，并愿意为此付出高价；面临潜在竞争者的威胁，需要及早树立品牌；产品具有较强的吸引力，具有明显的优势。

3. 缓慢渗透策略——低价格低促销

低价格使市场尽快接受该产品，低促销费用是为了实现更多的利润，随着产品逐步占领市场，再慢慢提升价格，以收回投资。

适用条件：旅游产品的市场容量大；消费者容易了解该产品且对价格敏感；有相当数量的潜在竞争者；产品的知名度较高。

4. 迅速渗透策略——低价格高促销

尽管低价格和较高的促销费用会使企业利润微薄甚至亏损，但这种策略能在最短的时间迅速占领市场，并能减少竞争者的介入。

适用条件：旅游市场容量较大；人们对旅游产品的特色不太了解；旅游者大多对价格敏感；存在潜在竞争的威胁。

（二）成长期营销策略

重点是怎样比竞争者提供更好的产品，怎样更好地满足消费者的需要。

（1）产品策略：提高产品质量，增加产品的新功能、新特色。进一步完善基础设施的配套建设，提高旅游地的可进入性。密切各行各业之间的联系与协调，增强企业的接待能力（旅游产品的生产能力）。

根据旅游者的信息反馈，增减一定的旅游活动内容，规范服务技巧，培训员工，狠抓产品特色和服务质量，以吸引更多的潜在旅游消费者。

（2）价格策略：可适当降低产品价格，规模生产，降低成本，给消费者折扣优惠。在分析市场价格发展趋势和竞争者价格策略的基础上，努力提高旅游产品的规模生产能力，以此降低单位产品成本、适当降低原有价格，以吸引对价格敏感的潜在购买者，以此积极主动地寻找新的市场并占领它。

（3）渠道策略：扩大网络，完善分销渠道，开辟新市场。开拓新的销售渠道，加强销售渠道的管理，做好渠道成员之间的协调。尤其对旅游中间商给予相应的优惠，或提高佣金，或改佣金为奖金，以此扩大销售范围；采取多种销售形式，增加新的销售渠道。

（4）促销策略：加大促销力度，将重点由介绍旅游产品、扩大市场知晓度转移到树立品牌形象上。借助媒介，对外宣传重点由介绍旅游产品转为树立产品形象，宣传产品特色，与此同时，增强旅游消费者对旅游产品和企业的信任感，提高产品的知名度，走名牌产品的销售策略。

（三）成熟期营销策略

重点是延长成熟期，稳定市场占有率，努力开拓新市场，用产品和价格差异吸引顾客。

1. 市场改革

为了寻找机会市场，争取新的消费者，企业进行新的市场开发，进一步挖掘市场潜力，稳定和扩大产品的销售量。发现产品的新用途，寻找新的细分市场；

刺激现有顾客重复购买，提高重购率；旅游产品重新定位，寻找新的游客。

如深圳华侨城的几个大型旅游景区——民俗文化村、世界之窗、锦绣中华，最初的市场定位是港、澳同胞，进入20世纪80年代末，随着特区建设步伐的加快，华侨城把目标市场由已经饱和的港澳市场转向内地市场，一举在全国人造景观中出现轰动效应。

2. 产品改革

赋予产品功能、特性、外观等方面以新的内容来吸引更多的消费者，提高销量。品质改进：增加功能，提高耐用性、可靠性。条件是：产品质量有改进余地；多数顾客希望产品质量提高。特色改进：花费成本少、收益大，可创新企业形象。但易被仿制。式样改进：可以迎合人们的需要，提高竞争力。延伸产品改进：如改进服务，增加服务内容。

3. 营销组合改革

对原有的营销组合因素进行调整、变革，以刺激销售量。如降价或增加销售过程中的服务内容，开辟多种销售渠道等。但这种策略如处置不当，容易为其他企业模仿而加剧市场竞争，也可能因促销费用的增大而导致利润的损失。降低价格，吸引顾客，提高产品竞争力；提高促销水平；改变销售途径；扩大附加利益和增加服务项目。

例如，处于成熟期的饭店，可以侧重发现新的销售渠道，旅行社可使用赠券或其他优惠方式（有奖销售）来增加客流。

4. 开发旅游新产品

旅游企业此时应当准备旅游产品的更新换代，以适应旅游者日益变化的旅游需求。只有旅游新产品与老产品保持良好的衔接，旅游企业才能居于主动地位。

（四）衰退期营销策略

重点是收缩市场，有计划地撤出市场，转向新产品。

1. 立即放弃策略

如果旅游产品市场销售量急转直下，甚至连变动成本也无法补偿，应当机立断放弃。

2. 继留策略或自然淘汰策略

旅游企业不主动放弃某一产品，而是依据旅游产品的生命周期，继续用过去的市场渠道、价格和促销手段，直至旅游产品的完全衰竭。进入市场的旅游产品多种多样，其生命周期各异，就算同时进入衰退期的同类产品，其旅游企业退出市场的时刻也不一样。有的企业较早退出市场，而继续留在该市场中的企业可以继承退出企业空闲的消费能力，由此获利。采用这一策略有较大的风险，因而对企业而言要求有较强的竞争能力。

3. 集中策略

将企业的力量集中在最有利的细分市场上，使用最有效的渠道，销售最易销售的品种，在局部市场上获利。

4. 收缩策略

抛弃无望的市场，节约促销费用，增加目前利润。这样可能加速衰退，也可能从忠实的顾客中获利。

五、旅游产品生命周期的策略转移

旅游产品生命周期不同阶段呈现出不同特点，因而各有相应规律，企业应恰到好处地掌握四个阶段的转折时期（ABC）。抓住策略转折点，适时推出新产品，如图 6–5 所示。

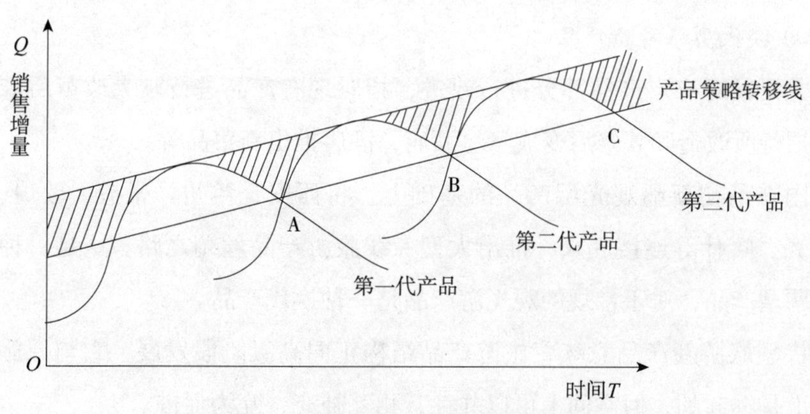

图 6–5　旅游产品生命周期的策略转移

如果老的旅游产品在市场上处于衰退期，新产品不能及时问世，其他企业就会乘虚而入。如果新产品换代较早，老产品还没有完全发挥其市场价值，也不好。新产品进入成长期以后，应同时拥有第二代产品和第三代产品。

第三节　旅游新产品开发

一、旅游新产品的概念

旅游新产品，是从旅游企业经营角度来认识和规定的，既包括旅游从业人员初次开发设计的旅游产品，也包括市场上已经出现了的，但在功能、服务方式等方面有重大改进的相对的新产品。产品整体概念中任何一部分的创新、变革和改变，都属于新产品。

二、旅游新产品的类型

旅游新产品按照其自身所具有的新质程度大致分为以下三类。

（一）创新型旅游新产品

其主要针对核心产品部分进行创新。这种产品能够满足旅游者一种新的需求，可以是新开发的旅游景点，也可以是新开辟的旅游线路或者是新推出的旅游项目。创新型旅游新产品在创意策划上难度较大，同时受到旅游企业技术水平、资金等诸多因素的制约，研制开发时间一般较长。

（二）换代型旅游新产品

其主要针对有形产品部分进行改进，指对现有产品进行较大改革后产生的产品。如招待所改造和装修后变成三星酒店，酒店推出新菜品等。

我国在最初新疆观光游产品的基础上，将西安、兰州、张掖、敦煌、哈密、乌鲁木齐、喀什等连接起来，推出大型专线旅游产品丝绸之路。这是一种经过组合的主题型产品，对于常规的观光游产品是一种换代产品。

换代型旅游新产品意味着旅游产品结构正向高级阶段发展，它与原旅游产品在时间上是继起的，但空间上可以并存，相互补充、互为促进。

（三）改进型旅游新产品

其是指在原有旅游产品基础上，进行局部改进，而不进行重大改革的旅游产品。增加旅游活动内容，变化旅游路线，提高服务质量等。如在原有旅游线路上增加一两个景点，饭店客房部增添新的服务项目。

三种旅游新产品创新的程度不一样，其开发难易程度差别很大。

三、旅游新产品的开发程序

（一）旅游新产品构思的产生

不容易想到，但容易做到的，才是好构思。构思的来源主要有以下人群。

（1）旅游者。旅游者的需求是寻求新产品构思的起点。旅游企业可以通过问卷调查，征询旅游者对现有产品的意见和看法，以确定他们的需求。

（2）旅游中间商。掌握客人需求和投诉的第一手资料，掌握大量供给信息，对完善现有产品意义重大。

（3）旅游企业员工。与顾客联系频繁。

（4）同行业竞争对手。从对手的产品中得到提示。

（5）科研院所。人才集中、知识丰富、思维活跃。

（二）构思的筛选

收集来的构思不是都能用，需要考虑企业的生产能力、技术水平、资金情况、分析市场需求和竞争态势，判断新构思与企业发展目标和规划之间的适应程度。选择切实可行的产品创意，避免“误舍”或“误用”。

（三）构思的发展与测试

对筛选后的创意进一步升华，发展成旅游产品概念。不同的创意会形成不同的新产品概念，相同的创意也会形成不同的新产品概念。如“绿色”旅游产品创意，既可能设计成绿色旅游线路，也可能开发一个绿色景区，还可能设计“绿色”客房、餐厅等酒店产品。

产品概念的测试，通常采用文字、图像、模型等形式在产品成型前对新产品的描述及其构思的评估，调查人员调查消费者的反应。

（四）新产品商业分析

推出新产品是商业行为，必须讲求经济效益，因此在旅游产品研制出来之前，必须进行商业分析，如预测新产品的市场需求情况；新产品对企业销量、利润、市场份额、投资回报的影响；新产品与现有产品的关系；新产品的显著特色和利益；新产品对企业形象的影响；新产品的生产设施；竞争对手的反应；失败的风险等。

（五）新产品的开发

把概念性的产品转为现实旅游产品。一方面，要考虑产品的使用功能、外观；另一方面，要考虑适用性和经济性。开发过程中要反复测试，请专家和消费者提供意见，并改进。

（六）新产品的试销

一般不宜大批量生产，通过试销，确定一定营销环境下消费者的反应。

（七）新产品的商业化

正式投入市场，全面营销。刚投入市场时，一般销量小，各种费用较高，往往会发生亏损，这是正常现象。如新酒店一般开业 3 ~ 6 个月内出现亏损。时间、地点把握准确。

四、旅游新产品开发策略

（一）资源重组策略

在充分挖掘其资源优势的基础上，推动旅游资源的优化组合。

（1）从市场需求的角度来组合旅游资源。旅游资源的组合要能够激发旅游者的旅游动机，满足或创造旅游需求。这种组合方式基于对旅游市场的深入调查和对旅游者消费行为仔细分析的基础之上，具有灵活性强的特点，易于新的旅游线路和产品的开发。

（2）以文化为纽带来组合旅游资源。利用多种类型的文化特色来组织开发旅游产品。由于旅游本质上是一种旅游者寻找和感悟文化差异的行为与过程，通过文化来组合，有利于营造文化差异环境和内容的市场卖点。如以自然要素为对象的生态文化；以民俗为主体的传统文化；以高新科技和新文化为代表的现代文化等。

（3）从经济效益的角度来组合旅游资源。旅游资源的组合要能够实现旅游资源价值增值和利润回报，提高产业贡献率，这也是旅游业作为经济产业发展的内在需求与动力。

（二）产品升级策略

（1）提升旅游产品形象。在原有旅游产品形象的基础上提升新形象，从而使旅游者从一个崭新的角度来认识原有旅游产品，并产生强烈的兴趣。

例如，香港旅游协会面对泰国和新加坡在价格上的优势，对自己进行了重新定位，为此推出的产品淡化“购物天堂”，强调香港是“万象之都”，生活丰富多彩，包括乡间漫游、名胜古迹、山间小道及博物馆等。

（2）提高旅游产品品质。持续对旅游产品生产设计与管理的完善与改进，对原有旅游资源进行深度开发，不断丰富原有旅游产品的内容。

例如，誉为“亚洲第一游乐园”的东京迪士尼乐园，从开园到现在，一直保持着游园人次的长盛不衰，但东京迪士尼乐园仍耗巨资不断添增新的游乐场和器具来吸引游客与让来过的游客再来，被称为“永远建不完的乐园”。

拓展资料 6.2

春节情感旅游产品的开发策略

我国深圳华侨城以锦绣中华、中国民俗文化村、世界之窗、欢乐谷四大景区的建设享誉中外，但为在香港迪士尼乐园建成前抢占市场先机，华侨城再投资 6 亿元用于发展新的旅游项目，如阿尔卑斯山滑雪场、亚马逊丛林穿梭项目、富士山剧场、大洋洲潜水艇等。

（3）提高旅游产品科技含量。引入和应用高新技术设计旅游项目产品，积极寻求智力支持与技术的依托，通过全面利用现代的声、光、电、全息等技术，制作与推出具有一定轰动效应的高科技旅游产品，提高旅游产品的竞争力。

第四节　旅游产品组合

一、旅游产品组合的概念

旅游产品不仅是一个整体概念，而且也是一个组合概念。为了规避风险，旅游企业通常不会经营单一旅游产品，而是经营多个产品项目和产品品种。如饭店提供客房、餐饮、康乐等服务项目；旅行社提供多种线路产品。

（1）旅游产品组合：指旅游企业所经营的全部旅游产品系列（旅游产品线）和旅游产品项目的组合。一个旅游企业的旅游产品组合包括若干旅游产品系列，每个旅游产品系列又包括许多旅游产品项目。旅游企业通过设计与调整旅游产品组合状况，使旅游产品的结构更为合理、科学，可以更好地适应市场的需求。

（2）旅游产品线：指密切相关的，能满足同一类需求，功能相似，但档次型号或内容有所不同的一组类似的产品项目。产品线中各类产品或性能、功效相似，或销售对象相同，或渠道相同，或价格均在同一范围内。

例如，一家饭店向顾客提供住宿服务，这就是其中一条产品线，如果还推出餐饮服务、购物服务、娱乐服务，那这家饭店就有 4 条产品线。

（3）旅游产品项目：指同一产品线中品种、规格、质量或价格有所差别的不同产品。例如旅行社在观光旅游产品系列中，包括山水观光、文物古迹观光、名人故居观光和现代建筑观光四个产品项目。

二、旅游产品的组合程度

影响旅游产品组合程度的因素有以下几个。

（1）旅游产品组合的广度（宽度）：旅游企业所拥有的产品线的数量。旅游企业拥有的产品线越多，广度（宽度）就越大；相反，产品线越少，宽度就越窄。宽产品线组合，有利于发挥企业的各种资源潜力，可以拓宽市场面，从多方面满足旅游者的需求，分散企业经营风险，增强企业的竞争能力，提高经济效益。窄产品线的组合，则有利于旅游企业降低经营成本，集中企业优势力量提高旅游产品的质量，以及实现专业化经营。

（2）旅游产品组合的深度：某一条旅游产品线包含产品项目的数量。例如，旅行社经营的观光产品中有长白山、神农架、张家界等旅游线路，则旅游产品的深度为 3；酒店的康乐服务产品有 KTV 包房、台球室、舞厅、温泉，则深度为 4。

每一条产品线的产品项目越多，产品组合就越深。加强深度，可同时满足旅游消费者广泛的需求，提高旅游者满意度，扩大市场份额，有利于旅游企业提高竞争力。较浅的旅游产品组合，也有利于旅游企业集中力量创造名牌产品，降低企业成本。

（3）旅游产品组合的长度：一个企业产品项目的总和。

某饭店产品组合如表 6–3 所示。

表 6–3　某饭店产品组合

产品项目		产品组合长度（12）				产品组合深度
产品组合广度（4）	住宿	单人间	双人间	豪华套间		3
	餐饮	宴会厅	风味餐厅	咖啡厅	客房送餐	4
	娱乐	夜总会	游乐厅	活动剧场		3
	健身产品	游泳池	瑜伽馆			2

从表 6–3 可以看出，该饭店产品的组合长度为 12，宽度为 4，其平均长度为 3。产品组合的广度、长度、深度越多，组合出来的局部产品就越多，但经济效益不一定就越高。产品越多，意味着成本越高，投入的服务也越多，质量越难以保证。因此，旅游企业应根据实际情况和自身条件确定产品组合。

（4）旅游产品组合的相关度：各个旅游产品线在生产条件、销售渠道、经营费用、广告宣传以及其他方面所具有的相关程度。

产品组合的相关度不是一个固定的概念，从不同的角度对产品组合的关联度进行评价，其结论是不一致的。如从生产条件看客房产品和餐饮产品，它们的相关程度是很低的；但从销售渠道上看，它们却是有关联之处的。增强旅游产品组合的关联度，可以发挥企业资源的利用效率，增强旅游企业的竞争力，提高声誉。

某旅行社产品组合如表 6–4 所示。

表 6–4 某旅行社产品组合

产品线	产品项目
观光旅游产品	自然风光观光、城市风光观光、名胜古迹观光
度假旅游产品	海滨旅游度假、野营旅游、温泉度假
文化旅游产品	历史遗迹旅游、宗教旅游、民俗旅游
享受旅游产品	休闲娱乐旅游、豪华游船旅游、美食旅游

从表 6–4 可以看出，该旅行社的旅游产品线有 4 条，所以宽度为 4；其中共有 12 个旅游产品项目，长度 12，每一个产品线包括 3 个旅游产品项目，深度为 3。度假旅游产品和享受旅游产品的相关度比较高，因为两者都属于深度旅游范畴，即旅游者往往停留于某一旅游地做深度感受，而不是走马观花式地看，目标旅游者具有一定的闲暇时间，并且有较高的经济收入，因此在销售渠道的选择上，两者可以重叠使用同一渠道。

三、旅游产品组合的类型

（一）地域组合形式

其主要是由跨越一定地域空间、产品特色突出、差域性较大的若干个旅游产品项目构成的。组合产品以内容丰富、强调地域间的反差为特色。根据旅游产品组合地域范围大小可以分为国际与国内两种组合形式，国内组合形式还可细分为全国型、区域型、城市型等。

（二）内容组合形式

其是根据旅游活动的主题选择旅游产品项目构成的，分为综合型组合产品和专业型组合产品。

根据世界旅游组织的产品分类方案，旅游产品可以分为观光产品、度假产品、专项产品。这只是一种非常基础的划分，旅游者的市场需求实际上很复杂。例如度假旅游产品就可以分为海滨度假旅游产品、乡村度假旅游产品、城市度假旅游产品、温泉度假旅游产品、野营度假旅游产品、森林度假旅游产品等许多主题类型。因此，主题的选择是旅游企业生产设计内容组合形式的旅游产品的关键。

（三）时间组合形式

根据季节的变化来组合不同的旅游产品，如北京冬季的冰雪旅游产品。但有的旅游产品则季节性变动较少，一年四季相对比较稳定。由此，旅游产品组合可分为季节性组合产品和全年性组合产品。

四、旅游产品组合的优化方法

旅游产品组合中的每个具体产品，在市场中都表现出不同的趋势。有的被市场广泛接受，有的难以找到出路。企业要根据不断变化的市场环境调整产品组合中的各个产品项目，使自身的产品组合最优化。

（一）旅游产品组合的评价标准

（1）发展性：根据整个市场上同类产品的总体情况，评价某种旅游产品的发展前途，主要评价指标为销售增长率。

（2）竞争性：评价某种旅游产品的竞争能力，主要评价指标为市场占有率。

（3）营利性：评价某种旅游产品的盈利水平，主要评价指标为资金利润率。

（二）旅游产品组合的优化方法

1. 波士顿矩阵法（四象限评价法）

此即以市场占有率和销售增长率来评价产品组合的方法。形成四个象限（图 6–6），每种产品根据各自在市场占有率和销售增长率的高低不同分别归属不同的类别。销售增长率指企业所在的市场的年增长率，市场占有率指企业的市场占

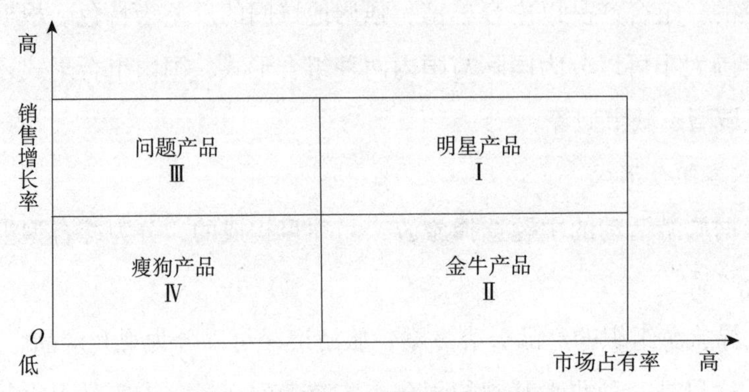

图 6–6 旅游产品组合的四象限评价法

有率相对于最大竞争者的市场占有率的比率。

第一象限的旅游产品组合属于明星产品。市场占有率和销售增长率都处于较高水平。这类旅游产品有发展前途。企业应积极支持，保证其质量，巩固现在的地位，并力图有所发展。

第二象限的旅游产品组合属于金牛产品。这类旅游产品组合一般处于成熟期，销售增长率不高，却保持着稳定的销售量和市场占有率，能为企业带来丰厚利润。企业应巩固其现有地位，改进产品，努力开拓新的市场，改进营销组合方式，延长生命周期。

第三象限的旅游产品组合属于问题产品。这类旅游产品组合的市场需求很旺盛，但在市场上还不具备强劲的实力，需要大量资金支持。其一般处于成长期，有一定的发展前途，也有一定风险。旅游企业若采取正确的营销策略，这类旅游产品组合会成为明星产品；反之，则会成为衰退产品。企业应做充分市场调研，找出症结所在并及时解决，促使其向明星产品转化。

第四象限的旅游产品组合属于瘦狗产品、衰退产品。这类旅游产品组合已没有前途，在市场上所占份额又很小，应尽快淘汰。

2. 三维空间分析法

分别以市场占有率、市场销售增长率和资金利润率为 X 轴、Y 轴、Z 轴（图 6–7），这样形成八个位置，其中每一个位置代表三种因素的一种组合情况，从中可以看出每种旅游产品在市场上所处的位置。

旅游企业根据每一产品所处的位置，有针对性地进行决策。对于位置 6，市场占有率高、销售增长率高、资金利润率高的“三高”产品，应在资金、技术、促销等方面给予大力支持，保证其发展。对于位置 8，因其一般在成熟期阶段，应采

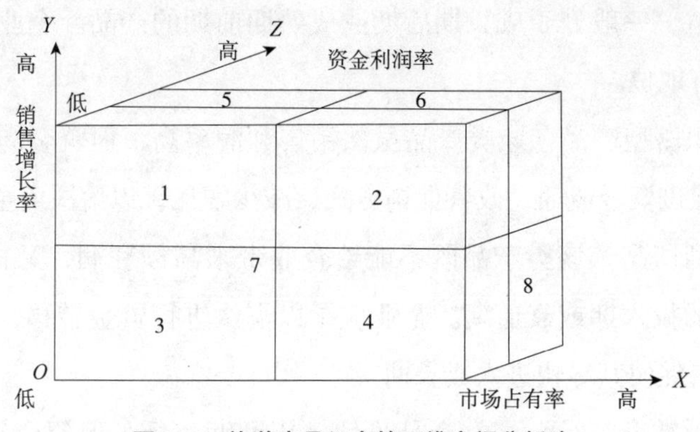

图 6–7　旅游产品组合的三维空间分析法

取相应策略，巩固其现有地位，不断增加盈利。位置 3 是衰退产品。注意：每种旅游产品的生命周期阶段是在发展变化的，如原来处于位置 1 的，可能会因为采取的策略变化而发展到位置 6。

3. 资金利润率评价法

资金利润率是表示产品经济效益的综合性指标，由销售利润率和资金周转率决定，如图 6–8 所示。

资金利润率 = 利润 / 总投资

= 利润 / 销售额 × 销售额 / 总投资

= 销售利润率 × 资金周转率

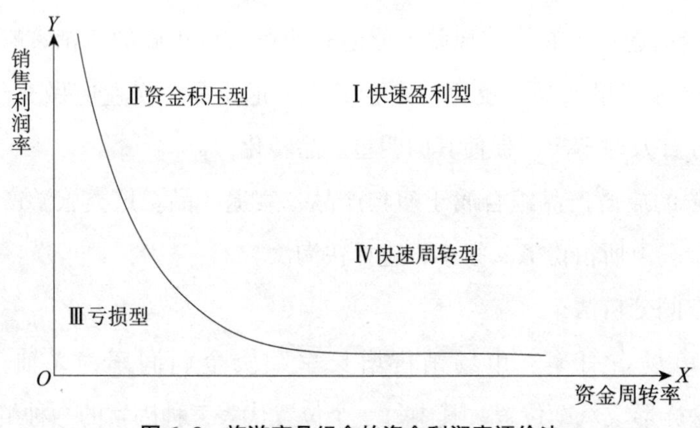

图 6–8 旅游产品组合的资金利润率评价法

在图 6–8 中，X 轴代表资金周转率，Y 轴代表销售利润率，曲线为资金利润率，这样，可以分为四类旅游产品。

（1）快速盈利型产品。该类产品资金周转快，销售利润率高，能给企业带来较大的投资收益，一般处于成长期后期或成熟期前期的产品。企业应尽力巩固其在市场中的现有地位。

（2）资金积压型产品。该类产品虽然销售利润率高，但资金周转很慢。企业应加强管理，促进资金流通，改善促销方式，减少积压，以解决资金占用问题。

（3）亏损型产品。该类产品既不能给企业带来高额利润，又占用大量资金。可能处于产品的投入期或衰退期。企业应予以淘汰进行资金转移，或者调动营销组合中的各因素促使其尽快进入成长期。

（4）快速周转型产品。该类产品虽然销售利润率低，但资金周转较为迅速，多为低利型产品。

4. 产品系列平衡分析法

根据旅游产品的市场吸引力和旅游企业实力的不同，对旅游产品进行综合平衡分析，然后对不同旅游产品采用不同的策略。

衡量旅游产品的市场吸引力，可用市场容量、市场销售增长率，资金利润率等指标。评价旅游企业的实力，以综合接待能力、销售能力、经营管理能力、市场占有率为依据。

如表 6–5 所示，企业的实力有强有弱，市场吸引力有大有小，据此形成 9 个方格，每个方格代表不同的产品系列。

表 6–5 旅游产品组合的产品系列平衡分析法

市场吸引力		旅游企业实力		
		强	中	弱
市场吸引力	大	1 力保优势	4 扩大投资	7 增加实力或选择性投资
	中	2 维持现状争取多盈利	5 稳定策略维持现状	8 选择性投资或淘汰
	小	3 选优少量投资	6 选择性投资或停止投资	9 淘汰

位于方格 1 位置的产品，市场吸引力大、企业实力强劲，应作为旅游企业重点投资对象，力保其现有优势，继续提高市场份额。

位于方格 4、方格 7 位置的产品，对市场具有吸引力，但其企业实力一般，说明产品符合消费者需要，市场反应良好，有发展前途。企业应增加对这类产品的投资，同时也要增强企业的发展动力，提高企业的经营管理能力、销售能力和综合接待能力。

位于方格 2、方格 3 位置的产品，企业具有较强的实力，但产品对市场的吸引力正在逐步减退，一般是处于成熟期或衰退期的产品。市场对这类产品的需求已经趋于饱和，因此销售增长缓慢。企业可选择个别有发展前途的产品继续投资，其余的可逐步转移资金投入或撤出资金。

位于方格5、方格8位置的产品，企业的实力及产品对市场的吸引力都不突出，产品缺乏核心的吸引消费者的能力，说明企业在经营、管理上有待改善。对此类产品静观其变，如其需求呈上升趋势，可增加投资、加强管理，若出现下降趋势可淘汰。

位于方格 6、方格 9 位置的产品，企业实力不强，产品也缺乏足够的市场吸引力，应分阶段逐步淘汰。

五、旅游产品组合策略

旅游企业根据旅游市场需求状况、竞争程度，并考虑本企业的经营目标和资源条件，对旅游产品组合的深度、广度和相关度进行最佳决策。

（一）旅游产品组合扩展策略

扩展策略包括扩宽旅游产品组合的广度和增加旅游产品组合的深度。①在原产品组合中增加一个或几个产品线、扩大经营范围。例如，某饭店集团经营住宿产品、餐饮产品，同时又经营旅行社业务。②在原有产品线中增加新的产品项目和子项目品种。例如，旅行社经营的观光产品是以山水旅游为主的产品，现在又增加以文物古迹旅游为主的产品，或者增加更多的山水旅游线路。

扩展产品组合可以使企业有效地分散经营风险，扩大市场份额，但是需要有人力、物力、财力做基础，增加管理难度和成本。一般来说，具备较强实力的旅游企业会选择；中小型旅游企业，由于受到自身条件限制，少用。

（二）旅游产品组合缩减策略

与扩展相反，缩减策略就是在原有旅游产品组合中剔除那些获利少或亏损的旅游产品线和旅游产品项目，集中企业力量和资源生产利润高、发展前景好的产品，实现企业高度专业化经营。

缩减原有旅游产品组合中的旅游产品线，只经营一个或几个获利水平高的旅游产品系列；缩减原有旅游产品线中的旅游产品项目，集中经营利润好的几个项目。

这种策略有利于企业提高经营效率、降低成本，但面临产品需求波动的风险。一旦消费者需求倾向发生转移，企业将陷入被动的境地。因此，企业要密切关注需求的变动趋势，同时提高质量。

（三）旅游产品组合改进策略

在原有的经营范围内，对现有的旅游产品的质量、包装组合、特色以及其他方面加以改进，吸引更多的旅游者。扩大经营范围，对现有的旅游产品经营的档次加以改进，包括以下几点。

（1）产品线向上延伸：企业原来生产低档产品，后来增加高档产品的生产，进入高档产品市场。例如，某旅游饭店为旅游者提供标准间服务的同时，增加豪华套房的经营，增加效益。

（2）产品线向下延伸：企业原来生产高档产品，后来增加低档产品的生产，目的是利用高档产品的声誉吸引购买水平较低的消费者，扩大市场占有率。

拓展资料 6.3
乡村旅游产品组合

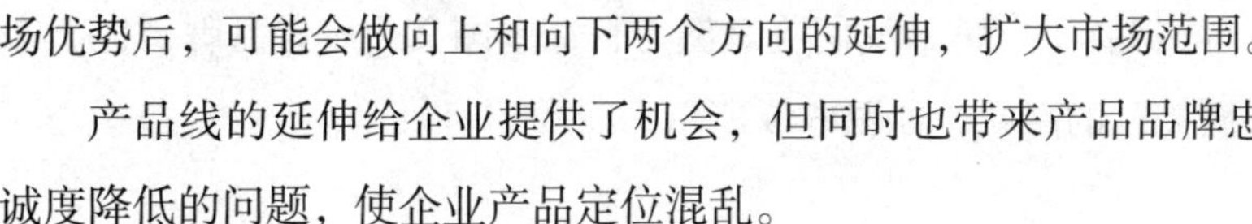

（3）产品线双向延伸：定位于市场中间范围的企业在占据市场优势后，可能会做向上和向下两个方向的延伸，扩大市场范围。

产品线的延伸给企业提供了机会，但同时也带来产品品牌忠诚度降低的问题，使企业产品定位混乱。

第五节　旅游产品品牌

一、旅游产品品牌的概念

品牌是一个名称、术语、标记、符号、图案或这些因素的组合，其目的是借以辨识销售者所出售的产品或服务，并使之同竞争者的产品和服务相区别。

旅游产品品牌是指用以识别某旅游产品的名称、术语、标记、符号或图案或它们的组合，主要由品牌名称、品牌标志和商标组成。

（1）品牌名称：品牌中用语言表达的部分或者可以读出声的部分。如“中青旅”“希尔顿”“迪士尼乐园”。

（2）品牌标志：品牌中可以识别但不可用语言表达的部分，用特定的符号、图案或颜色等表示。如“中青旅”品牌象征地球、太阳、凤凰的合成图。

（3）品牌商标：品牌或品牌的一部分在政府有关部门注册后，获得专用权，并受法律保护。因此，品牌与商标不是相同的概念，它们是有严格区别的：首先，在品牌中，凡不属于商标的部分，是没有专用权的。当别人使用时，从法律角度上是不构成侵权的。其次，商标可以为企业独占而不使用，而品牌一定是使用的，不使用的品牌没有任何意义，也没有存在的必要。而不使用的商标是有意义的，商标使用权可以买卖。最后，品牌可以按企业的设计创意要求设计和创造，所以品牌从简单到复杂都有；而商标则要受到国家商标登记注册机关的制约，不允许过度复杂，这样不便于登记。

二、旅游产品品牌的作用和意义

品牌是强化旅游产品差异化的手段；品牌是旅游者风险的减速器；品牌是提高旅游产品附加值的利器；品牌是旅游企业开展国际化经营的旗帜。

各产业有一个“微笑曲线”，就是产品的研发、制造、营销三个环节获得的利润不是等同的。研发和营销获得的利润高，制造获得的利润低，所以连起来就是一个“微笑曲线”。品牌属于营销，我们应该努力打造中国文化旅游品牌，提高产品附加值，站在“微笑”的高端，如图 6–9 所示。

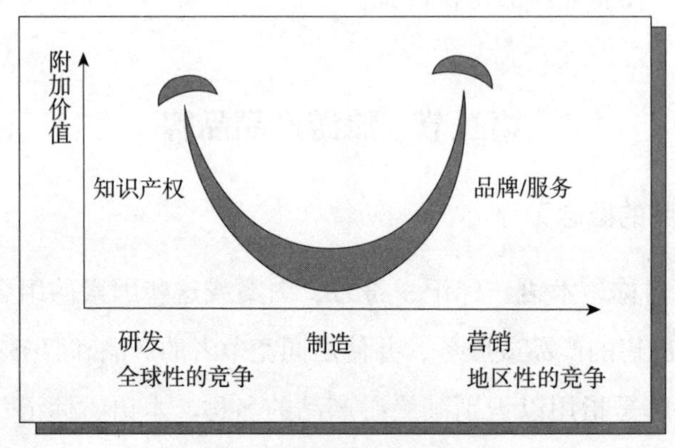

图 6–9 “微笑曲线”理论

三、旅游产品品牌决策

（一）品牌化策略

有关品牌的第一个决策，旅游企业决定是否给旅游产品建立品牌，在无品牌和有品牌之间做选择。由于品牌具有重要作用，即使品牌化会使企业增加成本，但是绝大多数企业也都采取了品牌化策略。

（二）品牌归属策略

品牌所有权决策，品牌归谁所有，就由谁负责。

（三）品牌质量策略

建立一个品牌时，必须决定品牌的质量水平，从而确定旅游产品品牌的市场定位。

（四）品牌名称策略

各个旅游产品是全部采用一种品牌，还是各自有不同的品牌，有以下四种选择。

（1）个别的品牌名称：每种产品有一个品牌，优点是品牌定位清晰、产品之间不相互影响；缺点是广告宣传费用大、不便于推出新产品、企业形象不统一。

（2）统一的家族品牌名称：对所有产品使用共同的家族品牌名称，优点是节省广告宣传费用、便于推出新产品、统一企业形象；缺点是品牌定位不清晰、产品之间相互影响。

（3）分类的家族品牌名称：对所有产品使用不同类别的家族品牌名称，每类产品使用一个品牌。

（4）企业名称加个别品牌名称：企业的商号名称和单个产品名称相结合，使用企业名称可以享受统一品牌和形象的好处；附加个别品牌又可以使不同产品各具特色，定位清晰。

（五）品牌扩展策略

利用已出名的品牌推出新旅游产品和已改良的旅游产品。其优点是一个受人注意的好品牌名称能给予新产品即刻的认知和较容易地被接受，它使企业更容易进入一个新的产品领域；节约了大量广告费，而在正常情况下使消费者熟悉一个新品牌名称花费较大。其风险在于，新产品可能使买者失望，从而损坏对企业其他产品的信任；原有品牌名称可能不适用于新产品；过度延伸会使品牌失去在消费者中特定的定位，消费者不再把品牌与一个特定的产品或类似的产品相联系。

（六）多品牌策略

企业同时为一种产品设计两种或两个以上相互竞争的品牌，即一品多牌。几个品牌加起来的总销量比原来一个品牌时多。

其优点是企业看到这是一种为不同消费者提供不同性能和诉求的方法；能使企业占领更多的分销商货架；通过建立侧翼品牌来保护它的主要品牌；企业通过获取竞争企业的品牌，从而继承不同的品牌名称。其风险在于，每个品牌可能只占领很小的市场份额，也可能毫无利润或利润下降；资源分散，不能集中于高绩效的品牌；可能是自相残杀而不是蚕食竞争者。

（七）品牌重新定位策略

也许一种品牌在市场上最初定位是适宜的，在推出一个新产品时，发现现有的品牌名称不适合于新产品，或现有的品牌形象不能帮助新产品时，企业可能重新定位。竞争者可能在企业品牌之后推出他自己的品牌，来削减企业的市场份额。此外，顾客偏好或许转移，使对企业品牌的需求减少，最好重新定位品牌。

四、旅游产品品牌资产

旅游品牌一旦形成，将是旅游企业重要的无形资产，具有极大的经济价值。同时，品牌资产能够加强旅游者对欲购买产品的认知，促进旅游者对其优先选择，从而扩大市场占有率，是行业竞争差异化战略的基础。要创造旅游品牌，首先应明确旅游品牌资产的价值内涵。任何品牌资产都包括五个基本组成部分，旅游行业应重视品牌资产积累和策划。

（一）旅游品牌标识

旅游品牌标识，包括旅游品牌的名称、标识物、标识语，是旅游品牌的三种展示方式。名称是品牌基本的核心要素，是品牌认知、沟通和形成品牌概念的基础。名称也提供了品牌联想。名称与品牌的差异在于名称只有辨识功能，而品牌则附有认同感和个性在内。标识物与标识语是品牌的其他展示方式，如假日饭店的标识物、麦当劳的黄色金拱门标识，现代企业视觉识别系统将品牌名称、标识物、标识语联结成为一体，增强了企业的品牌认识和联想。旅游品牌名称应该易记、有特色，能够支持标识物和标识语。同样，旅游标识物和标识语的设计应有利于品牌识别与定位，从而创造积极的品牌联想。

（二）旅游品牌认知

旅游品牌认知是潜在购买者认出或想起某种品牌是某一产品类别的能力，是与消费者交流的第一个基本步骤，它包含品牌与产品类别间的联系。因此，能否被旅游者考虑，品牌记忆可能是至关重要的。品牌认知是一个连续的变化过程，即品牌无意识—品牌识别—品牌记忆—品牌深入人心。维持一个较高程度的品牌认知是品牌营销的首要目标。

（三）旅游品牌质量

旅游品牌质量是指旅游者对旅游产品的全面质量或优势的感性认知，它包括品牌达到的产品特征，如可信度、性能等。品牌所体现的质量与真实客观的质量可能并不完全一致。旅游产品是一种以服务为导向的无形产品，无法触摸或试消费，其选择依赖于旅游者对它的质的感知。品牌体现的质量是影响旅游者购买的关键因素。旅游品牌所体现的质量既依赖于旅游企业良好的经营活动，也依赖于其市场营销活动。以饭店为例，体现饭店品牌质量的因素有价格、服务人员的仪表、建筑物外观和其他易见的可产生第一印象的公共区域等，品牌体现的质量也是产品差异化和品牌延伸的基础因素。因此，饭店营销者应重视饭店品牌所体现的质量的精心策划和信息传递。

（四）旅游品牌联想

旅游品牌联想是记忆中与品牌相关联的每一件事，它们由一些有意义的方式组成。一个品牌的联想是众多的，旅游企业更关心的是直接或间接影响到旅游行为的联想因素，旅游产品特征和旅游者利益是两种重要的联想。此外，还有一些其他的因素，如旅游产品应用，使用产品的类型，表达出旅游者的生活方式、社会地位、职业角色等。品牌联想可以使企业或产品的市场定位形象化、具体化。品牌联想可以帮助旅游者获得信息，作出旅游决策。

（五）旅游品牌忠诚

旅游品牌忠诚是旅游者对品牌感情的量度，反映出一个旅游者转向另一个品牌的可能程度。品牌忠诚是旅游品牌营销的终极目标之一，是一种重要的无形资产。旅游者对旅游品牌的忠诚降低了旅游营销费用，这些现存的旅游者基础有助于形成新的旅游者，产生可见的品牌认知。品牌忠诚是由许多因素产生的，其中最重要的是使用经验，品牌忠诚与使用经验紧密地联系在一起，品牌忠诚也部分地受到品牌资产中其他因素，如品牌认知、联想所体现的质量的影响。因此，旅游企业应正确对待旅游者，使旅游者对旅游服务感到非常满意，确保旅游者有积极有益的旅游经历。

拓展资料 6.4

2021“文旅好品牌”之目的地好品牌

【本章小结】

本章首先介绍了旅游产品的基本层次，主要包括核心产品、形式产品、期望产品、延伸产品、潜在产品。阐述了旅游产品在不同的生命周期，其销售特点各不相同。旅游产品的不同生命周期阶段，其营销策略并不相同。应针对旅游产品生命周期的投入期、成长期、成熟期以及衰退期，实施不同的旅游产品营销策略。之后阐述了旅游新产品开发策略，包括资源重组策略、产品升级策略。接着论述了旅游产品的组合程度，包括广度、深度、长度和相关度。旅游产品组合策略，包括扩展策略、缩减策略、改进策略。旅游产品组合的优化方法，包括四象限评价法、三维空间分析法、资金利润率评价法、产品系列平衡分析法。最后论述了旅游产品品牌决策与旅游产品品牌资产。

【即测即练】

【思考题】

1. 简述旅游新产品的开发程序。
2. 简述品牌和商标的区别。
3. 论述旅游产品在各生命周期的特点及营销策略。
4. 简述旅游产品组合的优化方法。
5. 简述旅游产品各层次的作用。

第七章 旅游产品价格策略

【学习目标】

1. 掌握旅游产品价格制定的影响因素，掌握旅游产品定价的目标和方法。

2. 了解旅游产品价格概念和旅游产品价格调整。

【能力目标】

掌握根据市场需求、产品成本和竞争状况正确选择定价方法和价格策略的能力。

【思政目标】

培养学生法律意识，树立起遵守行业规制，不以价格扰乱市场的旅游职业素养，自觉抵制不正当价格行为。

【思维导图】

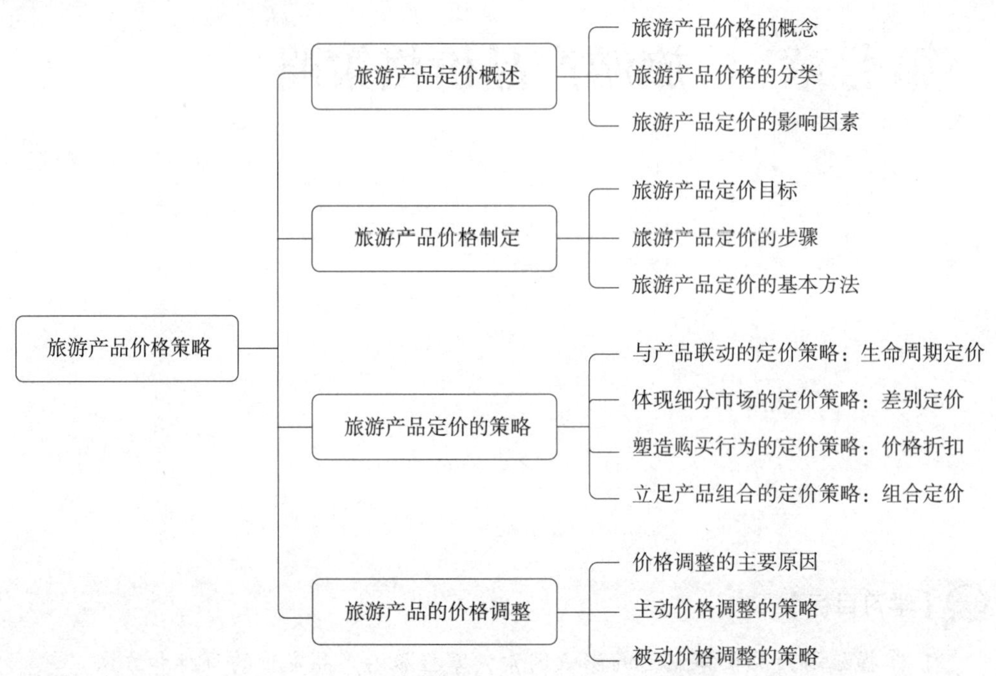

【导入案例】

一次成功的客房提价

某三星级饭店与多家旅行社、企事业单位、政府机关等签订了住房优惠协议，如饭店标准房全价 418 元、协议价仅 228 元。最近，该饭店将 60 间客房中的 35 间进行了重新装修。新、旧标准间的协议价格仍然是 228 元。重新装修的客房更受客户的欢迎，通常每天上午就被预订完，没有预订到的客户意见很大；并且住过新装修客房的客户通常不愿意住旧客房。

该饭店为此召开了会议，共同解决这个问题。一部分参会人员认为应维持原价。理由是客户长期以来已经认同 228 元的价格，提价会导致客户不能接受或不满，可能会失去许多老客户，影响饭店的收入。而另一部分人则认为新客房应该涨价。理由是新旧标间有一定的差别，可以将新标间调高 30 元，调价幅度不算大，客户可以接受；同时，饭店的收益可大幅提高。按新标间 90% 的入住率计算，每间提价 30 元，饭店一年可以增加 344 925 元的收益。谨慎起见，为避免决策失误给饭店带来不必要的损失，饭店领导要求销售部门做好市场调研工作。反馈回来的意见主要有：一部分客户对新标间提价有异议；一部分客户认为新标间的装修更有档次，228 元略低，提一点价也可以接受。经过多次讨论，饭店决定将新标间调整到 258 元，同时赠送免费自助早茶，并且让销售部以书面和口头的形式通知客户，2 个月后再开始执行新价格。事实证明：该饭店标间的提价是成功的。

资料来源：王大悟 . 酒店管理 180 个案例品析（新版）[M]. 北京 : 中国旅游出版社，2023.

案例思考题：

1. 分析影响产品定价的因素。

2. 分析饭店价格调整的原因。

3. 为何饭店调价的工作能够成功？试以定价策略进行分析。

第一节　旅游产品定价概述

一、旅游产品价格的概念

旅游产品价格就是旅游者为满足自身旅游活动的需求而购买的旅游产品的价值形式，它是由生产同类旅游产品的社会必要劳动时间决定的。

二、旅游产品价格的分类

价格首先是利润的直接决定因素。旅游产品价格的高低与旅游企业的利润多少相关。旅游者往往会在一定程度上通过价格感知旅游产品。旅游企业提供给旅游者的价格，会在促销活动中发挥显著的作用。如一些旅行社推出对某些旅游线路的打折活动，会吸引较多的旅游者来购买。通常情况下，较高的价格总是导致较低的需求量，而较低的价格则会促进销量的提升。然而，对于有些旅游产品来说，随着价格的提升，需求也会增长到某一程度，这种旅游产品的价格越高，在特定旅游者和特定旅游者群体看来，所体现的排外性和威望性也就越大。

（一）旅游包价

旅游包价是指在旅游活动中，旅游者通过旅游产品零售商购买的满足其全部旅游活动所需要的旅游产品的价格，它等于这些旅游产品单价之和再加上旅游零售商、批发商的自身经营成本和利润。

（二）旅游单价

旅游单价是指旅游者零散购买一个整体旅游产品中的各个单项要素所支付的价格。如旅游者在途中自己购买车船票的费用、自己支付的饭店住宿费用等，都属于旅游单价。

除上述两种基本旅游价格表现形式以外，旅游企业为了扩大对旅游产品的需求量，刺激消费，通常还会在一般旅游价格的基础上采取一些特殊的旅游价格表现形式。

（三）旅游差价

旅游差价是指同种旅游产品由于在时间、地点或其他方面的不同而导致的不同价格。因为旅游企业提供的旅游产品和旅游者的需求往往会在时间、空间及其他诸多因素上存在较大的分离，故而旅游企业往往利用旅游差价来调节旅游市场供求关系，以更好地满足旅游者的不同需要。

（四）旅游优惠价

旅游优惠价是指在旅游产品基本价格基础上，给予旅游者一定的折扣和优惠的价格。其目的是更多地吸引旅游者购买旅游产品，使旅游产品的业务量保持一定的水平。

三、旅游产品定价的影响因素

所有要在市场上出售的产品，都需要为自己确定一个价格。从经济学角度看，产品的价格是由供给和需求共同决定的。然而，对于企业来说，价格的确定显然要复杂得多。如果回忆一下自己曾经在自由市场的购物经历，就会发现实际上最终成交的价格受到以下几个方面因素的制约：成本、顾客认知价值、竞争博弈和政策。

（一）成本

与任何其他产品一样，旅游产品在生产和流通过程中需要耗费一定数量的物化劳动和活劳动，它们就构成了旅游产品的成本。由于企业的经营最终是要追求利润的，而企业的价格只有在补偿生产经营耗费的基础上才会产生一定的利润，因此成本通常成为价格制定时的下限。从长期来看，如果价格低于平均成本，企业就难以生存。因此，企业如果不了解成本，就无法进行合理的价格制定。然而，对成本的理解，并不只是简单地了解成本的水平，还需要进一步了解成本的构成，或者说产品的生产成本的变化与销售量的变化之间的关系。

根据所产生的成本是否随着产量变化而变化，可以将成本分成固定成本和变动成本两个部分。固定成本是那些不随产量变化而变化的成本费用，如酒店筹建过程中的土地费用、建筑成本、装修费用、设备购置、管理人员的人工费用等，无论酒店是否出售了客房或者餐饮产品，这些成本都已经投入或必须花费，不随产量变化而变化。变动成本则是那些与产量相关，会与产量的变化呈一定比例变化的成本。

变动成本和固定成本对于价格的影响力是不同的。从短期来看，变动成本是价格的底线。因为只要销售价格高于变动成本，就能够产生边际收益，这个收益可以用来补偿固定成本的投资，而销售价格低于变动成本，则不仅无法收回投资，还会造成更大的亏损。然而从长期来看，如果企业的销售价格一直低于变动成本和固定成本构成的总成本，那么企业就会一直处于亏损状态，难以为继。

（二）顾客认知价值

从顾客角度看，价格是他们获得商品时所应该付出的成本。顾客在进行决策时，也需要衡量自己的成本和收益，只有当他们认为自己的收益大于成本时，他们才会接受这个价格。因此，顾客所感受到或者认知的产品价值成为价格的上限。当价格高于这个上限时，顾客就不会产生需求。相反，认知价值超出价格越多，顾客的需求强度也就越大。

拓展资料 7.1

候鸟式旅游为何叫好不叫座

不同顾客对于同一个产品的认知价值是不同的，他们的认知价值受到对于产品的认识、同类产品价格的比较以及自身的支付能力的影响。但是对于企业而言，大多数顾客或者整个市场对产品的认知价值比个别顾客的认知价值更加重要。需求的价格曲线能够较好地显示整个市场的认知价值的情况。如图 7-1 所示，需求曲线 D 上的每一点都对应着在一定价格上的需求水平，如 P_1 的价格上，需求量为 Q_1，也就是说至少有 Q_1 数量的顾客所认知的产品价格是高于 P_1 的。一般情况下，价格越高，需求越低。

需求的价格弹性是市场对于产品价值认知的另外一个重要的反应，也是对价格制定产生重要影响的因素。所谓的需求价格弹性是价格发生单位比例变动时，需求随之变动的比例的大小，需求变动的比例越大，就越具有弹性。图 7-1 中（b）图就比（a）图显示的需求具有更大的弹性。不同产品的实际需求弹性有很大的差别。具体来说，有以下一些效应机制能够影响产品的需求弹性。

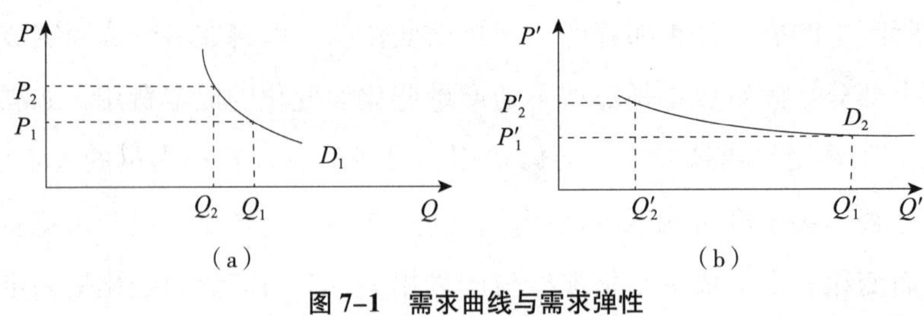

图 7–1 需求曲线与需求弹性
（a）缺乏弹性；（b）富有弹性

（1）独特价值效应。当某个产品具有独特性或异质性时，顾客对价格的敏感性会降低。近年来，许多依托世界自然文化遗产的风景名胜区或景区虽然不断提价，但市场需求依然很旺盛。因为产品越稀缺，越容易让消费者认同它的价值。

（2）替代品认知效应。消费者对该产品的替代品了解得越少，就对价格越不敏感。

（3）价格 – 质量效应。对于某些产品来说，消费者由于不具备鉴别能力，或者信息缺乏时，往往将价格作为质量的指示器，认同价格越高、质量越优。这样的情况下，价格敏感度就会降低。

（4）必需品效应。顾客对一个产品的必需程度越高，价格敏感度就越低。当然，随着生活水平和人们认知的变化，顾客对于必需品的认知也会发生变化。例如，现在越来越多的消费者认为旅游在生活中的重要性增加了。

（5）库存效应。一个产品越能够储存，其价格敏感度越高。

（6）成本分摊效应。当购买产品支出的一部分由其他方面来分摊时，价格敏感度就低。这也是商务旅游者往往对价格不敏感的原因之一。

（7）支出效应。当购买本产品的支出在总的消费支出中所占的比例越小时，价格的敏感度就越低。

（三）竞争博弈

成本因素和顾客认知价值限定了价格的范围，但两者并不能决定最后的价格。能够起到最后决定作用的，往往是竞争因素。当顾客对某些竞争产品产生相同或非常接近的价值认知时，他们往往倾向于选择价格更低的品牌。因而企业不得不在定价时充分考虑竞争的影响。

竞争因素中首先是本行业内的市场竞争类型。根据市场竞争程度的不同，我们可以把市场分为完全竞争、完全垄断、垄断竞争和寡头竞争四种类型。完全竞争的市场条件下，同种产品有许多生产者，产品的同质性强，每个企业的产量在销售总量中所占比重很小，任何企业要想单独提价都非常困难；完全垄断的市场条件下，市场由一家企业垄断，没有竞争对手，企业往往能够通过供给量来控制市场价格；垄断竞争的市场条件下，同类产品在市场上有较多的生产者，市场竞争激烈，但由于产品存在差异性，少数拥有某些优势的企业可以创造一种独特的市场地位，对价格有一定的影响力；寡头竞争的市场条件下，少数企业共同占有大部分的市场份额，价格在很大程度上由寡头们协议或者默契决定，个别企业难以单独改变价格。

除了行业内的竞争，替代品的竞争也是企业在定价时需要考虑的。当外出就餐的成本增加时，消费者可能采用自带食物的野餐来替代；当旅行社长线旅游产品价格上涨时，消费者可能选择在周末进行自驾车的休闲游。

竞争博弈的结果是，消费者不仅考虑自己直接在产品上支付的成本，还要考虑多个选择之间相对成本的高低。

（四）政策

在大多数情况下，价格的制定是一个市场行为。但由于市场经济中会产生某些无法自我完善的弊端，政府有时通过运用经济、法律、行政的手段对市场进行宏观调控，甚至需要直接对市场价格进行宽严程度不同的管制。常见的调控手段包括限价、价格听证制度、税收调节以及信息引导。限价是最直接的价格管制形式，有防止恶性竞争、保护卖方利益的最低限价，也有防止垄断和暴利的最高限价。

拓展资料 7.2

价格听证景点景区的价格调整

第二节　旅游产品价格制定

一、旅游产品定价目标

（一）生存导向型目标

当旅游企业现有生产能力过剩，或者市场竞争非常激烈时，旅游企业会选择以维持生存为主要目标。为达到这一目标，旅游企业会给自己的旅游产品制定一个比较低的价格，吸引那些对价格敏感的旅游者。在旅游业中，固定成本偏高是一项非常突出的特征。旅游企业的经营者在维持生存的目标驱动之下，仅仅希望价格能补偿可变成本和一些固定成本，以使其在市场中立足。

（二）利润导向型目标

1. 满意利润目标

旅游企业追求的目标是合理的利润水平而非利润的最大化，只要能获得使管理层满意的利润，对于一些规模较小的旅游企业来说足可接受了。

2. 利润最大化目标

许多旅游企业都希望制定一个理想的目标价格，能够使企业的当期利润达到最大化。为此，它们要对旅游产品的需求和成本进行估计，并和可供选择的价格联系起来。不过，旅游企业追求当期利润的最大化并不意味着给旅游产品制定一个不合理的高价。旅游企业制定的价格应与旅游者感受的货币价值一致，而不能提供给旅游者一个高于产品预期价值的价格。通常，企业选定一个能带来当期利润最大化的目标价格是较为困难的。

3. 投资收益率目标

投资收益率是税后净利润与总资产的比率，它用来衡量旅游企业投资效益的高低，投资收益率越高，旅游企业的营利性就越强。旅游企业追求目标投资收益率，需要预先决定其盈利水平，以判断某个价格和营销组合是否可行。

（三）销售导向型目标

1. 市场份额目标

市场份额是指一个旅游企业的旅游产品销售量占全行业总销售量的百分比。若一个旅游企业享有较高的市场份额，说明其在市场竞争中处于领先的优势地位，能拥有较高的利润和理想的投资收益率。对于想长期经营的旅游企业来说，追求市场份额最大化的目标显然是非常重要的。

2. 销售最大化目标

旅游企业强调销售最大化，不考虑利润、投资收益、竞争，只关注销售的增加。旅游企业追求销售最大化目标，需要考虑制定何种水平的价格才能在短期内迅速提高企业的销量，带来更多的收入。

（四）竞争导向型目标

目前，旅游市场竞争相当激烈，竞争导向型定价目标，就是在竞争中保持现行价格或根据竞争者的价格进行定价，这种目标不需要通过周密计划来进行安排，基本上是一种被动策略。

二、旅游产品定价的步骤

（一）评估目标市场购买力及倾向

旅游产品的营销活动需要在一定的目标市场中有针对性地开展，才能取得良好的收益。因此，旅游企业对旅游产品定价前，必须通过调查大量占有目标市场旅游者购买行为的相关资料。在此基础上研究和分析目标市场中旅游者的消费偏好、购买能力、需求容量、对价格的敏感程度等状况，以便采取灵活的价格政策引导旅游者作出购买决策。同时，通过旅游者对旅游产品的"认知价值"和消费需求程度的评估，可以预测消费者所能接受的最高价格水平。

（二）估测旅游企业产品或服务成本及结构

旅游产品的成本评估主要包括：掌握旅游产品的成本及结构，进行盈亏平衡点分析，计算单位旅游产品的变动成本、固定成本以及最低成本。当单位旅游产品的变动成本与单位旅游产品的固定成本达到一致或相等时，此时为旅游企业最佳规模时的最低成本。最低成本是旅游企业生产旅游产品可以支撑的价格下限，是制定产品价格的重要参考依据。

（三）了解旅游企业市场环境及变化

旅游企业制定产品的价格，与市场环境的变化紧密相关。这里所指的市场环境，不仅仅是指目标市场，而是指旅游大市场。旅游企业在制定旅游产品的价格时必须综合考虑在区域性或者国际性的旅游大市场中，自身所面临的机遇以及来自各方面的挑战，如潜在竞争者可能制定的价格、竞争对手制定的价格，各种社会文化环境因素引起人们消费心理变化等方面的问题。

（四）确定旅游企业定价目标

旅游产品定价目标的科学与否，关系到旅游企业的生存与发展。因此，旅游企业确定旅游产品的定价目标时，要综合考虑影响产品价格的各方面因素，根据旅游市场需求、旅游企业自身规模与实力、竞争状况，结合旅游业的发展战略确定符合该旅游产品实际的定价目标。这样，旅游企业在进行旅游产品定价和价格调整时会有所依据。即使整体环境发生变化，旅游企业也能够灵活应变地采取措施，实现其定价目标。

（五）选择旅游企业定价方法和策略

要使旅游产品的价值顺利实现，并使旅游产品的价格易于为消费者所接受，旅游企业必须遵循旅游产品定价的基本原理，同时针对不同消费者的心理需求，巧妙地进行旅游产品定价。唯有如此，才能做到旅游产品定价的科学性与艺术性相结合，才能为旅游企业与消费者创造良好的合作环境。

三、旅游产品定价的基本方法

企业为了实现其定价目标，就要采取适当的定价方法。根据定价依据的不同，定价的方法通常可分为三大类：成本导向定价法、需求导向定价法和竞争导向定价法。

（一）成本导向定价法

成本导向定价法，是企业在定价中，主要依据企业的成本水平和特点来进行价格制定的方法，具体有以下一些运用。

1. 盈亏平衡定价法

损益平衡点又称保本点，是盈利为零时的经营时点。所谓的盈亏平衡定价，就是使销售收入能够刚好抵减生产成本费用的一种定价方法。根据盈亏平衡定价法制定的价格就是企业的保本价格。

其计算公式为

$$\text{盈亏平衡价格} = \frac{\text{固定成本总额}}{\text{预计销量}} + \text{单位变动成本}$$

示例：

某旅游饭店共有客房500间，全年总固定成本额为4 380万元，客房单位变动成本为100元，预期年均出租率为80%，假设饭店营业天数为每年365天，按照盈亏平衡定价法制定的价格如下：

$$\text{房价} = \frac{4\ 380 \times 10\ 000}{365 \times 500 \times 80\%} + 100 = 400$$

因此，房价只有高于400元，饭店才能盈利。

2. 成本加成定价法

这种定价方法就是在单位产品成本的基础上，加上预期的利润额作为产品的销售价格。售价与成本的差额即利润称为“加成”。

其计算公式为

$$\text{产品价格} = \text{单位产品成本} \times (1 + \text{加成比率})$$

示例：

宁波至桂林双飞四日游经济团价格制定时采用成本加成定价法。假设加成比例为5%。

本条线路的总成本 = 双程机票 + 三晚（准三星）酒店住宿费用 +

景点首道门票 + 四正三早餐费 + 导游人员工资成本 + 景区间交通 +

固定成本和费用 =1 150（元）。

线路的价格 =（1+5%）×1 150=1 207（元）

与成本加成定价法相近的一种方法称为目标收益定价法，这种方法通常是对整个企业的投资收益或利润总额确定一个目标，使得定价实现这个目标。我们只需要将总收益分摊到每个销售的产品上即可。这种方法在酒店运用较多，具体计算公式如下：

$$产品价格 = \frac{总成本 + 目标利润}{产品数量}$$

3. 边际收益定价法

边际收益定价法就是在定价时不计算固定成本，而是以单位变动成本为基础，以边际收益来确定价格的方法。即

产品单价 = 单位变动成本 + 边际收益

边际收益定价法一般在旅游企业之间竞争十分激烈时采用较为合适，尤其在产品必须降价出售时对企业的定价有着重要的指导意义，因为只要产品的销售价格不低于变动成本，说明生产可以维持，若产品出售价格低于变动成本，则表明生产越多，企业亏损越大。

上述这些成本导向定价法具有以下两个优点：①计算简便，且利于核算。②根据成本制定价格，消费者可能认为比较公平，而企业也有利于满足自己的利润要求。正因为如此，这种定价方法广泛地运用于各行各业。当然，成本定价法只从个体的成本情况出发，忽略了竞争状况和消费者的需求，使得企业既定的利润目标可能无法在市场中实现。

（二）需求导向定价法

需求导向定价法，是根据市场中消费者对于价格的理解和接受程度来确定价格的方法。需求导向定价的具体方法主要包括：可销价格倒推法，理解和心理价值定价法，习惯定价法。

1. 可销价格倒推法

可销价格倒推法又称反向定价法，是指旅游企业根据旅游消费者能够接受的最终销售价格，计算自己从事经营的成本和利润后，逆向推算出旅游产品的价格。

2. 理解和心理价值定价法

理解和心理价值定价法是根据消费者对商品价值的理解程度来决定商品价格的一种方法。其关键在于企业对消费者理解的商品“价值”有正确的估计。如果估计过高，定价超过了消费者的价值判断，消费者就会拒绝购买；如果估价过低，定价低于消费者的价值判断，消费者又会不屑购买；只有当产品定价与消费者的价值判断大体一致时，消费者才会乐于购买。采用理解和心理价值定价法时，企业并非完全处于被动地位，而是可以在充分了解消费者对商品理解价值的基础上，尽可能地采用多种手段去影响消费者对商品价值的理解。理解价值定价时，企业也常常运用一些心理定价策略。

（1）尾数定价策略。尾数定价策略是指产品定价时，不取整数而取尾数的定价策略。例如，旅游线路的价格经常表现为 1 499 元、1 168 元等这样以 8、9 为结尾的价格。这种定价策略往往给消费者以便宜感和信赖感，从而利于扩大销售。

（2）声望定价策略。声望定价策略是指利用消费者仰慕名牌商品或名店的声望所产生的某种心理来制定商品的价格的策略。一般把价格定成高价，因为消费者往往以价格判断质量，认为价高质必优。像奢华级别的酒店就可以采用这样的定价方法。

（3）分级定价策略。分级定价策略是指旅游企业将产品按档次分为几级，每级分别定价，以满足不同层次的旅游者的需求的策略。这样的分级定价使高档价位的高档产品可以满足高档消费旅游者的优越感，而低档价位的低档产品又不致将低消费旅游者排除在外。旅游者可以按需选购，各得其所。在采取这种策略时，旅游企业也应注意对旅游产品的分级不宜过多，档次差别要合理，不同档次的产品在质量、性能等方面要形成明显的差异，使旅游者确信价格差别是合理的。

（4）招徕定价策略。招徕定价策略是指旅游企业暂时将少数几种产品减价，以吸引旅游者、招徕客源的策略。采用这种策略的目的是吸引旅游者在购买这类低价产品的同时购买其他产品。另外，这些低价产品本身也是一种很好的促销手段。企业在应用这种策略时也应注意，降价的产品必须能真正引起旅游者的兴趣，使其产生购买动机和购买行为；降价产品的品种和数量要适当，降价产品的质量要有保证。

3. 习惯定价法

习惯定价法是指按照旅游市场上长期以来形成的习惯价格定价的方法。例如，地方土特产品、名小吃以及旅游纪念品等。

需求导向定价法最明显的优势在于价格的市场接受度高、接受速度快，不容易形成购买障碍。但是，对于某些产品，由于消费者缺乏必要和充分的信息，往往对于产品的价值无法作出准确的判断。直接按照需求进行定价，可能会造成企业无法补偿其成本和支出，无法获得合理的利润。

（三）竞争导向定价法

竞争导向定价法是指以市场上竞争对手的价格为依据，随市场竞争状况的变化来确定和调整价格的定价方法，一般可分为以下几种形式。

1. 随行就市定价法

随行就市定价法是指与本行业同类产品的价格水平保持一致的定价方法。适用随行就市定价法的产品，一般市场竞争较充分，供求相对稳定，且市场上已经形成了一种行业价格。采用这种方法的优点是：避免挑起价格战，与同行业和平共处，减少市场风险。同时可以补偿平均成本，获得适度利润，易为消费者所接受。因此，这是一种较为流行的保守定价法，尤其为中小企业所普遍采用。随行就市有时也能表现为直接跟随市场中的领先者的价格。

2. 竞争比照定价法

竞争比照定价法是指根据本企业产品的实际情况及与对手的产品差异状况来确定价格的方法。这是一种主动竞争的定价法。一般为实力雄厚、产品独具特色的企业所采用。

它通常将企业估算价格与市场上竞争者的价格进行比较，分为高于竞争者定价、等于竞争者定价、低于竞争者定价三个价格层次。

（1）高于竞争者定价在本企业产品存在明显优势、产品需求弹性较小时采用。

（2）等于竞争者定价适合在市场竞争激烈、产品不存在差异的情况下采用。

（3）低于竞争者定价则在具备较强的资金实力、能应付竞相降价的后果且需求弹性较大时采用。

3. 投标定价法

投标定价法是一种供应商根据招标方的规定和要求进行报价的方法。例如，政府在举办大型会议或展览时，需要大量的客房，这时可能采用招标的方式来进行。各个酒店就必须根据自己的条件，提出产品设计、服务规格以及制定价格。由于招标方在选择企业时非常重视价格的因素，因此，在投标定价的过程中，为了提高中标率，往往要制定一个非常有竞争力的价格。投标企业必须对同行业各企业的实力、经营状况有所了解，为自己确定一个合理的利润期望，才能得出一个合理的价格。

以上三种类型的定价导向，考虑的主要因素各不相同，也各有利弊，适用于不同的市场和竞争环境，企业应该根据实际情况进行综合的判断和考虑。当然，也可以采用多种方法进行价格的制定。

第三节　旅游产品定价的策略

如前所述，旅游产品价格的制定只是旅游营销组合要素中的一个方面，是为了达到营销目标，并提升企业长期和整体的盈利能力，因此价格的制定必须有旅游营销活动的其他方面的配合。鉴于此，旅游产品的定价策略可以从四个角度去探讨：与单个产品的联系，与市场细分的联系，与顾客行为管理的联系，与产品组合相联系。

一、与产品联动的定价策略：生命周期定价

产品生命周期定价策略是指企业按照产品所处生命周期阶段的不同特点，对产品的价格进行制定和调整的策略。

（一）投入期定价

投入期是新产品刚刚进入市场、市场知名度不高、销量比较小的阶段。定价策略对于新产品能否及时打开销路，占领市场，最终获取目标利润有很大的关系。新产品的定价策略一般有以下几种。

1. 撇脂定价策略

撇脂定价策略是指在新产品上市之初，将价格定得很高，尽可能在短期内赚取高额利润的策略。当产品创新程度很高，具有非常突出的优越性或者稀缺性，市场上完全缺乏竞争，且产品的消费具有某种符号性的象征意义时，比较适合采用撇脂定价策略。例如，旅行社推出一条全新的出境旅游线路，线路涉及一个新的旅游目的地时，往往会采用撇脂定价方式。这种定价方式的优点在于利润高，能够帮助企业快速收回产品开发的费用，并且形成较大的利润空间，给价格的下行调整留下了余地。但是，撇脂定价限制了消费的需求，不容易在较大规模的市场中运用。

2. 渗透定价策略

渗透定价策略是指在新产品上市之初，采用低价策略，利用价廉物美吸引较多的消费者进行尝试，迅速占领市场，取得较高市场占有率的策略。例如，一些新的酒店在开业试运营之初，往往采用市场推广价，从而吸引顾客的关注。渗透定价策略比较适合运用在潜在市场较大，消费者对于价格比较敏感的市场条件下。较低的价格比较利于快速占领市场，并对竞争者产生阻止进入的作用。渗透定价的不足在于，新产品开发的投资需要较长时间才能回收，且价格变动和调整的空间比较小。

3. 满意定价策略

满意定价策略是一种折中的定价策略，是将新产品的价格定在高价和低价之间，并力求使消费者感觉到价格与产品是相匹配的，同时又能使企业从这一定价上获得一定的利润。从一定程度上说，这种定价方式试图让企业和消费者都能够满意。然而，一些企业认为这种策略过于保守，没有形成新产品的鲜明性格。

（二）成长期价格调整

随着新产品在市场中被消费者接受，销售量快速增加，产品进入成长期。由于成长期往往伴随着竞争产品的增加和消费者对于产品品牌的态度的变化，因此，价格也要进行调整。

一般来说，在成长期内，企业对于新产品所采用的高价和低价都要逐步转化为一个正常的价格，即销售收入能够补偿成本，并提供一定水平的利润的价格。原有利润率很高的撇脂定价，为了应对竞争而有所下降。例如，旅行社的新线路在推广一段时间之后，都会出现价格下降的态势。原有的渗透定价在获得品牌知名度和市场份额之后，可以在增加附加价值的基础上上调价格。当然，也可能因为企业生产成本的下降，继续维持原有的渗透定价。

（三）成熟期的价格

进入成熟期的产品，在市场中的销售量比较稳定，但市场竞争还在加剧。企业如果发现自己的产品具有特定的品牌地位，则可能整体上保持稳定，对于部分的消费者（可能是忠诚消费者，或是想要开发的新的细分市场）采用更加具有吸引力的低价。同时，根据竞争的情况，做好价格调整的准备。

（四）衰退期的价格

由于市场上出现了更新换代的产品或新的替代品，本产品在市场中的销售量下降，利润也开始下滑，产品开始出现被市场“辞退”的迹象，产品就进入衰退期。为了充分挖掘产品在最后阶段的经济效益，通常企业会采取低价格策略，从而力求扩大产品的销路。甚至一些企业大幅度降价以驱逐其他的竞争对手，从而增加自己的市场份额。

二、体现细分市场的定价策略：差别定价

价格策略可以用来体现企业对于市场的细分，并用于满足不同细分市场的需求。差别价格体系就是企业根据不同消费群体的要求来构建的价格体系。所谓差别定价，就是指企业以两种或两种以上不同成本费用的比例差异的价格来销售一种产品或服务。典型的差别定价有以下几种不同的形式。

（一）顾客细分差别定价

顾客细分差别定价是企业把相同的商品或服务按照不同的价格卖给不同细分市场。典型的例子是旅游景点景区对于学生、老年人、军人、儿童收取较低的价格；某些景点对于本市居民与外地游客收取的门票价格也有所差异。此外，饭店的自助餐对于儿童收取的价格与普通客人相比也较低。

顾客细分差别定价主要是考虑到不同的消费者对于产品的需求强度不同，使用程度不同，支付能力也不同，因此对于他们实行差别定价，能够使产品对不同市场产生较大的吸引力。

（二）产品形式差别定价

产品形式差别定价是企业按照产品的不同型号、不同式样、不同形象，甚至不同的包装来确定不同的价格，并且这些产品价格之间的差额和成本之间的差额是不成比例的。例如，广州某旅行社推出的泰国 6 日游的旅游线路分三个档次：低价线路 800 ~ 1 600 元，中档线路 1 600 ~ 2 500 元，最高档次的“高品保”五星豪华团的价格则为常规中档价格的两倍。但从成本增加上看，可能只有 1 000 元的差异。根据产品形式进行差别定价，区分出了追求实惠和追求形象的不同消费动机，并分别加以满足。

（三）地点差别定价

企业对处于不同位置或不同地点的产品和服务制定不同的价格，即使每个地点的产品或服务的成本是相同的。例如，广西著名旅游文化产品“印象刘三姐”是一个山水实景演出，它的票价体系就非常复杂，普通席 188 元，新贵宾席 238 元，新总统席 480 元，总统席 680 元。这些不同的席位实际上就是坐落的位置不同。

（四）时间差别定价

时间差别定价是指对于不同时段、不同季节的同样产品，收取不同的价格。这种差别定价广泛地运用在旅游的各个行业中。例如，旅游景点、景区通常都实施淡、旺季两种价格，宁波天宫庄园的门票价格在淡季时为 30 元，而在旺季时是 50 元。旅游酒店对于提前不同时间预订的客人实施不同的价格；航空公司的价格不仅有淡、旺季的区分，在临近起飞时通常还有特价机票。时间差别定价可以帮助企业平衡淡、旺季需求，避免资源的闲置或者超负荷运转。当然，在某些旅游景点、景区，不同的季节呈现给旅游者不完全相同的景象和体验，这就更需要对不同季节的产品制定不同的价格。

从客观的角度来看，差别定价不仅能够帮助企业更好地满足不同消费者，还能够帮助企业获得尽可能多的收益。但是差别定价实际上是价格歧视，并不是所有的市场和所有的企业都适合使用。实行差别定价必须具备以下条件：市场可以被划分成不同需求程度的细分市场，且不同市场之间是相互分离的；价格的差异不会引起消费者的不满和抵制；在不同的细分市场中不存在可以被转卖的可能性和条件。不能达到这些条件的差别定价，不仅无法达到增加企业利润的目的，反而可能引起市场混乱，影响企业的声誉。

三、塑造购买行为的定价策略：价格折扣

价格折扣策略是指销售者为回报或鼓励购买者的某些行为，在产品基本价格上，给购买者一定比例的价格优惠的策略。这时，价格成为企业改变和塑造消费者购买行为的一种激励与强化手段。根据企业鼓励行为的不同性质，价格折扣可以划分成以下几种类型。

（一）数量折扣

由于旅游产品的不可储存性，销售量对于旅游企业来说非常重要。批量地购买往往有利于提高企业的总体销售量，因此旅游企业往往愿意根据顾客的不同购买批量给予不同程度的价格优惠。例如，景点、景区给予旅行社门票的折扣程度是根据旅行团人数的多少来制定的。饭店也经常给一些团体订房者一定程度的优惠。这些优惠包括更大幅度的价格折扣、满 16 赠 1（即购买 16 间房，赠送 1 间免费房）。

（二）同业折扣和佣金

同业折扣也称功能性折扣，是旅游企业对在市场营销中承担了不同职责的各

类中间商所给予的不同价格折扣。很多西方的饭店除给予旅行社优惠房价以外，还会给予一定的折扣和佣金。但是，采用同业折扣和佣金无疑会使旅游产品的平均价格下降，所以旅游企业应仔细作出计划安排，决定是否采用同业折扣和佣金，其比例为多少，只有当降价促销所带来的营业收入超过所需成本时，折扣价格才是可行的。

（三）季节性折扣

与时间差别定价一样，季节性折扣的主要目的也是鼓励淡季消费，以免产生闲置。与差别定价不同的是，季节折扣的操作更具有灵活性，可以根据当前的状况进行直接调整。

（四）现金和付款折扣

现金和付款折扣主要是为了鼓励采用现金支付或者按时付款的行为。由于信用卡的支付方式往往需要企业支付手续费，因此一些企业希望通过现金的方式进行交易，以减少交易成本。它们可以对采用现金支付的大额交易给予一定程度的优惠。

在与一些组织购买者进行交易时，企业往往是先提交产品和服务，而后才进行收款。及早地收回应收账款，能够减少本企业的资金占用，提高资金的流动性，对企业很有益处。因此，企业往往采用某些优惠政策来促使购买者早日还款。例如，在交易 1 周内付款，可以获得 3 个点的折扣，而 1 个月内付款，可以获得 1 个点的折扣。

四、立足产品组合的定价策略：组合定价

对于一个企业而言，整体产品组合的获利能力比单个产品的获利能力有更重要的价值。同时产品之间的相互关联和相互影响，也必然使得企业在产品组合的平台上进行价格的制定。根据企业产品组合的特点和结构，企业可以采用不同的产品组合定价策略。

（一）产品线分级定价策略

当企业有较长的产品线，并试图将这条产品线上的产品来满足多个不同层次消费者需求时，应该根据不同的质量和档次，结合消费者的不同需求和竞争者的产品情况来确定不同的价格。分级定价策略的优势在于不同档次的产品满足了不同消费者，利于增加销售；同时也便于消费者进行对应的选择。例如，汉庭酒店集团对旗下三个品牌的酒店就实行了分级定价的策略。旅游商品也可以用不同包

装区分档次，而后分别定价。

产品线分级定价策略是否成功与价格档次的多少以及不同档次间的差距有密切关联。分档过多，差距过小，分档没有起到应有的区分作用；而差距过大，容易失去部分中间区的顾客。

（二）捆绑定价策略

企业常将几种产品组合在一起，制定一个整体的价格，进行捆绑销售。捆绑销售在大多数情况下都具有一个特征：捆绑后的价格比单独购买这些产品的总价有一定幅度的优惠，因此能够吸引消费者进行购买。捆绑定价给消费者带来一定优惠，也给企业带来很大的好处，因为这往往能够增加消费者一次购买的金额，从而达到扩大销售额的目的。

将哪些产品捆绑在一起是企业实施捆绑定价时应该考虑的主要问题。第一种情况是，进行相关产品的捆绑，如将沐浴套装所需要的系列产品进行捆绑，对消费者产生购买的便利。旅游目的地的景点套票就是这种情况的典型表现。例如，绍兴价格为120元的旅游套票中包括兰亭、沈园、鲁迅故居和东湖（外送一次乌篷船）四个景区。而四个景区门票单买的总和是150元。第二种情况是，将新老产品进行捆绑，利用老产品的带动作用促进新产品的推广。旅游目的地在设计自己的旅游线路产品时，经常考虑将一些新开的景点串接到传统的线路里面去，也是出于这种目的。第三种情况是，将旺销产品与相对平淡的产品进行捆绑，利用旺销产品的带动力，推动其他产品的销售。例如，饭店可以将其客房产品、餐饮产品和某些娱乐项目进行捆绑销售。当然无论是哪种情况，都要考虑到消费者是否对于硬性捆绑产生抵触心理。更稳妥的做法是，除了捆绑定价之外，也有单独的定价，以便提供给消费者比较自由的选择。

（三）附属产品定价策略

某些时候企业生产具有连带互补关系，必须配套使用产品。例如，相机和胶卷、刀架和刀片、饮水机和桶装水等。许多企业的成功经验表明，对于主产品制定低价以吸引消费者购买，同时将附属产品制定高价，是一个获取长期利润的好方法。这种策略就是附属产品定价策略。一般来说，主产品往往整体价值比较大，需要支出较多的费用；而附属产品属于多频率购买的易耗品，价格比较低廉。由于支出效应的存在，消费者通常对于主产品的价格比较敏感，而

拓展资料 7.3

杭州西湖越免费越赚钱：成功的附属定价

对附属产品的价格不太敏感。使用附属产品定价策略有一个重要的限制条件，那就是消费者购买企业的主产品之后，必须使用企业的附属产品，不能选用其他的代替，否则这种定价策略就是无效的。旅游业中也有附属产品定价策略的成功例子。

（四）两步定价策略

顾名思义，两步定价策略就是在价格制定的时候分两步走。游乐园式的主题公园经常采用两步定价法；首先，收取入园的基本门票费，并可以免费享用其中的一些游乐项目；其次，等消费者入园后，对某些特定的项目收取第二次费用。

采用两步定价法主要是由于消费者对于主题公园内不同的项目的偏好和使用程度是不同的，如果完全采用统一的价格，容易让消费者感到不公平和不划算；但是完全按照对项目的使用情况来收费，容易造成大量的固定成本投资难以回收的状况。两步定价则能够比较好地解决这一对矛盾，给予消费者充分的选择自由。

以上只是常见的组合定价方法，在实践中，可能有某些企业的产品组合非常复杂，有多元化的产品线，产品线很长也很深，这样就可能需要综合考虑和运用多重的组合定价方法，也不排除运用一些创新的组合定价方法。

第四节　旅游产品的价格调整

企业在确定产品价格后，仍需要根据环境和市场形势的变化，对既定价格进行调整。调价策略就是指企业根据客观环境和市场形势的变化而对原有价格进行调整的策略。旅游行业内许多企业的价格调整频率都非常高，酒店、航空公司都是每天调整价格，并将价格调整作为其收益管理的一部分。

一、价格调整的主要原因

价格调整有两种类型：一种是主动的价格调整，即企业在竞争中对某些产品的供求状况、自身条件的改变以及所处环境的趋势已有较准确的预测，为了取得竞争的主动权，企业主动调高价格和降低价格。另一种是被动的价格调整，即当竞争者率先进行了价格调整时，企业为了保护自己的地位和对抗竞争者进行的价格调整。促成企业进行主动的价格调整的原因有许多，表 7–1 列出了旅游企业进行价格调整的原因和示例。

表 7–1　旅游企业进行价格调整的原因和示例

项目	原　因	示　例
提价	产品生产成本提高 产品供不应求 货币贬值或通货膨胀 品牌发生调整或品质发生变化	· 生鲜和蔬菜的价格上涨使得酒店普遍提高了婚宴的价格 · 每到黄金周，热点旅游城市的酒店就提高房价 · 货币贬值，物价普遍上涨，机票等也涨价 · 景点、景区经过改造，从 3A 级变成 4A 级景区，门票价格相应上调
降价	成本费用降低 产品供过于求 期望提高市场占有率 产品线增加新项目	· 旅游黄金周过后，旅游线路的价格普遍“跳水”，因为机票、住宿的价格下调，所以旅游线路总体成本下降 · 2008—2009 年，由于受到金融危机和“甲流”的影响，入境旅游者人数减少，高星级酒店供给过剩，普遍面临出租率明显下滑的趋势，因此许多酒店都将房价下调 · 某地区有新的酒店开业，现有酒店为了稳固或提高市场占有率，进行降价促销 · 酒店集团新建高星级酒店，于是对原有的老酒店价格下调，以便维持客户，并给新酒店定价预留一个空间

二、主动价格调整的策略

（一）影响调价效果的因素

恰当的价格调整，能够帮助企业赢得市场或争取竞争的主动权，但是价格调整是否能够取得预期的效果，并不以企业的意志为转移，而是受到以下两个因素的影响。

1. 消费者对价格变动的反应

无论价格调整的目标是什么，消费者是否能够认可和接受产品的价格变化都是衡量价格调整成功与否的标志。因此，企业应该在价格调整之前，对消费者的反应进行预测，包括：消费者是否会感知到价格的变化，如果感知到价格的变化，他们是如何看待的；价格调整是否会影响消费者的购买等。以价格下调为例，下调的幅度如果没有达到一定的程度，不会引起消费者的注意；当消费者感知到价格下调时，可能会认为价格下降标志着品质的下降，或者产生价格会继续下调的预期而保持观望态度。这些都可能使企业通过降价来拉动销售量增长和市场份额提升的目的无法达到。

2. 竞争者对价格变动的反应

与我们正在关注竞争者一样，竞争者也在关注着我们的行动，并随时保持反应，而竞争者的反应直接决定着企业价格调整策略的效果。当竞争者的策略保持不变时，企业降价可能会起到扩大市场份额的作用；而当竞争者也随企业同幅或更大幅度降价时，企业降价的效果就会被抵消，销售利润也会不如调价前。同样，在企业调高价格后，如果竞争者并不随之提价，那么企业就有可能丧失部分市场份额。鉴于此，企业应预先根据竞争者的市场地位、竞争者的财务状况、消费者的忠诚度等方面进行分析，以便估计竞争者的反应。

（二）价格下调的策略和技巧

价格下调时，主要应确保价格调整起到促进消费者购买和增加购买量的作用。其基本的技巧如下。

1. 确定适宜的降价幅度和范围

降价的幅度是价格下降的程度，它不宜过大，也不宜过小。过小不能起到刺激消费的作用，过大容易引起消费者的猜疑。按实施降价的产品的类型和数量的多少，可以分为全线降价和部分降价。全线降价容易造成比较大的影响力，而部分降价通常可使降价商品起到一个招徕的作用。

2. 选择合理的降价时机

旅游企业要根据自己产品销售的年度分布规律以及竞争的态势来选择合理的降价时机。在淡季即将到来之前进行降价、在竞争者新产品即将投入市场之前降价都是比较好的时机。当然，降价也要考虑到自己的财务状况。

3. 直接和间接降价方式的选择

降价方式可以分为直接降价和间接降价。直接降价是直接在原有的价格上向下调整，表现成削价销售。间接降价则有较多不同的形态，主要是通过增加消费者获得的价值，达到相对价格下降的目的。例如，旅游纪念品商店打出“100 元买 110 元”的促销旗号，虽然商品价格本身没有调整，但是对消费者来说就等于一种变相的降价。

4. 降价的信息沟通

为了使降价能够让消费者了解，同时又避免产生降价的各种不良联想或误解，企业必须充分做好与消费者的沟通工作，不仅要告知降价的幅度和形式，还应该充分地传达降价的理由和时间限制。例如，酒店为了庆祝开业十周年，真情回馈客户，在店庆日的这一周，对所有的客房进行八折销售。

（三）价格上调的策略和技巧

许多企业在实践过程中都体会到价格具有一定的刚性，“降价容易，涨价难”。出现这个现象的主要原因是：一方面，需求价格曲线告诉我们，大多数产品的需求都是随着价格上涨而降低的；另一方面，消费者在过去的价格中培养出了对该产品价值的判断，而价格的上调往往让消费者感觉成本增加，而价值没有发生变化，因此产生抗拒。当然，这并不意味着企业不能进行提价。相反，在旅游行业中，价格上调无论在景点、景区还是在旅行社，都是很常见的。成功与否的关键在于要在提价的同时，提高消费者对产品的价值判断或降低消费者对价格变化的敏感度。

（1）企业可以采用变相的提价手段，进行间接的提价。例如，餐厅在成本上升的时候，不直接改变价格，而是在菜品的分量上做小幅度的调整。某些酒店在价格不变甚至在价格下降的情况下，取消了客房的商务早餐券，或者将双份早餐改成单份早餐，这样实际上降低了每间客房的营业成本，相对提高了价格。

（2）企业可以在上调产品价格的同时，对产品进行一些改变，如形状、材质、包装以及附属的服务等，从而提升消费者的价值感知。

三、被动价格调整的策略

当竞争者率先调整价格时，企业就必须对此加以回应。但企业在被动价格调整时，不应该盲目地跟着竞争者走，而必须首先全盘摸清竞争者调价的意图和原因，如价格调整是临时的还是长期的以及竞争者的财务状况。此外，企业对于自己的经济实力、顾客的构成情况以及其他竞争者的可能反应也要进行分析和预测，并根据综合分析的结果作出以下几个选择。

（一）按兵不动

当企业认为自己的消费者对价格并不敏感，自己的消费者构成中有相当多的忠诚顾客，同时竞争者的价格变化并非是攻击性的，而是由于自身的成本变动 引起的短期的价格变化，那么企业可以按兵不动，静观其变，或者在短期内进行其他类型的促销及产品质量改进。

（二）同步调整

一般来说，企业发现竞争者的价格变化是由于全行业生产成本的变动或者供求关系的变化所引起的，预期这种价格会持续较长一段时间，甚至代表了一定的趋势，那么企业为避免顾客的流失，可与竞争者同步调整。

（三）报复性调价

当竞争者的价格调整是意在抢夺市场份额，企业的消费者对价格比较敏感，而企业的经济实力与竞争者相比更强时，可以采用报复性的价格调整，即降价幅度比竞争者更大。

（四）全面调整营销组合

当企业认为自己现有的产品在市场上具有比较好的形象，或者说形成了比较固定的档次定位，而企业部分消费者对价格较为敏感且在竞争者价格下调时会流失时，企业可以在自己的产品线中增加或创造一种新的价格较低的产品或品牌，而原有的品牌保持不变，甚至提升价格。这样做，企业可形成一个多层次与竞争者比拼的全面产品线。

【本章小结】

价格是影响需求的重要力量，也是影响企业盈利的重要因素。旅游产品的价格受到企业生产成本、顾客认知价值、竞争产品和替代产品的种类和价格的影响，有时也受到一些政策因素的影响。旅游产品的定价目标主要包括生存导向型目标、利润导向型目标、销售导向型目标和竞争导向型目标。旅游产品定价方法包括成本导向定价法、需求导向定价法和竞争导向定价法。

旅游产品的定价策略可以从四个角度去探讨：与单个产品的联系，与市场细分的联系，与顾客行为管理的联系，与产品组合相联系。

企业在确定产品价格后，仍需要根据环境和市场形势的变化，对既定价格进行调整。

【即测即练】

【思考题】

1. 分析影响旅游产品定价的因素。

2. 简述旅游企业定价的方法。

3. 如何正确应用旅游企业新产品定价策略？

4. 分析旅游企业价格调整的原因。

5. 论述旅游企业对竞争者价格调整的应对策略。

第八章 旅游分销渠道策略

【学习目标】

1. 掌握旅游中间商的功能、旅游分销渠道选择原则和策略。

2. 熟悉旅游分销渠道的概念和类型。

3. 了解国内外旅游业市场主要的分销渠道。

【能力目标】

1. 能从旅游企业的实际情况出发，为旅游企业选择分销渠道的类型。

2. 通过分销渠道的设计与管理，培养学生分析和解决问题的能力。

【思政目标】

1. 树立正确的竞争观念，引导学生辨别竞争观，在不牺牲自我利益、不故意损害他人利益、合法合规的基础上进行理性竞争。

2. 勇于承担分销渠道成员责任，努力避免和化解渠道矛盾。将社会主义核心价值观内化为精神追求、外化为自觉行动。

【思维导图】

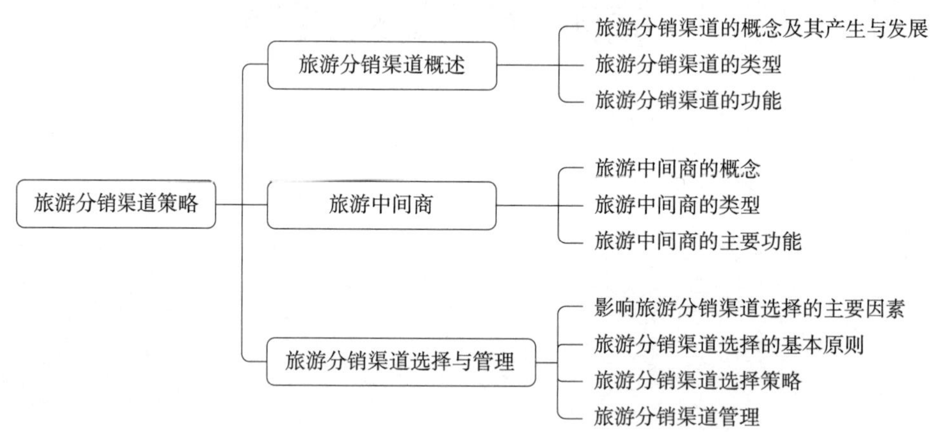

【导入案例】

北京环球度假区官方销售渠道及授权合作伙伴

北京环球度假区位于北京市通州区，是亚洲的第三座、全球的第五座环球影城主题乐园，2021 年 9 月 20 日正式开园。北京环球度假区包括北京环球影城主题公园、北京环球城市大道以及两家度假酒店。北京环球影城包括七大主题景区，网罗了全世界环球主题公园人气最高的娱乐设施和景点，并融入大量中国元素和精心打造的独特体验。通过与本土市场建立广泛的合作网络，北京环球度假区将为文旅市场发展注入新活力。

从官方平台获悉，官方销售渠道有北京环球度假区官方 App、阿里小程序、微信小程序、飞猪旗舰店等，官方授权合作伙伴有北京观光国际旅行社有限公司、北京神舟国际旅行社集团有限公司、北京世纪明德国际旅行社有限公司、上海驴妈妈兴旅国际旅行社有限公司、同程文化旅游发展有限公司等 21 家企业。游客可以在线上旅行预订平台访问北京环球度假区官方店铺的同时，享受便利的线上预订服务。同时，传统旅行社渠道也将为北京环球度假区进行线下深度分销，实现游客预订场景的全面覆盖。

资料来源：北京环球度假区线上分销渠道敲定，都有这些平台！[EB/OL].（2020–11–17）.https://baijiahao.baidu.com/s?id=1683576717543310982&wfr=spider&for=pc.

案例思考题：

1. 北京环球度假区采取了哪几种分销渠道？

2. 这则案例给你什么样的营销启示？

第一节　旅游分销渠道概述

一、旅游分销渠道的概念及其产生与发展

（一）旅游分销渠道的概念

旅游分销渠道，也称旅游产品销售渠道，是指旅游生产企业将旅游产品或服务流转到旅游者手中的全过程中所经历的各个环节和推动力量的总和。在旅游生产企业将旅游产品或服务转移到旅游者这一过程中，所有取得旅游产品或服务的使用权或帮助转移其使用权的企业或个人共同组成了旅游产品的分销渠道。

理解旅游分销渠道概念时应注意以下几点。

（1）起点是旅游产品生产者，终点是旅游者。旅游分销渠道反映旅游产品和服务价值实现全过程经由的整个通道。其起点便是旅游产品生产者，终点是旅游者。

（2）明确分销环节。分销环节指参与旅游产品流通的各种中间商，包括批发商、零售商、代理商等。

（3）旅游者只有有限使用权而不发生所有权转移。无论是旅游线路、景点和饭店，旅游者都必须在规定时间到指定地方去消费，旅游者与旅游企业的关系是一种契约关系。

（4）共同利益的有机整体。旅游分销渠道是一个多功能系统，它不仅要发挥调研、购销、融资、储运等多种功能，在适宜的地点，以适宜的价格、质量、数量提供产品和服务，满足目标市场需求，而且要通过旅游分销渠道各个成员的共同努力，开拓市场，刺激需求，同时还要面对系统之外的竞争，自我调节与创新。

（二）旅游分销渠道的产生与发展

旅游分销渠道是社会分工和商品经济发展的产物，在旅游市场营销活动中有着客观存在的必然性。在现代市场经济环境中，旅游企业都希望自己生产的旅游产品在较短的时间内，以最快的速度和较少的费用从产品市场进入旅游市场，从而越来越多的旅游企业侧重于制定一系列分销渠道策略并实施有效的策划。旅游

市场越发展，旅游分销越重要。旅游分销渠道则是迅速占领旅游市场的筹码，所以现在的旅游企业不再是单纯的生产企业，而是朝着一个综合的服务器终端发展，这样才能更好地处理好与各类旅游中间商的关系，促进旅游产品迅速占领市场。

二、旅游分销渠道的类型

由于旅游市场、旅游企业、旅游中间商以及旅游者等多种因素的影响，旅游产品分销渠道形成了多种状态，即使是同种旅游产品也可能通过不同的分销渠道进行销售。旅游企业经营管理者必须了解分销渠道的各种类型，以便进行分销渠道决策。

（一）直接分销渠道与间接分销渠道

依据旅游产品销售过程中是否涉及中间环节，可以将旅游分销渠道划分为两大类。

1. 直接分销渠道

直接分销渠道是指旅游产品生产者在其市场营销活动中不借助任何中间环节，直接把旅游产品销售给旅游者的销售渠道，也就是所谓的零层次分销渠道（图 8–1）。

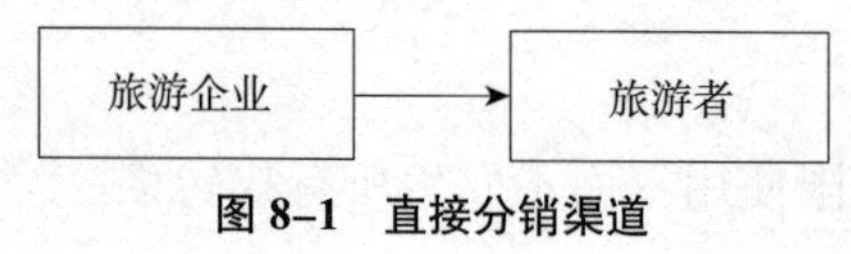

图 8–1　直接分销渠道

通过直接分销渠道，旅游产品生产者可以直接获得旅游者的信息，有助于改善旅游产品的信息和强化旅游企业的形象。在旅游产品直接销售量大和旅游者购买力较稳定的情况下，旅游产品生产者可以省去中间商的分销费用，以降低成本、提高效益。

直接分销渠道有以下四种形式。

（1）旅游者上门购买。旅游企业在其所在地扮演了零售商的角色，向前来购买旅游产品的旅游者直接销售其产品。这种模式在旅游市场上十分常见，如餐馆、旅游景点、娱乐场所等都采用了这种旅游产品分销渠道形式。

（2）旅游者通过电话、官网等方式直接向旅游企业购买或预订。旅游者通过电话、官网等现代通信方式向旅游企业购买或预订旅游产品。随着现代信息技术的发展和推广应用，尤其是网络技术的运用，旅游企业借助计算机预订系统直接向目标旅游者出售其产品。这种模式的应用也在不断扩大，集团化经营的酒店一般多采用这种旅游产品分销渠道形式。

（3）旅游企业在客源地自设销售网点。由于这些销售网点是旅游产品生产者自设的零售机构，因而仍属于直接分销渠道。

（4）旅游企业上门推销。旅游企业推销人员亲自深入旅游者所在地进行宣传。如亚布力滑雪旅游度假区旅游产品海南推介会。

旅游企业上门推销的优点是：产销直接见面，及时了解需求，便于提供服务；流通环节少、时间短、费用省。其缺点是：人、财、物力分散，承担经营风险；销售影响范围有限。

2. 间接分销渠道

间接分销渠道是指旅游产品生产者借助旅游中间商将旅游产品转移给旅游者的销售途径。间接分销渠道是目前主要的旅游产品分销渠道，旅游企业可以充分借助中间商的专业性和其他优势，在一定程度上有助于消除单纯采用直接销售渠道的局限性。

间接分销渠道按照中间环节的多少和使用平行渠道的情况分为以下三种。

（1）一级分销渠道（图 8–2）。在这种分销渠道中，旅游产品的销售只经过一个中间商，由三点组成两个分销环节："旅游企业→旅游零售商" 为第一个环节，"旅游零售商→旅游者" 为第二个环节。在这一模式中，中间商主要是从事旅游零售业务的旅游代理商或其他代理机构，旅游产品的生产者需要向旅游零售商支付佣金或手续费。这种单层次分销渠道适用于营销批量不大，地区狭窄或单一的旅游产品，有利于降低旅游产品生产者本钱与开支，提高经济效益。

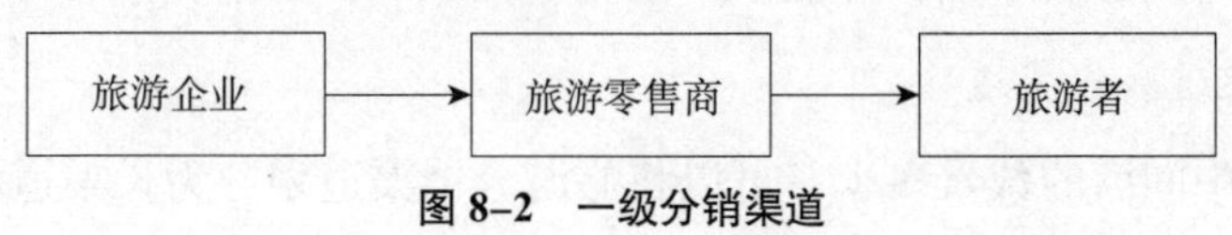

图 8–2　一级分销渠道

（2）多级分销渠道。这种分销模式由四个及以上的点组成，至少有三个分销环节。如图 8–3 所示，三级分销渠道具有四个点组成的三个分销环节，"旅游企业→旅游批发商" 为第一个环节，"旅游批发商→旅游零售商" 为第二个环节，"旅游零售商→旅游者" 为第三个环节。如图 8–4 所示，四级分销渠道具有五个点组成的四个分销环节，“旅游企业→旅游代理商”为第一个环节，“旅游代理商→旅游批发商”为第二个环节，“旅游批发商→旅游零售商”为第三个环节，“旅游零售商→旅游者”为第四个环节。

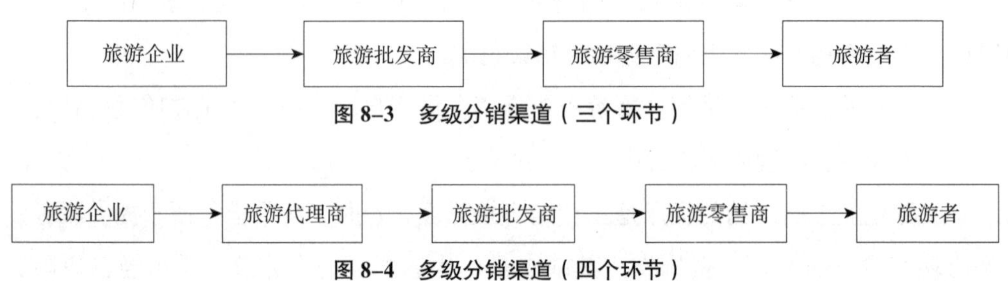

图 8–3　多级分销渠道（三个环节）

图 8–4　多级分销渠道（四个环节）

（3）多级多层分销渠道（图 8–5）。这种分销渠道很复杂，共有 5 个层次。“旅游企业→代理商→批发商→零售商→旅游者”为第一个层次；“旅游企业→批发商→零售商→旅游者”为第二个层次；“旅游企业→批发商→旅游者”为第三个层次；“旅游企业→零售商→旅游者”为第四个层次；“旅游企业→旅游者”为第五个层次。

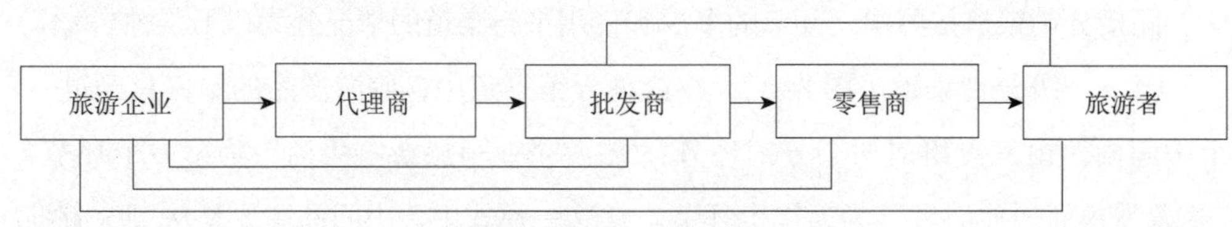

图 8–5　多级多层分销渠道

多级多层分销渠道的优点是：有助于旅游企业扩大销售范围，提高市场占有率；简化了产销关系，方便旅游者购买。其缺点是：旅游产品分销环节增加，销售费用和流通时间必然增加；当旅游产品销售困难时，产销关系较难协调。

（二）长渠道和短渠道

依据渠道中间商的数量多少，可以将旅游分销渠道划分为长渠道和短渠道。

1. 长渠道

长渠道是指旅游企业经过两个或两个以上的中间环节，把旅游产品销售给旅游者的分销渠道。如生产者通过批发商、零售商，将产品销售给旅游者。分销时所经过的渠道层次或环节越多，则分销渠道越长。

长渠道的优点是：渠道长、分布密、触角多，能有效地覆盖市场，从而扩大旅游产品销售。其缺点是：由于环节多，销售费用增加，不利于旅游企业及时获得市场信息、迅速占领市场。

2. 短渠道

短渠道是指旅游产品在从旅游企业向旅游者转移过程中，只经过一个环节的分销渠道，有产需直接见面和中间经过零售商两种形式。

短渠道的优点是：有利于加速旅游产品流通，减少损耗，节省流通费用；有利于开展售后服务，有利于旅游企业和中间商建立直接、密切的合作关系。其缺点是：旅游企业需要大量的投入，直销费用增加，导致旅游产品价格上涨，不利于旅游企业大批量组织生产。

（三）宽渠道和窄渠道

依据渠道同一层面的中间商的数量多少与市场覆盖面密度的高低，可以将旅游分销渠道划分为宽渠道和窄渠道。

1. 宽渠道

分销渠道越宽，中间环节使用同类型中间商的数目越多，销售网点的增设就是加宽旅游产品分销渠道，一般性的大众化旅游产品主要通过宽渠道进行销售。

宽渠道的优点是：同一层面的旅游经销商数量多，市场覆盖密度较高，市场销售力量较大，中间商之间的竞争度高，促使中间商销售积极性高。其缺点是：区域中间商的矛盾冲突较大，管理难度较大。

2. 窄渠道

分销渠道越窄，旅游产品销售越会受限制，因此一般专业化且费用较高的旅游产品通过此渠道进行销售。

窄渠道的优点是：旅游企业与中间商关系较为密切，合作度高。其缺点是：企业容易被中间商左右，中间商有可能过分依赖旅游企业，市场覆盖密度相对较低。

（四）单渠道和多渠道

依据旅游企业所采取的渠道类型的多少，可以将旅游分销渠道划分为单渠道和多渠道。

1. 单渠道

单渠道是指旅游企业只采用一种渠道进行旅游产品分销的渠道。如所有的旅游产品由自己直接销售或全部交给批发商销售，一般规模较小和经营能力较强的旅游企业采用此销售渠道。

2. 多渠道

多渠道是指旅游企业采用多种渠道进行旅游产品分销的渠道。一般规模较大和经营能力较弱的旅游企业采用此销售渠道来扩大产品覆盖面。

三、旅游分销渠道的功能

旅游分销渠道弥合了旅游产品和服务与旅游者之间的缺口，主要包括时间、地点、信息等缺口。旅游分销渠道的成员执行了一系列的重要职能，具体包括以下内容。

（1）信息。由于渠道成员可能与旅游者更加接近、对旅游市场更加熟悉，因此，旅游分销渠道能够帮助收集市场中有关旅游者、竞争者及其他参与力量的信息，帮助传播旅游企业想要传达给旅游者的信息。

（2）促销。旅游分销渠道能够执行促销活动计划或直接策划促销活动，积极充分地与旅游者沟通，尽力达成有关旅游产品价格和其他条件的协议，从而最终促成旅游者购买。

（3）接触。寻找潜在旅游者并与之交流，促使潜在旅游者向现实旅游者的转化。

（4）谈判。尽力达成有关旅游产品与服务的价格和其他条件的最终协议，以实现一定条件下持有权或使用权的转移。

（5）订单。销售渠道成员向旅游产品和服务供给企业进行有购买意图的反向沟通行为。

（6）融资。筹集和调动资金，以负担旅游分销工作所需的费用。

（7）承担风险。在执行渠道任务的过程中承担有关风险，如不能以最大利润出售旅游产品等。

（8）解决投诉。接受并协助旅游企业解决旅游者的投诉。

（9）提供辅助性服务。如保险、办理护照等。

第二节　旅游中间商

一、旅游中间商的概念

旅游中间商是指具有法人资格，介于旅游企业和旅游者之间，协助推广、销售旅游产品的经济组织或个人。

二、旅游中间商的类型

由于旅游中间商在旅游营销中的不同作用，以及旅游企业与这些中介组织和个人之间的不同责权利，旅游中间商的类型是多样化的。按照是否拥有所有权，中间商可以分为旅游经销商和旅游代理商两大类，另外还包括一些其他旅游中间商，如随着互联网的产生与发展而出现的在线网络服务商。

（一）旅游经销商

旅游经销商是指通过买卖旅游产品，从购进和销出的差价中获取利润的中间商，它与旅游企业共同承担市场风险。其经营业绩的好坏直接影响到旅游生产企业经济效益的高低。产品经过经销商交易一次，产品的所有权进行一次转移。由于旅游产品的特殊性，购买者得到的只是产品的使用权，而非产品所有权的转移，所以经过交易，旅游产品使用权得以转移。根据销售对象的不同，旅游经销商主要分为旅游批发商和旅游零售商两类。

1. 旅游批发商

旅游批发商是指批量订购旅游运输公司、酒店、景区等单项旅游产品，设计、组合成整体旅游产品，然后再批发给旅游零售商，最终出售给旅游者。旅游批发商发挥着旅游线路设计、旅游线路产品推销、旅游团队组织与管理等作用。

与零售商相比，旅游批发商有以下五个特点：批量购进，批量销售；交易产品一般不直接进入最终消费领域；交易地域范围广；交易关系较为稳定；多分布在大型经济中心城市和地区。

2. 旅游零售商

旅游零售商是指直接面向旅游者从事旅游产品零售业务的旅游中间商。它代理航空公司、车站、旅游景点、饭店等的机票、车票、门票、床位等单项旅游产品的销售，或代理旅游批发商整体旅游产品的销售，并根据销售量提取一定比例的佣金。有些旅游零售商也出售自己组合的包价旅游产品。旅游零售商直接与旅游者接触，其交易活动是旅游产品流通过程的最后一个环节。旅游零售商的主要工作有：向旅游者提供广泛的旅行咨询；安排食宿、交通、观光及晚会、剧场入场券等；安排单独的旅游、个人陪同旅游、团体旅游、专项旅游等；处理旅游活动中所涉及的一切琐碎事宜并提供有关咨询效劳。

旅游零售商与旅游批发商相比有以下一些特点：每次交易量小，但交易频率高；交易进入最终消费领域；在旅游产品销售中伴随着相关服务；交易随机性大，交易活动较分散；交易的旅游产品类型丰富多样。

（二）旅游代理商

旅游代理商是指只接受旅游企业委托，在一定区域内代理销售其产品的旅游中间商，它通过与买卖双方的洽商，促使产品的买卖活动实现，但从中并不取得产品的所有权。旅游代理商的收入来自被代理企业支付的佣金。旅游代理商的主要职能是在其所在地区代理旅游批发商或提供行、宿、游等旅游服务的旅游企业向旅游者销售其产品。

旅游代理商有两个主要特点：一是它不拥有产品的所有权；二是旅游代理商为委托人和旅游者提供服务，并从中获取佣金，作为其收入的主要来源。由于不取得产品所有权，旅游代理商承担的风险要比旅游经销商小得多。旅游产品生产企业一般在自己营销能力难以达到的地区，或在新产品投入期、产品销路不太好的情况下利用代理商寻找营销机会。

（三）其他旅游中间商

除上述主要旅游中间商类型外，还有一些其他旅游中间商：①旅游经纪人、奖励旅游公司、会议策划者、协会执行人、公司旅游办公室和旅游咨询者等专业媒介。②各级政府旅游管理局、旅游行业协会。③各类预订系统、全球分销系统和互联网等。

三、旅游中间商的主要功能

（一）调研功能

旅游中间商利用自己直接面向旅游者的优势，能够真实、客观地调查、掌握旅游者的需求和意见建议，从而帮助旅游企业对市场的变动作出及时的反应，使旅游产品和服务的供应能不断适应旅游者的需求。

（二）促销功能

旅游中间商靠自身所特有的宣传、广告、咨询服务和其他多种形式的促销活动，建立与旅游者的交流机制，协助补充旅游企业的促销活动。

（三）沟通功能

旅游中间商在旅游者和旅游目的地的经营者之间架起一座桥梁，既为旅游者提供各种旅游服务，也向旅游企业输送客源。

（四）组合功能

旅游中间商运用自身与多家旅游企业的联系，具有对多种旅游产品进行加工、组合的能力。旅游中间商能够按旅游者的不同要求，将各种旅游产品组合起来，形成不同的组合方式和价格形式。

第三节　旅游分销渠道选择与管理

一、影响旅游分销渠道选择的主要因素

（一）旅游产品

根据旅游产品的类型、等级、价格、服务水平及市场声誉来选择分销渠道。例如，旅游景点、餐厅等旅游企业适宜采用直接分销渠道销售产品或短渠道方式。对于开展跨国经营业务的旅游企业，市场范围较大，适宜采用间接分销渠道。

（二）市场

（1）目标市场范围的大小。旅游目标市场范围大，潜在购买者多，可采用长而宽的渠道。反之可采用直接分销渠道。

（2）旅游者的集中程度。如果市场上现实与潜在的旅游者相对比较集中，可采用直接分销渠道或较短的分销渠道，相反应采用长而宽的渠道。

（3）旅游者的购买习惯。对旅游者购买次数多、销售量较大的大众性旅游产品可采用长而宽的分销渠道，以便旅游者购买。反之宜采用短而窄的渠道。

（4）竞争者所采用的渠道类型。旅游企业应与同类竞争者采用相同或相似的渠道。如竞争者已经很好地掌控某些渠道，旅游企业应另辟蹊径，避开与竞争者的正面冲突。

（三）旅游企业本身

（1）旅游企业产品组合状况。旅游企业产品组合较深、较宽，能很好地适应旅游者需求，即可采用较短的分销渠道。反之可采用较长的分销渠道。

（2）旅游企业的规模、声誉、资金实力。旅游企业规模大，资金雄厚，市场声誉良好，中间商愿与之合作，企业控制渠道能力更强，渠道选择的自由度更大。反之，更多地依赖中间商来扩大销售。

（3）旅游企业的营销水平和管理能力。如果旅游企业管理能力较强，市场营

销经验丰富，则可采用直接分销渠道。反之可采用间接分销渠道。

（四）旅游中间商

旅游企业如能找到理想的旅游中间商，可采用间接分销渠道，如果旅游中间商状况不理想，旅游企业可以选择直接分销渠道。

（五）外界环境

外界环境因素主要包括人口、政治、经济和自然等，都会对旅游企业的渠道决策产生很大的影响。例如，经济繁荣时企业可选择合适的渠道协助分销，经济衰退时企业要减少不必要的中间环节，采用较短的渠道。

二、旅游分销渠道选择的基本原则

1. 经济性

追求营销活动的经济效益是旅游企业一切营销决策的根本出发点。因此，旅游企业要保证所选择的分销渠道能够提高渠道成员的经济效益。

2. 便捷性

便捷性体现在方便目标旅游者购买，节省旅游者的时间和精力。

3. 连续性

连续性体现在渠道之间环环相扣、紧密衔接，能保证旅游产品的销售顺畅。

4. 可控性

可控性是指旅游分销渠道责任实体只能对在职权范围内可以控制的经济活动负责，即责任者只能对其可控的成本、收入和利润负责，其权力和责任必须紧密结合，保持一致。

5. 辐射性

辐射性体现出旅游产品分销渠道的覆盖范围和渗透能力。

三、旅游分销渠道选择策略

（一）分销渠道长度选择策略

这个问题实质上就是是否选择中间商以及选择几个层次的中间商的问题。旅游分销渠道的长度通常取决于旅游产品从旅游生产企业向旅游者转移过程中所经历的中间环节的多少。所经历的环节越多，渠道越长。其主要考虑两方面因素：一是利用旅游中间商的销售量或销售额评估；二是建立与维护分销渠道所支出的营销费用情况评估。因此，分销渠道长度策略就是要对选取何种长度的分销渠道进行决策。

一般来说，短渠道优于长渠道。首先，旅游产品直接分销渠道意味着直销，直接以出厂价销售，给人以价格较为便宜的感觉，符合人们的消费心理。其次，在相同的产品售价下，长度较长的间接分销渠道中佣金和批发价格的存在无疑会减少旅游企业的收入，而且批发商常常从自身利益考虑进行加价销售，如果加价过高，还会影响旅游产品的市场占有率。最后，较长的产品销售渠道所经过的中间环节较多，中间层次的增多会影响旅游产品生产者与旅游者之间信息沟通的速度和质量，有的甚至因此产生信息传导失误。此外，选择直接分销渠道还有利于旅游企业对市场的控制，企业能够迅速掌握市场供求关系和竞争状况的变化，及时调整市场营销策略。

（二）分销渠道宽度选择策略

分销渠道宽度要解决的是确定渠道的每个层次中使用同种类型中间商数目多少的问题，通常有以下三种策略。

1. 密集分销策略

密集分销策略是指在分销渠道的每一个层次中，尽可能多地使用中间商来销售产品的策略。这是一种针对价格低廉的大众化旅游产品采用的渠道策略，面对巨大的目标市场进行广撒网，以求尽快提升知名度、扩大产品销路、提高收益，使旅游者能够及时、便捷地买到所需的旅游产品。使用时应注意三个问题：①旅游产品生产企业与中间商的关系较为松散，中间商合作不固定，会不断变化。②中间商销售企业的产品不专一，不愿承担任何宣传促销费用。③渠道成员复杂，旅游企业不易控制，个别渠道成员服务质量下降可能会影响整个企业的形象。

2. 选择分销策略

选择分销策略是指旅游企业择优一部分旅游中间商作为渠道成员的策略。这是使用较为普遍的一种分销策略，旅游企业根据旅游市场情况，通过对旅游中间商的调研和筛选，选择对经销本企业产品有兴趣、拥有良好市场声誉、工作效率高的中间商作为分销渠道成员。这种策略适用于价格较高、利润较大或是数量有限的旅游产品，目标市场有限，目标客源针对性强。往往一些旅游企业在最初投放产品时采用密集分销策略，而当销路稳定、利润增长时改用选择分销策略，逐步淘汰一些不称职的零售商，留存其精华，达到减少费用开支和保持旅游产品形象的目的。

3. 独家分销策略

独家分销策略是指旅游企业在一定时期内，在一个地区只选择一家旅游中间商来销售本企业的旅游产品的策略，是一种最窄的分销渠道形式。一般来说，这家独家代理商也不再经营别的同类竞争性产品。独家分销策略的优点是：便于旅游企业对中间商经销活动的控制，保证二者在营销策略行为上的一致性。其缺点是：对中间商要求很高，较难选择，只与一家中间商合作，风险较大，如果中间商经营不当，将失去这一地区的市场；另外，由于销售面相对较窄，灵活性不够，不利于该地区较远距离旅游者对其产品的了解与购买，容易造成广告促销费用的浪费。

四、旅游分销渠道管理

旅游分销渠道管理是指旅游企业在分销渠道建立后，为使营销效果最大化，根据企业自身产品特质及市场环境等变化，对渠道成员进行协调、激励、评价和改进等活动。

（一）渠道的激励

渠道的激励是指旅游企业通过对分销渠道成员的持续激励措施，来刺激渠道成员的销售积极性，提高分销效率的企业行为。旅游中间商是相对独立的企业，它拥有自己的市场和决策体系。为了使中间商最大可能地为自己服务，旅游企业需要不断了解渠道成员的需求，并及时采取相应的激励措施。旅游企业通过给予中间商资金、技术、信息等方面的支持，能最大限度地调动中间商的积极性，从而保证分销渠道的高效。

激励旅游中间商应以适度激励为基本原则，尽量避免过分激励和激励不足，前者可能导致销售量提高而利润却下降，后者会影响中间商的销售积极性。一般来说，激励方法可分为两种，即正刺激和负刺激。放宽信用条件、提高销售佣金等为正刺激；惩罚中间商甚至终止合作关系等属于负刺激，但使用负刺激时应注意可能会对其他成员造成的消极影响。

1. 采用多种多样的激励措施

（1）产品支持。优质低价、适销对路的旅游产品是中间商销售成功的基本条件。旅游企业应努力向中间商提供质量高、利润大、符合市场需求的产品，以提升它们的销售积极性，同时还要经常征询中间商的意见和建议，不断对产品进行改进。

（2）利润刺激。经销或代理某种旅游产品所能获取的利润是中间商最为关心的。在定价时，旅游企业必须充分考虑中间商的利益，并针对其财力、信用及订货数量等情况给予相应折扣，以保证中间商获取理想利润。

（3）营销活动支持。在中间商进行营销活动时，旅游企业应主动为其提供人员、技术等方面的支持，甚至为其分担部分广告宣传费用，或根据中间商的销售业绩给予不同形式的奖励，以激发中间商对旅游产品的促销热情。

（4）资金支持。旅游企业为中间商提供必要的资金支持或使用优惠的付费方式，能缓解中间商的资金紧张问题，并增强它们大批量购买、销售本企业产品的信心和决心。旅游企业所提供的资金支持主要有售后付款、分期付款、直接销售补偿等多种形式。

（5）信息支持。旅游企业有必要定期或不定期地与中间商联系，及时和中间商沟通生产、市场等方面的信息，帮助其制定相应策略，使其能有效地安排销售。

2. 建立长期的合作伙伴关系

和中间商保持良好关系的更高层次做法是努力和其建立长期的合作伙伴关系，一些跨国旅游企业都采用这种方式发展自己的业务。实行专业化管理的垂直渠道系统，把旅游企业生产者和中间商的需要结合起来，达到各自独立时所不能达到的效果，实现合作共赢。

（二）渠道的评估

为确保中间商及时有效地完成任务，旅游企业还应随时对中间商的行为进行监督、检查，并按一定标准对其进行评估。评估营销渠道成员时，旅游企业通常采用下列七项指标，即销售额（量），销售增长率，销售范围及扩展情况，产品流通情况，销售过程中对顾客的服务情况，营销中的合作情况，对经销商的投入产出比。其中，销售额（量），销售范围及扩展情况，对经销商的投入产出比这三项指标最为重要。

通过对营销渠道成员的检查评估，旅游企业：一方面可以鼓励销售量大的中间商继续与本企业开展合作；另一方面能鞭策销售业绩差的中间商，促使它们加大销售力度，同时还能发现营销渠道中存在的问题，以便查明原因并及时采取补救措施。

（三）渠道的调整

由于产品更替、市场变化、营销目标的调整、中间商的表现以及新渠道的出现等，要保持营销渠道的高效性，旅游企业有必要不断对现行分销渠道进行调整，使之适应市场，并提升业绩。旅游分销渠道调整方式主要有以下四种。

1. 增减渠道成员

在某一分销渠道中增加或减少一个甚至几个旅游中间商。增减渠道成员并不代表企业利润一定会提高或减少，如当旅游企业取消一个落后的经销商时，由该经销商负责的市场业务可能会被竞争者轻易占领，其他经销商也会因此而产生不安全感，甚至降低销售积极性。因此，在决定增加或减少中间商之前，旅游企业最好先利用整体系统模拟的方法对企业利润变化进行定量分析，然后再做决策。

2. 增减分销渠道

旅游企业根据损益平衡分析与投资收益率分析结果，增减某一条或几条分销渠道。当原分销渠道的销售业绩不理想、效益低下而成本又较高时，应考虑停止该渠道；当市场需求扩大、原有渠道无法满足需求时，则考虑新增分销渠道。

3. 调整分销渠道模式

当旅游企业发现，原有分销渠道的部分调整已经不能适应市场的变化，就要改变整个分销渠道，如直接渠道改为间接渠道，单渠道改为多渠道等。这种决策通常由企业最高管理层制定，分销渠道的通盘调整，不仅涉及渠道的调整，而且产品策略、价格策略、促销策略也要做相应的调整。旅游企业实施这类决策的难度很大，且需要特别小心谨慎，以尽量减小对销售的不利影响。

拓展资料 8.1

传统旅行社，如何重建旅游新渠道？

4. 数字化转型和智能化创新

数字化转型和智能化创新是构建未来可持续分销渠道的关键。通过数字化转型，旅游企业可以提高效率和灵活性，满足旅游者的需求。智能化创新可以提供个性化服务和智能化交互，提升旅游者的购物体验。只有将数字化转型和智能化创新与可持续发展相结合，通过数据驱动决策、全渠道整合，旅游企业才能在未来市场竞争中取得持续的成功。

（四）渠道的冲突

渠道各成员之间因为利益、职责、角色、目标等矛盾而发生的冲突，称为渠道冲突。渠道冲突很常见，因为每个旅游中间商在分销渠道系统中都是相对独立的，它们常常从自身利益出发作出相应决策，与旅游企业和其他中间商之间难免会发生冲突。

1. 渠道冲突的类型

旅游分销渠道的冲突通常有以下三种表现形式。

（1）水平冲突。水平冲突即同一分销渠道、同一层次渠道成员之间的冲突，如零售商与零售商之间的冲突。

（2）垂直冲突。垂直冲突即同一分销渠道不同层次渠道成员之间的冲突，如生产者和批发商、批发商和零售商之间的冲突。

（3）交叉冲突。随着细分市场和可利用的渠道不断增加，越来越多的旅游企业采用多渠道营销系统即运用渠道组合、整合。交叉冲突是指不同渠道形式的成员之间的冲突。如某一旅游企业既向旅游者直接销售产品和服务，同时又通过旅游批发商、旅游零售商销售其产品和服务，当它们销售对象相同时，就会发生多渠道的交叉冲突。

2. 渠道冲突的主要原因

（1）目标不一致。旅游企业与各渠道成员之间营销目标不一致，导致各自采取的营销策略相悖。如旅游企业采取价格渗透策略迅速占领市场，而经销商却想以高价保证营利。

（2）利益不一致。渠道成员之间不仅有着某些共同的利益，也有各自的利益，渠道成员在追求自身利益最大化的过程中可能会干扰其他成员的利益，从而引发渠道冲突。

（3）分工不明确。渠道成员之间承担的责任、义务、风险等划分不清，也容易引起营销手段、销售方式等的不一致，从而导致冲突。

（4）信息传递过程中各渠道成员的理解不同。如旅游批发商认为，旅游企业生产者以扩大市场份额为目标，而旅游企业生产者的初衷是在短期内收回成本。

（5）相互依赖程度太小。一般来说，渠道成员间相互依赖程度越小，冲突的可能性越大。

3. 渠道冲突的解决办法

党的二十大报告中提道：“弘扬诚信文化，健全诚信建设长效机制。”诚信是社会主义核心价值观的基本要素和道德取向。在新时代，为避免渠道冲突的发生或尽可能减少冲突带来的损害，旅游企业应贯彻党的二十大精神，根据具体情况采取适当的措施，激励分销渠道成员勇于承担责任，诚信经营，有效地协调冲突，将冲突控制在一定的限度之内。

（1）超级目标法。超级目标是指渠道成员共同努力，以达到单个成员所不能实现的目标。旅游企业要让所有中间商意识到大家是一个不可分割的整体，所有渠道成员有一个共同的超级目标——实现利润最大化。从根本上讲，超级目标是单个企业不能完成的，只能通过合作实现的目标。一般只有当渠道成员一致受到威胁时，共同实现超级目标才会有助于冲突的解决，才有制订超级目标的必要。

拓展资料 8.2

希尔顿酒店的分销渠道现状

（2）责权利法。明确规定渠道成员的权利和责任，建立利益共享、风险共担的机制。旅游分销渠道各成员必须共同协商，制定科学的责权利方案，并以合同的形式确定下来，建立共同的行为准则，以约束和协调所有成员的行为。

（3）信息沟通法。由于追求的目标不一致，旅游企业和中间商经常因为观点不一而产生冲突，如延期付款或在产品价格上互不相让等。因此，旅游企业必须建立准确、畅通的信息渠道，如成立专门的信息机构，以协调各渠道成员的不同观点和建议，并及时向渠道成员传达有关市场信息，实现步调一致、信息共享。

（4）互相渗透法。互相渗透法是指通过加强渠道成员间的相互合作，提高彼此的依赖程度，通过增进相互之间的理解，减少渠道冲突。这种方法有助于渠道成员互相认同，并形成共同的价值观念和行为准则。加强成员沟通、共同开展促销活动等是较常见的手段。

【本章小结】

旅游分销渠道的起点是旅游产品生产者，终点是旅游者。旅游产品的分销渠道有直接、间接、长、短、宽、窄、单、多等多种类型。旅游中间商主要包括旅游经销商（旅游批发商、旅游零售商）和旅游代理商。

影响分销渠道选择的因素主要有旅游产品、市场、旅游企业本身、旅游中间商、外界环境等。旅游分销渠道选择是对分销渠道的长度和宽度进行设计。旅游分销渠道的长度通常取决于旅游产品从旅游生产企业向旅游者转移过程中所经历的中间环节的多少，所经历的环节越多，渠道越长。一般地说，短渠道优于长渠道。分销渠道宽度要解决的是确定渠道的每个层次中使用同种类型中间商数目多少的问题。分销渠道宽度选择通常有三种策略：密集分销策略、选择分销策略和独家分销策略。旅游企业必须对分销渠道成员进行激励、评估、调整和冲突管理。

【即测即练】

【思考题】

1. 简述旅游分销渠道的类型。
2. 简述旅游中间商的功能。
3. 简述影响旅游分销渠道选择的因素。
4. 谈谈旅游分销渠道选择原则和策略。
5. 谈谈旅游分销渠道的冲突管理。

第九章 旅游促销策略

【学习目标】

1. 掌握旅游促销的概念和作用、旅游促销组合策略、旅游广告策划及实施过程、旅游公共关系的概念和特征。

2. 熟悉旅游营业推广的类型。

3. 了解旅游人员推销的基本形式和过程。

【能力目标】

具备为旅游企业制定促销策略的能力。

【思政目标】

1. 培养学生热爱旅游促销工作，具有较强的责任心和良好的职业道德素养。

2. 培养学生树立正确的职业观和价值观，对如何做人、如何做事有更全面的认识。

【思维导图】

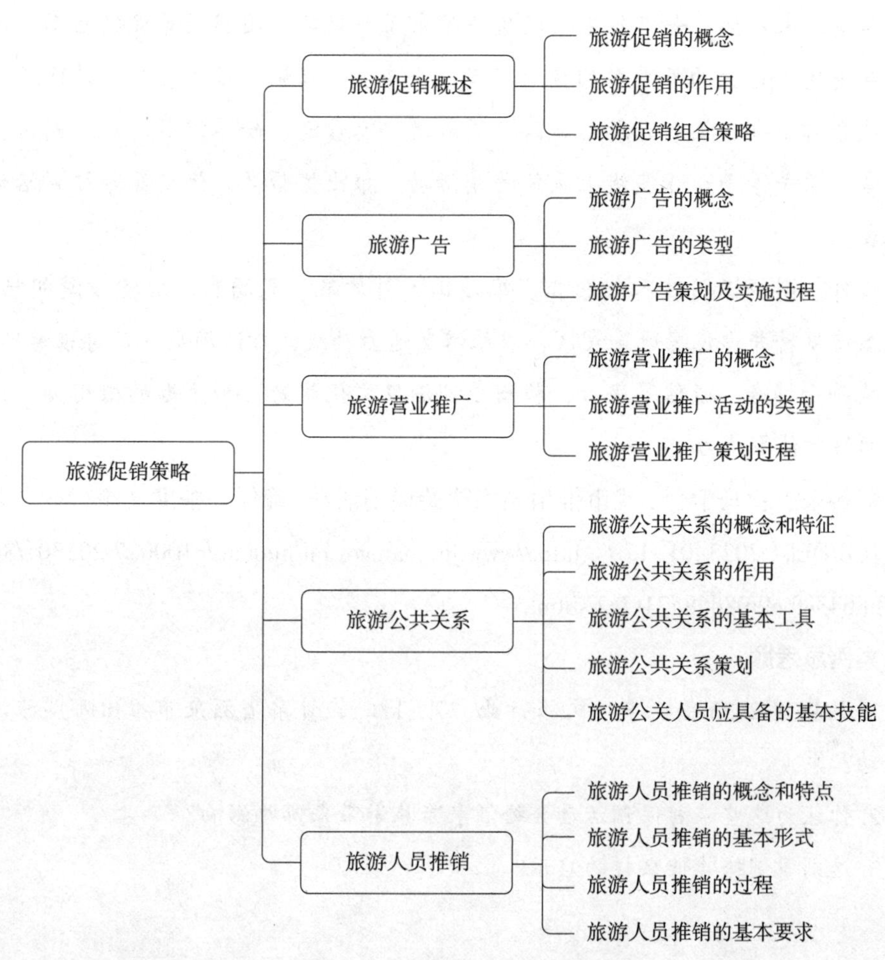

【导入案例】

酒泉市推出系列旅游促销活动，确保一季度文旅行业“开门红”

为实现2023年一季度文旅行业“开门红”，甘肃省酒泉市推出一系列文旅活动，进一步丰富景区业态。

酒泉市共有A级旅游景区52家。目前，7家景区开展了“冰上嘉年华”等特色冰雪旅游活动，11家景区开展了“冬春季研学旅行实践”主题活动，同时推出红色文化感知游、不忘初心重走红军路亲子自驾游、骆驼文化艺术节等51项冬春旅游活动。35家A级景区免费向市民开放，13家收费景区制定了冬春旅游优惠政策。其中，鸣沙山·月牙泉、莫高窟、酒泉天宝等景区实施门票半价优惠政策；

金塔沙漠胡杨林、肃北党河峡谷民族风情园实施首道门票免费政策；玉门关遗址、敦煌雅丹国家地质公园免费对全国大、中、小学生开放。

春节到来之际，全市各星级饭店均推出了年夜饭、团圆饭等促销活动，通过携程和美团 App 大力开展住宿优惠活动。全市 264 家旅行社主动联系外地旅游团队洽谈合作业务，策划开展短途游、周边游、冰雪游、研学游等活动。同时，利用抖音、快手等平台开展线上宣传营销活动，推出体验券、优惠券等福利活动招揽游客。

此外，围绕玉门铁人纪念馆、鸣沙山·月牙泉、莫高窟、金塔沙漠胡杨林、阿克塞博罗转井影视基地等景区，以旅游交通为轴线，打造酒泉 5 日游旅游环线，借助快手、抖音、微信等平台，推出以“酒泉文化旅游”为主题的微视频，持续扩大网络宣传影响力。

资料来源：马学全 . 我市推出系列旅游促销活动 确保一季度文旅行业“开门红”[EB/OL].（2023-01-17）. http://www.jiuquan.gov.cn/jiuquan/c100027/202301/349fc9297b8643efbe9f98d68571f7c2.shtml.

案例思考题：

1. 为实现 2023 年一季度文旅行业“开门红”，甘肃省酒泉市推出哪些旅游促销活动？

2. 你认为这些旅游促销活动会给酒泉市旅游带来哪些影响？

3. 这则案例给你什么样的启示？

第一节 旅游促销概述

一、旅游促销的概念

促销即促进销售，是指营销者向消费者传递有关本企业及产品的各种信息，说服或吸引消费者购买其产品，以达到扩大销售量的目的。促销实质上是信息沟通。

旅游促销，即旅游营销者将有关旅游企业、旅游目的地及旅游产品的信息，通过各种宣传、吸引或说服的方式，传递给旅游产品的潜在消费者，促使其了解、信赖并购买自己的旅游产品，以达到扩大销售的目的。旅游促销的实质是旅游营销者与旅游产品潜在消费者的信息沟通。

二、旅游促销的作用

（一）提供旅游信息，拉近供需距离

旅游促销的直接作用是进行信息传递，实现旅游地或旅游企业与旅游者之间的沟通。旅游地或旅游企业在何时、何地和何种条件下，向旅游者提供何种旅游产品，是旅游促销所需传递的基本信息。潜在旅游消费者通过这些信息，可以了解、熟悉旅游地或旅游企业的何种旅游产品能满足其需求，以及在何种条件下才能满足其需求。通过这种旅游产品信息的传递，才能引起旅游者的注意，激发潜在的市场需求，最终形成旅游动机和购买行为。

（二）刺激旅游需求，增加旅游产品销量

旅游产品属于有弹性需求的商品。旅游地或旅游企业应针对旅游消费者的心理动机，灵活运用各种有效的促销方法，激发或诱导消费者潜在的旅游消费需求，从而增加旅游产品销量。此外，通过旅游地或旅游企业的促销活动还可以创造需求，发现新的销售市场，使市场需求向有利于企业营销的方向发展。

（三）树立良好形象，巩固市场地位

旅游是一种高层次的消费与审美活动，通过生动而有说服力的旅游促销活动，往往可以塑造友好、热情、安宁、服务周到以及其他人格化的良好旅游服务形象，赢得更多潜在旅游消费者的厚爱。旅游市场风云多变，一旦出现有碍旅游地或旅游企业发展的因素，就可通过一定的宣传促销手段，改变自身的消极印象，重塑自身的有利形象，以达到恢复、稳定甚至扩大其市场份额的目的。

（四）突出旅游产品的特点，增加竞争优势

相互竞争的同类旅游产品的差别不是太明显，不易被旅游者所察觉。如在欧美旅游市场上，我国和东南亚各国的旅游产品都被视为东方文化。旅游产品促销通过对同类旅游产品某些差别信息的强化传递，对不同产品或服务的特色起到聚焦、扩大和突出的作用，从而使旅游者对旅游产品的效用有更多的了解，选择适合自己的产品并形成对该旅游产品的购买偏好。

三、旅游促销组合策略

（一）旅游促销组合

促销组合（promotion mix）是对一个组织 / 企业用以开展促销活动的各种手段

或工具的总称。促销组合是一种组织促销活动的策略思路，主张企业运用广告、人员推销、公关宣传、营业推广四种基本促销方式组合成一个策略系统，使企业的全部促销活动互相配合、协调一致，最大限度地发挥整体效果，从而顺利实现企业的促销目标。促销组合作为一个集合名词，涉及的促销手段有很多，而且其范围将随着现代科学技术的发展而继续拓宽。

旅游促销组合是指旅游企业为了达到最佳的促销效果，而对各种促销方式（广告、人员推销、营业推广和公共关系）进行不同的组合和选择，根据市场的具体特点，制定出有效的促销组合策略。旅游促销组合的核心是奉行整体营销观念。旅游企业全部促销组合的运用应当是一种整体行为，目标和衡量标准是整体促销活动的高效率和低成本。旅游企业的促销活动包含内外部环境的所有重要行为者，其中包括供应商、分销商、最终消费者、员工、财务公司、政府、同盟者、竞争者、媒体和一般大众，所有人和所有行为都与旅游促销密切相关。当促销活动的总体效果最好而费用较少时，促销组合就达到了最佳状态。

（二）旅游促销组合的基本策略

1.“推式”策略

“推式”策略是指旅游企业利用推销人员与旅游中间商把旅游产品和服务推入渠道，即从旅游企业推向中间商，再由中间商推给消费者的策略。这种策略的促销重点是旅游企业紧盯旅游中间商，积极开辟营销渠道，运用各种物质和精神手段激发旅游中间商对本企业产品的兴趣，并积极经销或代理，再由销售人员向潜在客户介绍产品的各种特性与利益，促成潜在客户的购买决策。人员推销可以认为是“推”的主要方式，辅以上门营业推广活动、公关活动等。采用“推”的方式的企业，要针对不同的产品、不同的对象采用不同的方法。

2.“拉式”策略

“拉式”策略是指旅游企业运用非人员推销方式把旅游消费者拉过来，使消费者对其旅游产品和服务产生需求，促使消费者主动向旅游中间商靠近进而购买旅游企业的产品和服务的策略。这种策略的促销重点是消费者，如企业直接向广大顾客做广告，刺激消费者的消费欲望，待刺激到足够的强度，顾客就会主动找零售商购买这些产品。购买这些产品的顾客多了，零售商就会主动联系批发商。批发商觉得有利可图，就会找生产商订货。广告宣传和营业推广是“拉式”策略的主要促销形式，辅以公关活动等。采用“拉式”策略的优点是能够直接得到顾客的支持，不需要讨好中间商，在与中间商的关系中占有主动权。但采用“拉”的方式需要注意中间商（主要是零售商）是否有足够的库存能力和良好的信誉及经营能力。

一般来说，对需求比较集中、销售量大的旅游产品，宜采用“推式”策略；对需求比较分散、销售量小的旅游产品，宜采用“拉式”策略。旅游企业在旅游市场营销的过程中，应综合运用这两种基本的旅游促销策略。

（三）影响旅游促销组合策略的因素

1. 旅游产品的性质

不同性质的旅游产品，旅游消费者购买的需求不同，因此采取的促销方式也应有所差异。对于消费者众多、分布面广、购买频率高，而每次购买量又较少的旅游产品，往往采用广告作为主要的促销方式，其他方式为辅助方式；对于价格高、购买风险较大的旅游产品，旅游消费者需要更多的信息去衡量其性价比、可靠性等，一般广告所提供的信息不能满足其需求，因而可以把人员推销或公共关系等作为重点促销方式。

2. 市场特点

不同的旅游市场，由于其类型、规模、旅游消费者分布范围和数量的不同，应采用不同的促销组合策略。当市场潜在旅游消费者较多时，应采用广告促销，以利于广泛开发市场；潜在旅游消费者较少时，则可采用公共关系或人员推销，以深入接触旅游消费者。同时，规模小、消费分布集中、地域狭窄的市场可采用人员推销为主；规模大、旅游消费者分布分散的市场可采用广告宣传为主。

3. 产品生命周期

旅游产品处于不同的生命周期阶段时，需要采取不同的促销组合方式。在旅游产品的导入期，旅游促销的重点是提高产品的知名度，促销以宣传为主，让目标旅游者知道该产品的存在。一般而言，广告和公共关系都可以促进目标旅游者对旅游产品的了解，同时可以用销售促进（sales promotion）的方式作为辅助，鼓励旅游消费者购买之前试用该产品。在旅游产品的成长期，促销重点应该放在宣传产品特色、扩大市场占有率方面。此阶段，旅游企业仍可大量使用广告进行宣传，但可以减少销售促进，因为旅游消费者不再需要过多刺激就会购买。当旅游产品进入成熟期时，竞争者日益增多，市场竞争十分激烈，此时的促销重点是要稳定客源并吸引潜在旅游消费者。在这一阶段，大部分旅游消费者对产品已有所了解，可更新广告，配合人员推销和销售促进，再度刺激消费者的购买欲望。当旅游产品进入衰退期时，促销重点需要保留老客户，促进其继续购买。旅游企业应相应缩减促销规模，针对固定旅游消费者保留提示性广告，公共关系、人员推销等方面可减至最小规模，但销售促进可继续开展，保证旅游产品的顺利销售。

4. 旅游企业促销预算

旅游企业促销预算的多少直接影响其促销方式的选择。不同促销方式所需费用是不同的，旅游企业应使用尽可能少的花费取得尽可能大的促销效果，提高促销效率。一般来说，如果旅游企业促销预算高，就适合选择大型旅游广告、公共关系活动等；相反，则选择花费较少的促销方式。

此外，旅游促销组合还受到旅游企业的促销目标、整体发展战略、社会和竞争环境、销售人员素质等多种因素的影响。旅游企业在制定旅游促销策略时，应考虑这些影响因素，灵活地选择、搭配各种促销手段，制定出理想的旅游促销组合策略，提升促销的整体效果。

第二节 旅游广告

一、旅游广告的概念

“广告”一词源于拉丁文，原意是“我大喊大叫”。根据美国市场营销学会的解释，广告是指由某一主办者就其知识产品、实物产品和服务通过任何付款方式以非人员接触形式向目标受众开展的推介和宣传活动。在旅游产品营销中，旅游广告是指旅游部门或旅游企业以付费的形式，通过一定形式的媒介向旅游目标市场的公众传播有关旅游企业或旅游产品的信息，进而影响旅游者的购买行为，有效地推动旅游产品销售的促销方式，是旅游企业投资发布、推动旅游产品销售的一种重要手段。

二、旅游广告的类型

（一）按照使用的广告媒介分类

（1）印刷广告，也称平面媒体广告，即刊登于报纸、杂志、招贴、海报、宣传单、包装等媒介上的广告。

（2）视听广告，如广播、电视、电影广告。

（3）户外广告，利用路牌、交通工具、霓虹灯等户外媒介所做的广告。

（4）售点广告，在商场或展销会等场所通过实物展示、演示等方式所做的广告，具体有橱窗展示、商品陈列、模特表演、彩旗、条幅、展板等形式。

（5）直邮广告，通过邮寄将传单、商品目录、订购单、产品信息等形式的广告直接传递给特定的组织或个人。

（6）互联网广告，利用互联网作为传播载体的广告形式。

（7）其他媒介广告，利用新闻发布会、体育活动、年历、各种文娱活动等形式而开展的广告。

（二）按照广告诉求方式分类

（1）理性诉求广告。通常采用摆事实、讲道理的方式，通过向旅游广告受众提供信息，展示或介绍有关旅游产品或服务的优点和特点，并有理有据地论证旅游产品或服务带来的好处。

（2）感性诉求广告。采用感性的表现形式，对受众诉之以理、动之以情，建立旅游消费者与品牌之间的情感基础，引起消费者的情感共鸣，从而移情于旅游广告商品或服务，并对其产生好感，最终激起旅游消费者欲望并产生购买行为。

（三）按照广告目的分类

（1）产品广告。通过向目标受众介绍有关旅游产品信息，突出旅游产品的特性，以引起目标受众和潜在旅游消费者的关注，从而促进产品销售，提高市场占有率。

（2）旅游企业广告。以树立旅游企业形象、宣传企业理念、提高旅游企业知名度为直接目的的广告，一般着眼于长远的营销目标和效果，侧重于传播旅游企业的信念、宗旨或是企业的历史、发展状况、经营情况等信息，以改善和促进旅游企业与公众的关系，提升旅游企业的知名度和美誉度。

三、旅游广告策划及实施过程

（一）确定旅游广告目标

实施广告策略，首先要确定广告目标。广告目标是指企业通过广告要达到的目的，如产品销售提高 10%、产品知名度提升 20%、市场份额达到 50% 等。旅游广告目标必须在相关旅游目标市场策略、市场定位及其他营销组合因素决策的基础上和限制下加以确定。一般来说，广告目标分为以下三种基本类型。

1. 告知型广告

告知型广告是指旅游企业通过广告活动向目标对象提供各种旅游产品信息，如旅游产品的类型、各类产品的特色、价格等，主要用于旅游产品市场开拓的起步阶段，主要介绍新旅游服务项目，有利于激发潜在消费者的初步需求和树立良好的市场形象。另外，通过告知型广告，企业还可以向市场介绍一些老产品的新用途，介绍产品的变化和可以提供的服务，说明产品的性能和功效等。

2. 说服型广告

说服型广告主要用于旅游产品的成长期。此时，消费者对某一产品有需求，但还没形成品牌偏好，可在不同品牌中进行选择。因此说服型广告主要突出本企业产品的特色、与竞争者的产品之间的差异等，目的在于建立本企业的品牌偏好，改变消费者对本企业产品的态度，鼓励消费者放弃竞争者的产品进而购买本企业的产品。

3. 提醒型广告

提醒型广告主要是为了随时提醒消费者旅游产品的存在性及优势，保持旅游产品的知名度和吸引力，主要用于旅游产品的成熟期。实践证明，提醒型广告不但可以提醒旅游消费者及时购买旅游产品，还能够大大缩短旅游者重复购买旅游产品的间隔时间。

（二）进行旅游广告预算

为了实现成本与效果的最佳结合，以较低的广告成本达到预定的广告目标，旅游企业必须进行合理的广告预算，即投放广告活动的费用计划，它规定了各种经费额度和使用范围等。旅游广告预算主要包括市场调研费、广告设计费、广告制作费、广告媒体租金、广告机构办公费及人员工资、广告公司代理费等项目。常用的广告预算方法有以下几种。

1. 量力而行法

量力而行法是指根据旅游企业财务的承受能力来决定企业广告预算的方法。这种方法简便易行，但是容易造成广告费用和真正需要的费用脱节，从而导致广告计划难以执行，无法实现预期的广告目标。相对来说，这种方法较适宜小型企业的广告及临时的广告开支。

2. 销售百分比法

销售百分比法是指把某一销售额（当期、预期或平均值）的一定百分比作为广告预算，或者是将其设定为销售价格的百分比。这种方法使广告费用与销售收入挂钩，简便易行，但是这种方法颠倒了二者之间的关系，忽视了广告促销对销售收入的正效应。同时，使用这一方法，需要根据本企业历史经验和数据、行业一般水平等来确定这个百分比，没有充分考虑未来市场的变化。

3. 目标任务法

目标任务法是指根据为实现广告目标所必须完成的任务及为完成这些任务所需要的费用决定广告预算。目标任务法具有较强的科学性，注重广告效果，使预算能满足实际需求，但是用该方法确定各费用带有一定的主观性，且预算不易控制。

4. 竞争平衡法

竞争平衡法是指参照竞争者的广告费来确定能与其抗衡的广告费用。把竞争者的广告费用考虑进来，有利于与竞争者在同一平台上对话，保持在广告促销中处于平等或优势地位，但是这种方法过于关注费用支出竞争，忽视了竞争者广告费用的不合理性及与竞争者的差异。因此，使用竞争平衡法时应考虑企业自身的实力及与竞争者的差别，不能盲目攀比。

（三）设计旅游广告信息

旅游广告能否达到预期效果和目标，取决于广告信息设计得是否有创意，是否对消费者有吸引力和感染力。因此，设计的广告信息应满足以下四种要求。

（1）有创意。作为广告，只有其信息内容和表现形式具有创意，才容易吸引大众的眼球。然而，旅游企业也应注意到，广告创意的价值最终在于能刺激销售，不能为了创意本身而追求创意。

（2）主题突出。广告主题是广告的灵魂所在，是广告要表达的基本内容。这个主题必须反映出该产品的独特优势，有利于旅游产品在市场上的定位。只有这样，消费者才能在接触广告之后，理解这则广告在向他们传递什么信息，以及他们可以做什么或得到什么服务。

（3）措辞易于记忆和传播。一般来说，语句简洁、言简意赅的广告词才容易给目标消费者留下印象，便于消费者记忆并传播。例如，北京市的“东方古都，长城故乡”，浙江的“诗画江南，山水浙江”，山东的“齐鲁神韵，山水豪情”，江西的“红色摇篮，绿色家园”等都比较简洁，且以本地的资源为主，旅游者能够记住，并印象深刻。

（4）内容具可信性。目前，市场上的广告多得使消费者目不暇接，当然也有不少消费者怀疑部分广告的真实性。因此，只有广告内容是真实的，才能获得消费者的信任，达到扩大企业产品销售的目的。如果广告内容失真，欺骗消费者，这不仅损害了消费者的利益，同时也会影响企业的名誉，甚至使企业受到法律的制裁。

要满足上述要求，可以从旅游广告信息的制作、旅游广告信息的选择和旅游广告信息的表达三个环节来严格控制。

1. 旅游广告信息的制作

旅游产品可表达的信息题材是多方面的，而旅游广告的可容纳信息量是非常有限的。因此，旅游广告需要对同一旅游产品不同角度的信息题材进行创作，然后从中作出选择。

2. 旅游广告信息的选择

美国营销学者科威塔建议可根据信息的吸引力、独特性和可信度来加以评估选择。

（1）吸引力。吸引力是指信息必须对潜在旅游消费者有用或有趣。旅游产品作为高层次消费的无形服务产品，其广告信息更需要挖掘和激发人们内心深处的潜在需求和朦胧需求。

（2）独特性。独特性是旅游者选择所感兴趣的同类旅游产品的依据。不同旅游地之间本身就存在差异，旅游广告设计要刻意寻找旅游者对旅游地或旅游产品较多感兴趣的独特利益点。例如，平遥的广告语是“华夏第一古县城”，它突出了旅游景点的最大特色，具有独特性。

（3）可信度。由于旅游消费的异地性和旅游服务的无形性，旅游者会感到购买决策的风险，由此便更加注重旅游广告的可信度。因此，旅游广告一定要真实可靠，多提供实在的信息，以减轻旅游者的购买担忧和风险感。

3. 旅游广告信息的表达

广告信息的表达是指对各种广告外在形式的组合运用和具体编排。既要使广告信息能够引起人们的注意，同时又要避免营销目标、广告目标被新奇的念头所压倒的情势，因而广告信息的表达设计必须符合以下六方面的基本要求。

（1）焦点。焦点就是要使广告信息有很强的凝聚力，有非常明确的中心和重点。这不仅要以一定的语言来表现，而且要尽可能做到视觉化、形象化，使人们在接触广告的瞬间便能对广告宣传的产品（或服务）产生认识，留下深刻印象。

（2）简洁。简洁就是要以尽可能少的题材突出广告的焦点，使广告信息简明、单纯。这是由于广告只能在有限的时空内与目标受众接触所决定的。

（3）魅力。魅力是指广告设计不仅要对目标受众有一定的吸引力，而且要有触动他们情感的刺激力、感染力。

（4）统一。统一是指以主题为中心，内容与形式的统一，信息与艺术的统一，广告设计五要素的统一，以及不同广告形式主题的统一、风格的统一。只有通过不同广告因素、广告形式的协调统一，才能充分体现出广告的力量。

（5）平衡。平衡是指对不同广告表现形式和具体信息编排的合理布局，以使人充分感受到广告表现的完美、协调和诱人。

（6）技巧。技巧是指广告设计形式变成真正的广告作品所需要的制作技巧。只有通过精湛的广告制作技巧，方能准确、完整地实现设计要求。旅游宣传口号就是要以凝练、生动、易识、易记的一句话在旅游目标市场上树立起一个统一而富有魅力的旅游形象。

拓展资料 9.1

部分城市旅游宣传广告语

（四）选择旅游广告媒体

旅游广告媒体又称旅游广告媒介，是广告主与广告接受者之间的连接物质。

1. 旅游广告常见媒体

（1）电视广告。电视传播的范围广，集声音、图像、色彩、动感于一体，可以更为真实、直观地传递旅游信息，所以通常被认为是最有效的广告媒体。电视与人们的思想、行为有着越来越密切的联系，受到人们的普遍重视。

电视广告的优点：视听兼备、声图并茂，使广告形象、生动、逼真、感染力强；传播范围广泛，影响面大；宣传手法灵活多样，艺术性强，具有较好的劝导效果。

电视广告的局限性：缺乏记录性和保存性，不便资料存储；时间性强，传递的信息瞬间即逝，观众在出现广告时往往切换频道；制作复杂，制作成本较高；播放节目繁多，易分散观众对广告的注意力。

（2）广播广告。调频广播的出现和近年经济台、商业台、信息台等的发展，使广播媒体恢复了一定的竞争力，并朝着较强的地区与人口选择性方向发展。

广播广告的优点：传播速度极快，即便在偏远地区，人们也能及时地收听到当天的广告及各种信息；制作简单，制作时间较短，费用较低；传播面广，灵活性强。

广播广告的局限性：选择性和保存性差，听众不能根据自己的需要提前或推后收听某个广播广告；时间短促，转瞬即逝，不便记忆，不便存储；缺乏视觉吸引力，表达不直观，一般较适合作为旅游交通与观光旅游销售信息的辅助广告媒体，尤其是地区性旅游信息发布的媒体。

（3）报纸广告。报纸是最早使用、最为常规、最及时的“有案可查”的信息传递工具，是旅游广告利用最多的媒体。

报纸广告的优点：读者层稳定，本地市覆盖面大，通常在报纸旅游专栏上刊登旅游广告效果较好；报纸资料便于保存和反复查阅；信息传播迅速，非常讲究时效；制作简便，费用低廉。

报纸广告的局限性：传播信息不如电视生动、及时，表现力较弱；印刷不够精美，色彩较为单调，吸引力低。

（4）杂志广告。杂志具有较强的新闻性和专业性，杂志广告以较强的知识性和丰富性满足不同专业、不同文化层次和不同心理的读者的需要。

杂志广告的优点：读者的人群类别可选性强，发放旅游广告容易对准目标市场；印刷精美，图文并茂，适于形象广告；阅读率高，便于查找和保存资料；种类繁多，可选择性强。

杂志广告的局限性：传播速度慢，不能及时反映问题；专业性强，因而其宣传面较窄；制作复杂，版面受限制。

（5）户外广告。户外广告的形式灵活多样，如在公交车车身上、出租车车身上、地铁车厢内、地铁站内、垃圾箱、机场行李车、公共汽车站、停车场、旅游景点、电子显示屏、气球、标幅、旅行社橱窗、建筑物外立面上，都可以发布户外广告。

户外广告的优点：高接触性和高频率；对地区和消费者的选择性强；表现形式丰富多彩，视觉冲击力强；制作成本相对较低；可长时期地展示企业的形象及品牌，对于提升企业和品牌的知名度是很有效的。

户外广告的局限性：广告牌的阅读人群很难确定；广告内容局限性大，表达能力有限；覆盖面小，效果难以测量。

（6）邮寄广告。邮寄广告是旅游企业直接将印刷品等旅游宣传资料邮寄给客户。这些资料包括旅游手册、宣传小册子、明信片、挂历广告、通知函、定期或不定期的业务通信等。邮寄广告是广告媒体中最灵活的一种，也是最不稳定的一种。

邮寄广告的优点：有很强的群体选择性，目标顾客针对性强；高度的个性化；能够测量顾客的“响应”程度。

邮寄广告的局限性：使用不当可能会引起收件人反感，被丢弃率较高；创新形式有限。

（7）网络广告。网络广告就是旅游企业通过网络广告投放平台，利用网站上的广告横幅、文本链接、多媒体的方法，在互联网上刊登广告，通过网络传递到互联网用户。网络广告包括搜索渠道广告、联盟广告、导航广告、电子邮件广告、手机广告等。

网络广告的优点：具有强烈的交互性与感官性，可以非强迫性传送咨询；投放更具有针对性；传播的范围广泛，受关注程度较高；形式多样，制作方便快捷；广告具有可重复性和可检索性。

网络广告的局限性：受硬件环境的限制；需要消费者主动进入互联网，这会影响广告的收视率、达标率。

（8）自媒体广告。随着互联网的深入发展，自媒体已经成为互联网的“新主流”，在互联网领域中的影响力与日俱增。由此产生的一系列自媒体用户行为，如评论、分享、转发等逐渐成为提升广告营销效果的关键因素。

①微信广告。微信广告就是指广告主以微信为平台而发布的有关商品或服务的信息，微信使广告主可以有针对性地缩小目标受众群，精确定位客户，精准广告销售。广告呈现在微信朋友圈、微信公众号等，可以帮助企业推广品牌、增加在线销量、获得潜在优质粉丝关注。

②微博广告。微博广告是指企业通过微博平台向用户传播企业信息和产品信息，树立良好的企业形象和产品形象。在微博平台上，广告主可以每天更新内容与大家交流互动，或者发布大家感兴趣的话题，达到营销目的。

③社群广告。社群广告是以网络各类社群组织作为广告宣传平台，每一个听众（粉丝）都是潜在的营销对象。广告主可将广告天然地融于社群互动，社群成员在互动过程中就完成了一次宣传活动。

2. 选择旅游广告媒体应遵循的原则

（1）选择与目标市场人群密切程度最高的媒体。其具体应注意考虑三方面因素：①媒体的广告覆盖面。②该旅游广告的目标受众人群所习惯选择的媒体类型、媒体性质、媒体选择时段等方面的偏好。③所要推介的旅游产品的性质或类型。

（2）注意考虑成本效益。各广告媒体不仅收费标准不同，而且其受众的质量往往也有差异。因此，在选择旅游广告媒体时，需注意在成本费用与传播效果之间求取平衡，需要注意以下三个方面：①成本费用与受众质量之间的平衡。例如，就高档饭店的产品广告而言，如果选择在商务杂志上刊登，虽然成本费用比较高，但宣传价值或传播效果一般也会比较好。②媒体受众对广告的注意程度。例如，很多经验都显示，旅行杂志的读者对旅游广告的注意程度一般会高于文学杂志的读者。③所选择媒体的社会公信度。这主要是因为不同媒体在社会上的声望和公信度差异较大，对最终广告传播效果会造成很大影响。

（五）评价旅游广告效果

广告效果评价是广告促销整体管理中不可缺少的重要组成部分。它不仅能够衡量广告投入是否达到了预期的效益，还为下一步的广告策划提供了改进的依据。广告效果评价主要包括以下两个方面。

1. 广告传播效果评价

广告传播效果是指广告信息传播的广度、深度、对消费者的认知和偏好所产生的影响程度，主要表现为受众对广告信息的接触范围、理解和记忆程度等。

（1）接触度评价。这主要是指受众对广告的接触情况表现为对音像广告的视听情况和书面广告的阅读情况。例如，电视广播广告的视听率、报纸杂志的阅读率、网络广告的点击率等。

（2）理解度评价。这主要是测定接触过广告的受众对广告信息的认知、理解情况。例如，受众对广告信息的个人观点、联想和看过广告后对产品的评价等。

（3）记忆度评价。记忆度主要是指受众对接触过的广告信息的印象深刻程度，记住了多少主要信息，可以采用让受众回顾广告用语、回想广告表现手法、复述广告内容等方法来进行评价。

2. 广告销售效果评价

广告销售效果不等于广告传播效果。通过广告提升了产品的知名度，不一定能提高产品的销售量。因此，越来越多的企业开始注重对广告销售效果评价，即广告发布后在相关市场上企业产品的销售变化情况。由于除广告之外产品销售量还受到价格、竞争状况等多种因素的影响，因此准确测定广告销售效果较为困难。下面两个公式可以作为衡量广告销售效果的参考。

广告销售效果 = 销售量增加额 ÷ 广告费用增加额 ×100%

广告效果销售比率 = 销售量增加率 ÷ 广告费用增加率 ×100%

第三节　旅游营业推广

一、旅游营业推广的概念

营业推广也叫销售促进，是指旅游企业在某一特定时期与空间范围内，通过各种短期刺激和鼓励，促使旅游者尽快购买或大量购买旅游产品及服务而采取的一系列促销措施和手段。

与其他促销手段相比，旅游营业推广具有以下几个突出的特点。

（1）短期性，即营业推广只在特定的时期内使用，并且有效期很短。

（2）非常规性，即营业推广只是用作临时性的应急举措，而不是经常或定期开展的常规促销方式。

（3）鼓励性，即营业推广活动的开展都伴有某些旨在刺激销售的优惠或激励举措。

二、旅游营业推广活动的类型

（一）针对旅游者的营业推广

针对旅游者的营业推广包括鼓励老顾客继续消费、促进新顾客消费、培养竞争者顾客对本企业的偏爱等。其具体方式如下。

（1）样品试用。样品试用是指为顾客提供一定数量的样品供他们免费试用，以使他们在购买之前实际感受产品的性质、特点、用途，从而坚定他们的购买信心。

（2）优惠券。优惠券是指在购买某种商品时，持券可以减免一定的金额，或者购买商品后赠送一些其他产品的优惠券。

（3）赠送。赠送是指旅游企业通过赠送旅游纪念品的方法促进销售。例如，旅行社赠送顾客旅行包、太阳帽等。

（4）购物抽奖。这一般是对购买特定商品或购买总额达到一定限度的消费者所给予的奖励，可以是一次性的，也可以是连续的。一次性抽奖是为了在一定时间内销售完某种产品，产品售完即停止奖励。连续抽奖是为了刺激顾客在较长时间内购买这种产品，如连续抽奖，各期奖品可以成为一整套。

（5）组合展销。组合展销是指旅游企业将一些能显示企业优势和特征的产品集中展示，边展示、边销售。

（二）针对旅游中间商的营业推广

为鼓励旅游中间商大批量购买，动员所有旅游中间商积极购买或推销某些旅游产品。其具体方式如下。

（1）促销合作。在旅游中间商中开展促销活动时，旅游企业提供一定的帮助和协作，共同参与促销活动。促销合作既可以通过提供现金，也可以通过提供实物或劳务的方式实现。

（2）批发回扣。为鼓励旅游中间商多采购或经销自己的产品，旅游企业可以根据其经销的产品的比例给予一定的回扣，经销越多，回扣越多。

（3）销售竞赛。根据旅游中间商经销本企业产品的业绩，为业绩突出者提供一定的奖励或优惠条件。

（三）针对销售人员的营业推广

针对销售人员的营业推广促进主要有分提销售额、推销竞赛、以销定奖等，目的是鼓励他们销售产品的热情，促使他们积极开拓新市场。

三、旅游营业推广策划过程

（一）确定旅游营业推广目标及推广工具

1. 确定旅游营业推广目标

营业推广目标是旅游企业根据目标市场的购买者和企业的营销目的确定的。在不同的目标市场中，营业推广的目标有所不同；对不同的推广对象，营业推广目标也应不同。无论针对哪个目标市场、哪种推广对象，营业推广目标的确立都必须考虑两个问题：一是营业推广的目标必须与旅游企业的总体营销目标相一致；二是每次营业推广的目标都应以实现当前营业目标为基础来制定。

2. 选择旅游营业推广工具

旅游营业推广目标一旦确定，就需要选择实现目标的手段和措施。旅游营业推广的工具是多种多样的，每种工具都有各自的特点和适用范围。一般来说，一种营业推广工具既可以实现一个目标，也可以实现多个目标；同样，一个营业推广目标既可以由一种推广工具实现，也可以由多种推广工具优化组合实现。

（二）制订旅游营业推广方案

根据确立的旅游营业推广目标，选择适当的营业推广工具，接下来就是制订具体的旅游营业推广方案。一般来说，一个完整的营业推广方案要考虑以下几个方面的内容。

1. 确定刺激的规模

营业推广的实质表现为对旅游者、中间商和推销人员的让利。旅游企业制订具体的推广方案，首先要决定刺激的规模，即准备拿出多少费用来进行刺激。

2. 选择营业推广对象

旅游企业既可以面向目标市场的每个消费者加以刺激，也可以选择某些群体加以刺激。这是对促销目标范围大小的控制，将直接影响最终的促销效果。

3. 决定营业推广媒体

旅游企业必须明确通过什么途径向推广对象传递信息，如户外广告、直邮广告、报纸等。各种推广途径所需费用不等、信息传达范围不同，这就需要旅游企业权衡利弊，从费用与效益比中选择最有效的推广媒体。

4. 选择营业推广时机

如果推广期过短，由于这个时期内无法实现重复购买，甚至许多潜在消费者还没有购买，很多应获取的利益不能实现；如果推广期过长，又会引起开支过大和降低刺激购买的力度，给旅游者造成长期降价的假象，也无法促使他们立即购买。

5. 营业推广预算分配

旅游营业推广是一项较大的支出，必须事先进行筹划预算。拟定推广预算通常有两种方法：一种是先确定营业推广方式，然后再计算其总费用；另一种是按习惯比例来确定在一定时期内，各项促销预算占总促销预算的百分比。

（三）营业推广方案试验

为确定所制订的营业推广方案科学、合理，需预先进行试验。例如，邀请消费者对将要采取的优惠办法作出评价和分析，或在局部地区进行试用性测试。通过试验结果，可对其方案进行评价及相应的调整。

（四）营业推广方案的实施与控制

在旅游营业推广方案的实施与控制中，要留心注意和监控市场的反应，并及时进行必要的促销范围、强度、频率和重点的调整，保持对实施促销方案的良好控制。因此，旅游企业要尽可能地进行周密的策划和组织，估计到实施中可能产生的一切问题，并预先做好解决所有突发性事件的准备和安排。

（五）评估营业推广方案

旅游营业推广活动完成后，要对其效果进行评估。这是检验营业推广是否达到预期目标以及方案花费是否合理的唯一途径。效果评估包括短期效果评估和长期效果评估。但是在很多情况下，长期效果评估只能采用定性预测或定量预测的方法来判断估计，而且结果也较粗略。因此，效果评估多侧重短期效果评估。目前，最普遍的推广效果评估方法是把推广之前、推广期间和推广之后的销售情况进行比较。

第四节　旅游公共关系

一、旅游公共关系的概念和特征

（一）旅游公共关系的概念

公共关系是指旅游地和旅游企业为了获得旅游者和社会公众的信任与好感，通过非付费方式以大众传播媒介为主要手段，树立、改善或改变旅游企业与旅游产品在公众心目中的形象，维护和发展与旅游消费者和社会公众之间的良好关系，营造有利的经营环境所进行的一系列宣传活动和措施。

与其他促销手段相比，公共关系作为营销传播的一种工具，能够以比广告低得多的成本对公众的认知产生强烈的影响，而且具备长期的口碑效应，比广告更容易获得公众的信任。因此，旅游企业在经营中必须注意处理好公共关系，为自己创造良好的内外部环境。

（二）旅游公共关系的特征

1. 以社会公众为对象

如果说人际关系以个人为支点，是个人之间的关系，那么旅游公共关系则以旅游企业为支点，是旅游企业与公众结成的关系。旅游企业必须坚持着眼于自己的公众，才能生存和发展，公共关系活动的策划者和实施者必须始终将公众认作自己的“上帝”。

2. 以良好形象为目标

旅游公共关系的基本目标是树立旅游企业在社会公众中的良好形象。因为旅游公共关系谋求的是旅游企业与旅游消费者良好的关系状态，而这种关系状态的一个最为明显的指标就是旅游企业在旅游消费者心目中良好形象的树立。同时，现代旅游业之间的竞争，不仅是市场、价格、原材料等方面的竞争，也是整体形象的竞争。良好的形象是无形资产，一旦在旅游消费者心目中树立起自身良好的形象，就能获得旅游消费者的支持、合作，取得事业的成功；相反，一旦丧失信誉、声名狼藉，事业就会一败涂地。

3. 以互惠互利为原则

一个旅游企业在发展过程中必须得到旅游消费者的支持，因此旅游公共关系强调旅游企业的追求目标与旅游消费者合理需求的一致性，特别注重谋求和维护旅游消费者的利益，并通过谋求和维护旅游消费者的利益来谋求与维护旅游企业自身的利益，从而使旅游企业与旅游消费者的利益关系达到最佳平衡状态。

4. 以长期努力为方针

旅游企业与旅游消费者的良好关系需要长期的、有计划的、坚持不懈的努力才能形成。这种良好的关系状态一旦形成，就需要不断地加以维护、调整和发展，切忌急功近利，一切应从长远利益出发，公共关系活动要着眼于长远效果。

5. 以实事求是为信条

实事求是、不弄虚作假是公共关系活动最基本的行为准则。为了赢得公众的信任，旅游企业必须为自己塑造一个诚实的形象，否则将失去公众的信任与支持，为公共关系工作带来阻碍。

二、旅游公共关系的作用

作为一种营销传播方式，旅游公关活动的主要目的在于影响某些具有社会影响力的公众对本企业旅游产品的看法和态度，从而推动本企业战略目标的实现。因此，旅游公共关系在塑造旅游企业良好公众形象、提升其知名度和美誉度、增强市场竞争力等方面具有重要作用，主要表现在以下几个方面。

（一）建立和维护与社会公众的良好关系

旅游企业要在社会中生存和发展，就必须与整个社会的环境、人文习俗、公众的思想观念相协调。如只埋头专注自己的利益，做社会活动的旁观者，该企业必将没有多大发展空间，甚至连生存都会受到威胁。通过公共关系活动，企业参与各种有益的社会事件、赞助各种公益活动、保持与社会公众的良好沟通，可以逐步建立起良好的公众形象，获得公众的爱戴和拥护，进而有利于企业的健康发展。

（二）提高企业信誉，促进销售业绩

通过公共关系活动，还可以提升企业的知名度和美誉度，以增强市场竞争能力。与此同时，向顾客传递企业产品的准确信息，密切与顾客的联系，针对顾客的需求传递满足顾客需求的意向，使顾客不仅感受以诚待人的经营作风，而且感受到企业产品的高质量，待时机成熟，顾客就会购买企业的产品。

（三）协调内外关系，预防危机损失

与相关媒体、社会团体、政府机构以及有其他业务关系的机构保持良好的关系，可以减小产品销售过程中的阻力。此外，在企业内部开展公关活动，可以缓解各种内部纠纷，减少不必要的内耗损失，增强企业的凝聚力。

三、旅游公共关系的基本工具

（一）新闻报道

新闻报道是指将有新闻价值的旅游企业活动信息或产品信息通过新闻媒体向公众传递，通常是客观描述事实，需以新闻工作者的风格来阐述，同时力争使其新闻价值最大化，收到有利于旅游企业的公众效应。旅游企业公关部门还可将企业的发展史、营销状况、重大发展动向、企业文化建设等内容写成新闻稿件，通过新闻媒体报道出去。此外，旅游企业还可以邀请新闻记者来企业参观、召开新闻发布会和记者招待会等形式，向外界报道企业的情况，让社会公众多了解企业。

（二）演讲策划

由旅游企业领导人通过一定渠道或活动发表演讲，介绍企业的相关情况以及企业回报社会和消费者的实际行动，以提高社会公众对旅游企业的关注。

（三）公益赞助和捐赠

旅游企业可以赞助教育、环保、健康等公益事业，还可以对发生灾害的地区和人们进行捐赠。这些赞助和捐赠活动一方面表现了企业高度的社会责任感；另一方面，公众通过这些活动，对企业增加了认知、产生了好感，从而树立了企业良好的公众形象，促进企业产品销售等。

（四）事件赞助

旅游企业还可以通过赞助国内外有价值的事件实现新闻覆盖率，同时这些事件也有助于提升企业品牌的知名度，如赞助一些体育、音乐、艺术活动，以及学术竞赛、智力竞赛等。

四、旅游公共关系策划

（一）收集市场信息

信息是公共关系活动开展的基础。有些信息对旅游企业有用，有些信息与旅游企业业务无关，这需要旅游企业公共关系部门收集、整理和分析，为企业进行科学决策提供依据和参考，这是旅游企业生存、发展和壮大的必要条件之一。因此，收集和掌握各种与旅游企业有关的信息，是旅游公共关系策划的重要内容之一。根据公共关系在旅游企业中的工作性质和角色，收集的信息类型主要包括四种：旅游企业形象信息、旅游企业产品信息、旅游市场信息和社会环境信息。

（二）提供决策建议

在旅游企业进行决策时，公共关系部门要向企业决策层和相关管理部门提供其所收集的各种信息情报，提出建议，供决策者参考选择，作为决策依据。旅游公共关系部门要站在公众立场上考虑问题、发现问题，使公众利益进入决策视野，在决策方案中反映公众的利益和需求，从而帮助旅游企业修正决策，避免本企业决策中出现只顾自身利益的情况。在此基础上，公共关系部门确立旅游企业公共关系目标，帮助旅游企业拟订决策方案并实施。

（三）建立信誉，塑造组织形象

在激烈的市场竞争中，信誉是旅游企业的生命和形象的基础，没有良好的组织信誉，绝对谈不上良好的企业形象。良好的企业形象能赢得公众的信任、支持和信赖，稳定销售渠道，吸引人才，增强内部员工的凝聚力。通过科学的、有计划的、有步骤的公共关系活动，树立良好的组织信誉，塑造最佳的企业形象是旅游公共关系所追求的最终目标，也是旅游公共关系战略的核心内容。

（四）传播沟通，扩大组织影响

公共关系传播沟通是指组织向公众提供它将要实施或正在实施的政策、行为方面的信息，同时又接受来自公众方面的信息反馈的过程。传播沟通是旅游公共关系的实质所在，是旅游公共关系的主要职能和关键环节。公共关系的工作内容就是以塑造组织形象为目标的组织传播沟通行为，这种行为一方面是科学地利用各种传播渠道、传播方式向公众提供旅游企业的信息，使公众了解旅游企业，建立对旅游企业的好感和信赖，塑造旅游企业形象，扩大旅游企业的影响力；另一方面要不断听取公众的意见和建议，向旅游企业反馈公众的意见要求，使企业了解公众需求，调整和改善企业行为，提高旅游服务质量，完善企业形象。

（五）协调关系，创造和谐环境

协调是指在传播沟通的基础上，旅游企业与公众进行交往、处理矛盾、调节关系，以达到企业与公众互惠互利、和谐发展的行为。协调好旅游企业与公众的关系，争取公众对旅游企业的理解和支持，使双方关系处于一种和谐的状态，营造良好的组织发展环境，是旅游公共关系的另一项重要职能。因此，旅游企业需要与公众建立畅通的传播沟通渠道；加强社会交往，广结人缘；增进对于旅游企业内部员工和重点公众的人文关怀和情感沟通。

（六）教育引导，提高全员素质

教育引导是旅游企业针对内外公众培育公共关系理念、启发公共关系认识、引导旅游消费行为的过程。旅游企业在工作中的良好形象和声誉不是自发产生和形成的，而是公共关系人员、领导者和全体员工长期共同努力，特别是公共关系人员对公众坚持长期教育引导的结果。旅游企业可以从培养企业员工的公共关系意识、培养员工的向心力和凝聚力、对员工进行旅游公共关系实务培训和对消费者实施旅游消费教育四个方面着手。

拓展资料 9.2

五星级酒店卫生事件

五、旅游公关人员应具备的基本技能

旅游公共关系活动是一种专业性和实践性很强的职业活动，它要求公关人员必须具备良好的道德品性、优雅的个人气度、较高的文化修养，而且必须具备较强的能力，包括组织能力、社交能力、宣传能力、创新能力及专业技能等。

（一）组织能力

在大多数情况下，旅游公关活动都是复合型、综合性的，它要求公关人员能对纷繁复杂的各种关系作出判断，制订计划，拟订活动方式，并做好人、财、物的分派调度。这些都要求公关人员具备较强的组织能力和实施能力。

（二）社交能力

公关人员面对的是各种各样的公众、客户，其职责就是通过开展公关活动为旅游企业与公众、顾客、政府部门创造一个“人和”的环境。毋庸置疑，开展社交活动、具备社交能力是一名公关人员应具备的最起码的技能。公关人员在五光十色、复杂多样的人际海洋中要不断扩展自己的社交层面，锤炼自己的社交技能。

（三）宣传能力

旅游企业公共关系工作的宗旨之一是要确立公众对本企业产品和服务的正确观念，打消一些顾客的疑虑，坚定购买本企业产品的消费者的信心，这就要求公关人员具备较强的宣传能力和表达能力。

（四）创新能力

创立和维护公共关系不能因循守旧，而要开拓创新、另辟蹊径。在这方面，别具一格、别出心裁的做法往往可以获得预想不到的效果，甚至能找出各种“公关宣传”的方式。

（五）专业技能

公关人员不仅要有综合性的知识结构和多方面的才能，还应具备开展公关活动的专业技能，要能在社交场合与日常生活中加以应用。

第五节　旅游人员推销

一、旅游人员推销的概念和特点

（一）旅游人员推销的概念

旅游人员推销是指旅游企业从业人员直接与旅游者或潜在旅游者接触、洽谈，并向其宣传介绍旅游产品或服务，以达到促进销售目的的活动过程。在人员推销过程中，通过与顾客交谈，可以了解顾客对产品的要求，以便企业更好地满足顾客的需求；通过与顾客的接触，还可以与顾客建立良好的关系，使顾客在感情动机的驱使下购买本企业的产品。因此，人员推销作为旅游企业最主要的一种促销方式，在实践中被广泛运用。

（二）旅游人员推销的特点

1. 充分传递信息

旅游人员在推销活动中同时也向消费者传达了企业及产品的相关信息，包括所推销产品的一般信息、消费观念的引导、市场同类产品的信息等。

2. 互动性强，方式灵活，促销效果明显

推销人员通过与旅游者的交谈，可收集旅游者对旅游企业、旅游产品及推销人员的态度、意见和要求等信息，并不断将相关信息反馈给旅游企业，为旅游企业的经营决策提供依据。同时在交流过程中，可根据旅游者的个体差异有针对性地开展工作，以促成销售。

3. 为旅游者提供多重服务

人员推销的目的不仅是推销旅游产品、满足旅游者的现实需求，还要尽可能地发现并满足他们的潜在需求，而且推销过程也是旅游企业进行公共关系活动的重要环节。推销人员热情、周到的服务可以赢得旅游者对旅游企业的信赖。

二、旅游人员推销的基本形式

（一）派员推销

派员推销是指旅游企业指派专职推销人员携带旅游产品或服务的说明书、宣传材料及相关材料走访客户进行推销的方式。派员推销是一种古老的、存在时间最长的推销形式，适用于推销人员在不太熟悉或者完全不熟悉推销对象的情况下，及时开展推销工作。它要求推销人员有百折不挠的毅力、良好的沟通能力与谈话技巧。

（二）营业推销

营业推销是指旅游产品或服务的各个环节的从业人员接待每位旅游者并销售自身产品的推销方式。这种形式的独特在于旅游者主动向推销人员靠拢。推销人员应依靠良好的销售环境和接待技巧完成推销，满足旅游者的需求。

（三）会议推销

会议推销是指旅游企业利用各种会议介绍和宣传本企业旅游产品或服务开展推销活动的方式。例如，订货会、交易会、洽谈会、展览会、推销会等。

除以上介绍的三种基本推销方式外，还有小组推销、电话推销、书面推销等多种形式的推销方式。

三、旅游人员推销的过程

旅游人员推销的过程主要包括以下几个步骤。

（一）寻找目标旅游者

旅游推销人员利用各种渠道和方法为其所推销的旅游产品寻找旅游者，包括现有的旅游者和潜在的旅游者。通过调查，了解旅游者的需求、支付能力等，筛选出有接近价值和接近可能性的目标旅游者，以便集中精力进行推销，提高推销的成功率。

（二）接近旅游者前的准备

旅游推销人员在推销前，应尽可能地了解目标旅游者的情况和要求，确立具体的工作目标，选择接近的方式，拟定推销时间和线路安排，预测推销中可能产生的一切问题，准备好推销材料。在准备就绪后，推销人员需要通过电话、邮件等与目标旅游者预约好访问事由、时间、地点等相关事宜。

（三）接近目标旅游者

旅游推销人员经过充分的准备后，就要与目标旅游者进行接洽。接近目标旅游者的过程往往是短暂的。在很短的时间里，推销人员要充分发挥自己的聪明才智，灵活运用各种技巧，引起目标旅游者对其所推销旅游产品的注意和兴趣，达到接近目标旅游者的最终目的。

（四）产品介绍

接近目标旅游者和产品介绍是与目标旅游者接触过程中的不同阶段，但两者之间没有绝对的界限。接近目标旅游者侧重于让旅游者了解自己，沟通双方的感情，创造良好的推销氛围；而产品介绍侧重于推销产品，向目标旅游者传递旅游产品的信息，强调给旅游者带来的利益，强化旅游者的购买欲望。

（五）处理疑问和异议

在介绍产品过程中，旅游者会对旅游产品提出各种各样的购买疑问、异议，如价格异议、产品异议、服务异议等。推销人员对各种疑问、异议，应采取不同的方法、技巧，有效地处理和转化，以打消旅游者的顾虑，促成交易。

（六）达成交易

经验丰富的推销人员会密切注意成交信号，把握成交机会，采取有效的措施，促成交易，并完成成交手续。

（七）售后服务

要让旅游者满意并重复购买旅游产品，良好的售后服务是必不可少的。达成交易后，销售人员应认真执行所保证的条款，做好服务，应着眼于旅游企业的长远利益，与旅游者建立和保持良好的关系，树立旅游者对旅游产品的安全感和信任感，促使他们继续购买并利用旅游者的见解进行宣传和辐射性传导，争取更多的新旅游者。

四、旅游人员推销的基本要求

（一）推销人员应具备的素质

党的二十大报告中指出深入实施人才强国战略。培养造就大批德才兼备的高素质人才，是国家和民族长远发展大计。旅游企业有一支素质和能力卓越的销售团队，才是企业发展的长远大计，团队成员应具备以下素质。

1. 爱岗敬业，遵纪守法

推销人员应该致力于推销事业，热爱自己的工作，有很强烈的事业心和责任感，富有挑战精神，努力工作，竭诚为客户服务，有必胜的信念和决心，把满足客户的需求作为自己的工作准则。推销人员同时还应具有强烈的法制观念，自觉遵纪守法，一切依法办事。

2. 一定的职业素养

推销人员应掌握与推销工作相关的知识，包括市场营销学、消费心理学、经济学、企业管理、公共关系、商业谈判和市场调研与预测等；了解企业的知识，主要包括：企业的性质、历史、企业在同行中的地位、企业政策、企业的规章制度、企业生产规模和生产能力、推销策略和价格政策等；了解企业产品，如产品的质量、市场定位、价格以及能满足顾客的属性等；了解客户定位，推销人员必须知晓客户的需求和发展趋势，明确购买决策者、影响者和实施者；了解同行业竞争对手，推销人员要经常调查和分析竞争对手，调查和分析竞争对手的产品特色、产品价格、服务模式和结算方式等。

3. 良好的性格及心理素质

推销人员应具有外向性格，活泼开朗，反应敏捷，善于沟通，能适应不同的生活环境；能积极赢得客户的好感和信任，从而提高工作效率，成功推销。推销人员还应具有坚强意志，推销工作是一项独立的工作，遇到问题必须自己应对，作出决策，这就要求推销人员善于独立发现问题、独立分析问题、独立解决问题，在紧急情况下能冷静和果断地处理问题。

（二）推销人员应具备的能力

1. 敏锐的洞察力

推销人员在工作过程中的创新，取决于推销人员对新生事物的敏感度，这要求推销人员具备非凡的洞察力。这是推销人员了解客户心理、准确判断客户特征的必要前提。具有敏锐的洞察力，能看到客户的真正意图，是成功推销的必要条件。

2. 准确的判断力

在商务谈判过程中，顾客会受到各种渠道信息的干扰和环境因素的影响。推销人员应该掌握对方的心理变化的能力，以应对各种情况；准确理解客户的需求和购买欲望、爱好、职业习惯；他们的产品能够帮助客户解决什么问题，推销人员必须清楚并给予客户满意的答复。

3. 适当的说服力

推销是公平和合理的说服力。成功的说服力依赖三个因素：首先，推销人员相信自己的产品；其次，推销人员必须相信自己所在的企业；最后，推销人员必须相信自己。只有在此基础上，才能说服客户产生购买热情。

4. 良好的沟通能力

推销人员的沟通能力在企业的发展中有着特殊的作用，同时也是衡量其是否适合市场推销工作的标志之一。因为推销人员是一个企业的"外交官"，是一名社会活动家，这就需要其有能力与各种各样的人沟通，善于交朋友，能够稳定老客户、吸引新客户，为企业的产品开拓广阔的市场。

5. 合理的情绪掌控力

推销人员在工作中要与各种矛盾、冲突打交道，要处理各种突发事件和纠纷，在遭受批评、拒绝、冷眼时，要控制情绪，要遇乱不慌、遇危不惊、有理有节、沉着应对、不情绪化，充分发挥灵活机动的应变能力。

【本章小结】

本章对旅游促销策略进行了系统介绍，阐明了旅游常用的促销策略：旅游广告、营业推广、公共关系和人员推销。旅游促销的实质就是要实现旅游营销者与旅游潜在购买者之间的信息沟通。旅游营销者为了有效地与购买者沟通信息，可通过发布广告的形式传播有关旅游产品的信息；可通过各种营业推广活动传递短期刺激购买的有关信息；也可通过公共关系手段树立或改善自身在公众心目中的形象；还可通过派遣推销员面对面地说服潜在购买者。

【即测即练】

【思考题】

1. 对比“推式”促销策略和“拉式”促销策略。
2. 旅游营业推广的方式有哪些？
3. 简述旅游人员推销的基本形式。
4. 比较几种常用的媒体广告的优缺点。
5. 旅游促销的作用有哪些？

第十章 旅游市场营销计划与控制

【学习目标】

1. 掌握现代旅游市场营销部门的组织形式。

2. 熟悉旅游市场营销计划的类型、内容和实施；熟悉旅游市场营销控制的含义和内容。

3. 了解旅游市场营销组织的演变。

【能力目标】

掌握制订旅游市场营销计划的能力。

【思政目标】

1. 引导学生能够站在全局的视角，思考旅游企业营销计划与控制对于企业质量和效率的意义。

2. 树立旅游市场营销控制的意识。

【思维导图】

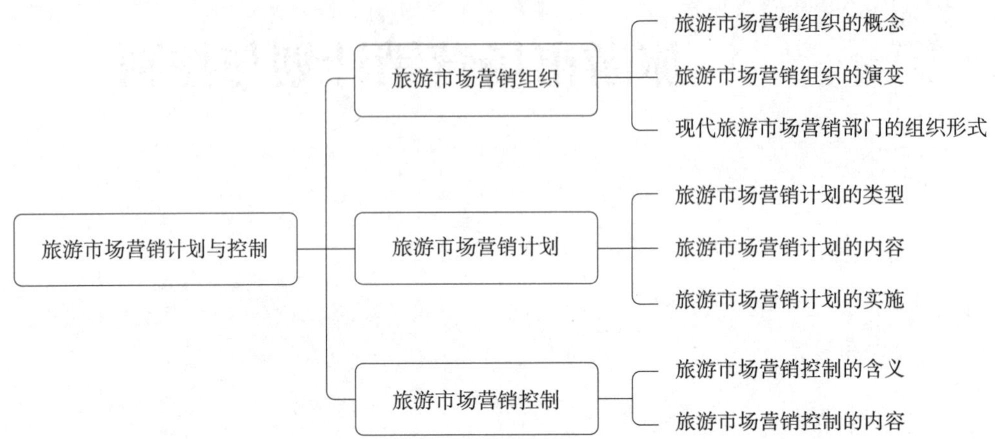

【导入案例】

大型体育场馆市场营销计划

大型体育场馆市场营销计划包括：计划概要，营销现状分析，营销策略，营销计划的贯彻和控制。

1. 计划概要

一项成功的市场营销计划应该以简明而有特色的计划概要为开端。计划概要是对本计划的主要营销目标和措施作出简要的概括，呈现整个计划的全貌。

2. 营销现状分析

营销现状分析具体包括以下几个方面。

（1）产品和服务分析。体育场馆提供的产品是体育赛事，与一般商品不同，生产和消费是同时进行的，提供的服务主要有停车服务、租赁体育物品、出售纪念品等。

（2）市场环境分析。其包括对当地经济环境、人口学特征、需求趋势、技术趋势等的分析。这些分析为场馆拟定市场营销计划提供所必需的事实和信息。

（3）竞争对手分析。在体育场馆市场经营过程中，必须明确和研究竞争对手。经常留意竞争对手的经营领域、参观它们举办的体育赛事、留意它们在做些什么、观察它们的员工等方面，可以从中获得新的经营理念和信息。

3. 营销策略

营销策略具体包括以下几个方面。

（1）目标市场分析。分析目标市场要考虑市场细分、市场化信息系统和消费者的消费行为研究等因素。

（2）市场调查。其分为基本调查和辅助调查。基本调查是直接由赛事承办者和场馆经营者进行的调查，或者是通过所有先前顾客的自动化数据记录进行的调查。辅助调查不是由场馆自身直接参与的调查，而是由市场调查部门和行业杂志提供的与本行业相关的大量调查。

（3）向赞助商推销体育场馆。将赛场广告位出售是场馆经营者取得收入的重要手段。体育场馆和运动场地冠名通常被认定能够为企业销售产品和创建正面形象的值得信赖的工具。体育场馆赞助是一种赞助商们有所获益的行为。

（4）市场营销目标和策略。比如营销目标是提升顾客购买体育赛事门票的便利条件，相应的营销策略就是通过自动票务服务系统来管理售票处的运营。

4. 营销计划的贯彻和控制

体育场馆的运营得益于精心设计和完美执行的市场营销计划。贯彻和控制是市场营销计划中必不可少的一个环节，每一个目标必须分配到个人，通过一定的时间来完成。场馆经营者还要监督每一步行动、监督预算花费以及进行成本核算，使营销计划在经营者的完全控制下贯彻实施。

资料来源：陈万红．对美国大型体育场馆市场营销计划的分析与启示 [J]. 体育研究与教育，2014，29（4）：10–14.

案例思考题：

1. 体育场馆制订营销计划的重要性是什么？
2. 你认为旅游企业营销计划应该包括哪些内容？
3. 你认为如何实现营销计划的贯彻和控制？

第一节 旅游市场营销组织

一、旅游市场营销组织的概念

旅游市场营销组织是指一个旅游企业或旅游目的地为了实现组织目标，实施营销计划，而向市场全面负责执行和管理其营销工作的组织机构。例如，旅游企业设立的营销部、市场推广部，我国文旅部的市场管理司以及各地旅游行政管理机构中的市场管理处或市场推广处等。

二、旅游市场营销组织的演变

旅游企业的市场营销组织是随着市场营销管理哲学的不断发展演变而来的，大致经历了以下五个阶段。

（一）简单的销售部门

这个阶段，旅游企业以生产导向作为经营管理的指导思想。销售部门的职能只是简单地推销产品，旅游企业的发展目标、营销规划、产品开发与价格等主要由生产部门和财务部门决定。简单的销售部门结构示意图如图 10–1 所示。

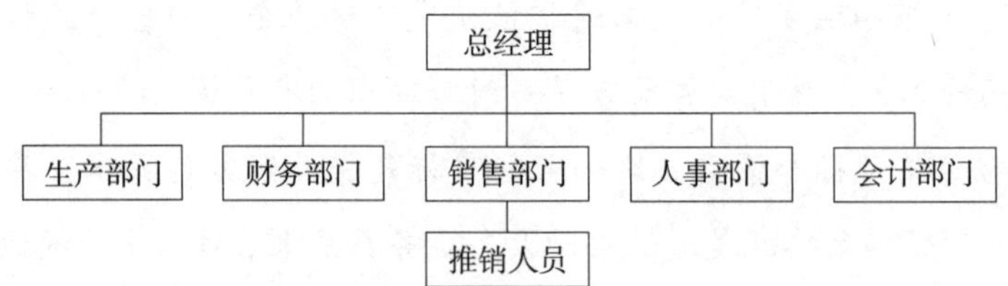

图 10–1　简单的销售部门结构示意图

（二）具有其他附属职能的销售部门

20 世纪 30 年代大萧条以后，市场竞争日趋激烈，企业逐渐采用推销导向作为经营管理的指导思想。销售部门的主要职责是加强推销，同时必须负责进行广告宣传、顾客服务、旅游市场调查等工作。具有其他附属职能的销售部门结构示意图如图 10–2 所示。

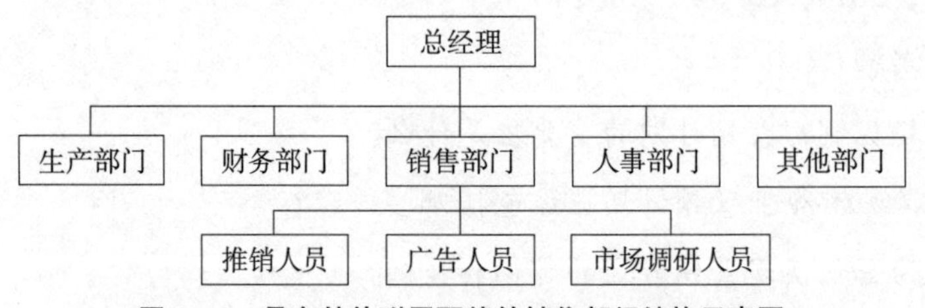

图 10–2　具有其他附属职能的销售部门结构示意图

（三）独立的营销部门

随着企业规模和业务范围的进一步扩大，原本作为附属工作的市场营销研究、新产品开发、广告促销和为消费者服务等市场营销职能的重要性日益增强。市场营销部门独立存在的必要性日益体现出来，最终使推销和市场营销成为平行的职能部门，但在具体工作上，这两个部门是需要密切配合的，它向企业总经理提供了一个全面多角度分析企业面临的机遇与挑战的机会。独立的营销部门结构示意图如图 10–3 所示。

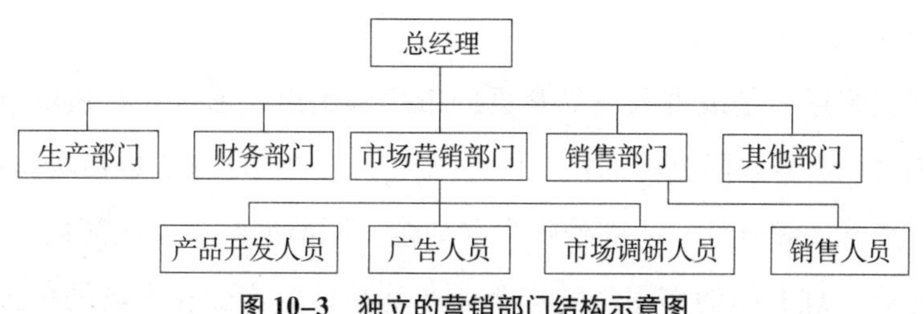

图 10-3　独立的营销部门结构示意图

（四）现代市场营销部门

随着旅游营销观念的进一步发展，销售部门和市场营销部门的矛盾冲突不断出现，销售部门注重短期目标，而市场营销部门则关心长期目标。为了解决这一矛盾，旅游企业将销售部门和市场营销部门合二为一，形成了现代市场营销部门的基础，即由市场营销副总经理全面负责，下辖所有市场营销职能部门和销售部门。现代市场营销部门结构示意图如图 10-4 所示。

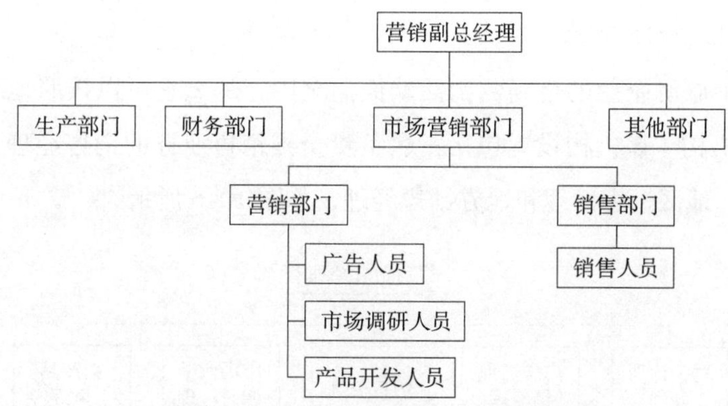

图 10-4　现代市场营销部门结构示意图

（五）现代营销企业

一个旅游企业仅有上述现代市场营销部门，还不等于现代市场营销企业。现代市场营销企业取决于企业内部各种管理人员对待市场营销职能的态度，只有当所有的管理人员认识到企业一切部门的工作都是"为顾客服务"，且"市场营销"不仅是一个部门的名称，也是一个企业的经营哲学时，这个旅游企业才算一个"以顾客为中心"的现代市场营销企业。

三、现代旅游市场营销部门的组织形式

为了实现企业目标，企业必须选择合适的市场营销组织。大体上，现代市场营销组织有以下五种类型。

（一）职能型组织形式

职能型组织形式是最古老也最常见的市场营销组织形式，它强调市场营销各种职能如销售、广告和研究等的重要性。该组织把销售职能当成市场营销的重点，而广告、产品管理和研究职能则处于次要地位。职能型组织层次简化、分工明确，易于发挥专业管理职能的作用。随着企业产品品种的增加和市场的扩大，因为没有一个职能部门对某一具体的旅游产品或市场负责，可能会导致各职能部门之间存在争预算、争地位的矛盾，如图 10-5 所示。

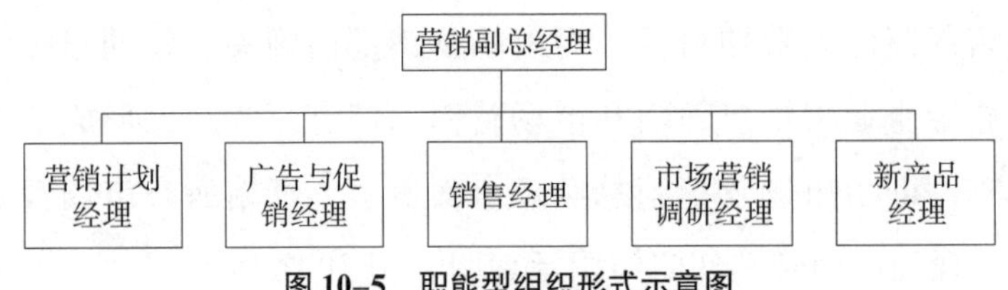

图 10-5　职能型组织形式示意图

（二）地区型组织形式

如果一个旅游企业的市场营销活动面向全国，那么它可以按照地理区域设置其市场营销机构。该机构设置包括一名负责全国销售业务的销售经理，若干名区域销售经理、地区销售经理和地方销售经理，如图 10-6 所示。

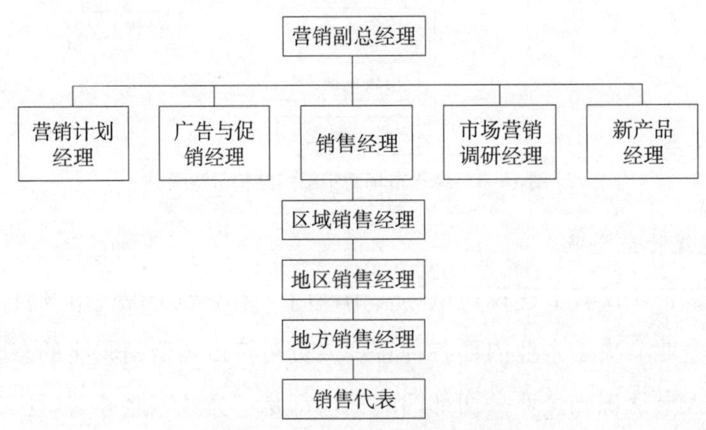

图 10-6　地区型组织形式示意图

这种分层控制组织形式，各区域销售经理能根据本地区的具体情况有针对性地开展销售活动，有利于最大限度地利用市场机会、协调上下级的关系和帮助上级经理作出更完善的营销组合决策。但由于管理跨度大，各地区机构设置相对独立，高层管理控制难度加大，推销人员队伍庞大也会增加各项费用支出。为了使整个市场营销活动更有效，地区型组织通常都是与其他类型的组织结合起来使用。

（三）产品管理型组织形式

产品管理型组织是指在企业内部建立产品经理组织制度，以协调职能型组织中的部门冲突。在旅游企业的产品较多或产品差别较大，职能型组织无法处理的情况下，建立产品管理型组织形式是适宜的。基本做法是按产品线设置若干个产品线经理，每位产品线经理下再设若干个品牌经理（图 10–7）。产品经理的作用是制订产品计划，监督产品计划实施，检查执行结果，并采取必要的调整措施。

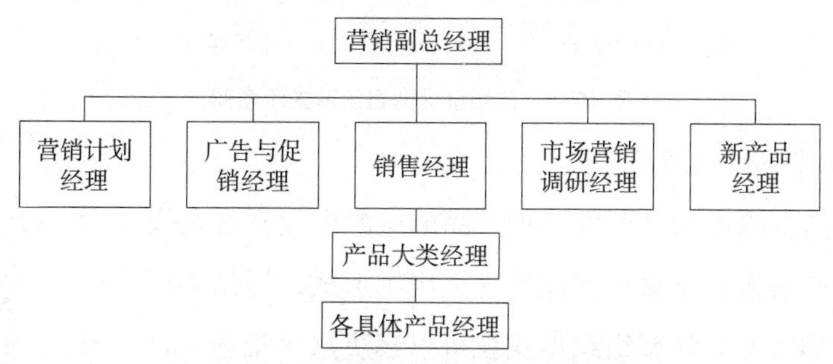

图 10–7　产品管理型组织形式示意图

产品管理型组织的优点是：①产品经理协调了他所负责产品的营销组合策略。②产品经理能及时地反映该产品在市场上出现的问题。③由于产品经理各自负责推销自己所管的产品，因而即使不著名的旅游产品也不会被忽略。④产品管理是培训年轻管理人员的最佳场所，因为产品管理涉及企业业务经营的几乎所有方面。

产品管理型组织的缺点是：若缺乏整体观念，各产品部之间会发生协调问题，会为保持各自产品的利益而发生摩擦；这种组织形式意味着企业随产品种类的不同而在任何一个特定的地区建立多个机构，导致机构设置重叠和管理人员的浪费，以及产品知识分散化。

（四）市场管理型组织形式

这种组织形式树立了以市场为中心的营销观念，通过市场研究，针对旅游者在旅游过程中表现需要、行为、习惯和偏好的不同特点，形成不同的细分市场，而设立市场营销机构。

旅游市场管理型组织与产品管理型组织结构相似，由一个市场主管经理领导若干个细分市场经理（图 10–8）。营销人员可以针对各类不同的顾客及其消费习惯和偏好开展营销活动，满足其需要。例如，旅行社可以根据旅游者的特点，划分为老年旅游市场、青年学生旅游市场、新婚情侣旅游市场等，分别设置市场营销组织来管理。其缺点是存在权责不清和多头领导的矛盾、稳定性差、管理成本较高，这与产品管理型组织类似。

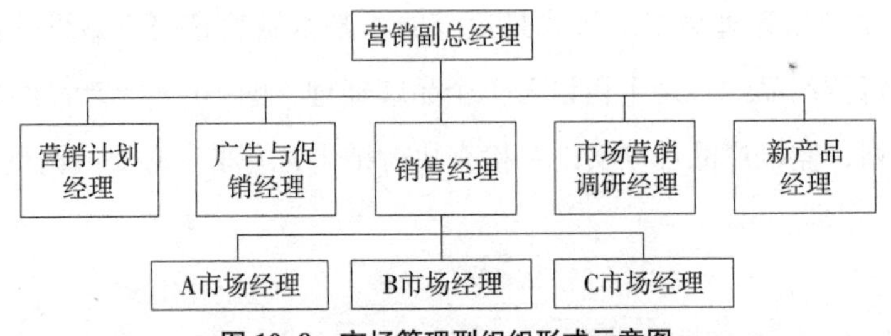

图 10–8　市场管理型组织形式示意图

（五）矩阵型组织形式

拥有不同客源市场且开发多种产品的旅游企业常常在设置营销组织时不知所措：是采用产品管理型组织形式，还是采用市场管理型组织形式？矩阵型组织形式就可以解决这一难题。这种形式是综合产品和市场两个方面的因素来设置的，可在更大程度上满足旅游消费者的需求。但建立该形式所需费用较高，而且在决策时由于极限的交叉极易产生内部冲突。所以，出于以上考虑，只有那些相当重要的产品和市场才适合设置矩阵型组织形式，如图 10–9 所示。

拓展资料 10.1

IBM 矩阵式的组织结构

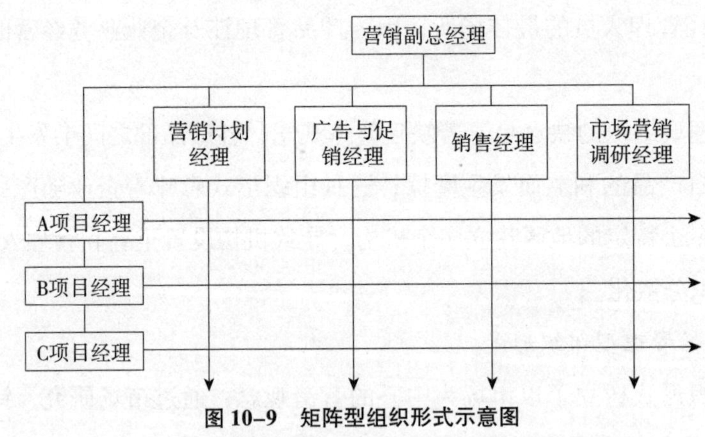

图 10–9　矩阵型组织形式示意图

第二节　旅游市场营销计划

旅游市场营销计划是指旅游企业或旅游目的地在对目前旅游市场发展态势以及自身地位和实力分析的基础上，确定今后的发展目标、营销战略和行动方案，并对企业内外部各种营销资源的使用状况进行设计和安排的工作过程。反映这些既定目标、战略和行动方案的书面文件就是该旅游企业或旅游目的地的市场营销计划。

一、旅游市场营销计划的类型

（一）按战略和战术关系分类

1. 战略性营销计划

战略性营销计划是基于现有市场形式和机会的分析，制定最广泛意义上的营销目标和战略。战略营销计划是一种长远性规划，通常指三五年或更长时期的规划。战略性营销计划是企业总体经营中非常重要的组成部分，它着眼于长远性的营销策略，分析市场、细分市场、评估竞争对手的产品等，设计制定有效对应市场环境变化的战略。

2. 战术性营销计划

战术性营销计划是描述一定时期内具体的营销战略，包括广告、销售、定价、渠道、服务等。它是企业在实施特定的营销战略时所明确的短期行动和实施细则，它使战略营销规划得以展开并变得可操作化。

（二）按计划时间周期分类

1. 长期计划

长期计划是指企业在较长时期（通常为 5 年以上）的发展方向和方针。

2. 中期计划

中期计划是指期限在 1 ～ 5 年的目标性计划。

3. 短期计划

短期计划是指期限在 1 年内的营销计划。

（三）按计划涉及范围分类

1. 总体营销计划

总体营销计划是指旅游企业营销活动的全面、综合性计划。

2. 专项营销计划

专项营销计划是指针对某一产品或特殊问题而制订的计划，如品牌计划、渠道计划、促销计划等。

二、旅游市场营销计划的内容

旅游市场营销计划并没有统一的固定模式，大体上包含以下八个方面的内容。

（一）计划概要

计划概要就是对计划的主要内容和关键点进行一个简明扼要的概括，以便企业的决策者迅速了解计划的主要内容。在概要之后是整个计划书的目录表。

（二）目前营销状况

这一部分包括市场状况、产品状况、竞争状况、分销状况和宏观环境状况的背景资料。

（1）市场状况。这部分提供的是有关目标市场的主要数据，包括市场规模、市场占有率、顾客数量、成本、利润和成长状况。

（2）产品状况。这部分要反映过去几年中主要产品的销售量、价格、边际收益和净利润。

（3）竞争状况。这部分要识别主要的竞争者，他们的规模、目标、市场份额、产品质量、营销战略和行动。

（4）分销状况。这部分要对企业的销售渠道规模和现状进行描述，注意旅游中间商实力的变化以及激发他们营销积极性的价格和交易条件。

（5）宏观环境状况。这部分要对影响企业产品前途的各种宏观因素进行分析，包括政治、经济、社会、技术、法律、人口统计和文化。

（三）机会和问题分析

现在企业的产品经理要从产品线出发，找出所面临的主要机会与威胁、优势和劣势，以及产品线所面临的问题。

（四）目标

企业必须对计划的目标作出决策，包括财务目标和营销目标。

（1）财务目标。如确定投资收益率、利润和现金流量等。

（2）营销目标。财务目标必须转化为营销目标，才具有可操作性。如销售收入目标、产品价格、产品销量目标、市场份额目标，以及产品知名度、分销范围等，营销目标要尽量具体化和数量化，同时要结合实际情况。

（五）营销战略

营销战略是用以达到和实现其目标的基本方法，包括确定目标市场、营销定位、产品线、价格、分销、销售人员、广告、销售促进和研究与开发等。在制定战略时，营销经理要与企业其他部门进行协商，以保证计划的可行性。

（六）行动方案

行动方案是为了实现业务目标所采取的主要营销行动，如将要做什么，什么时候做，谁来做，成本是多少等。

（七）营销预算

在营销计划中，要表明计划的预算。如收入，要反映预计的销售量和价格；费用要反映成本的构成和成本的细目，两者之差就是预计的利润。企业要对计划的预算进行核查，预算如果太高，就要适当削减。

（八）营销控制

营销控制主要用来监督计划的进度。通常目标和预算是按月或季度来制定的，企业要对计划的执行结果进行核查，出现问题要及时弥补和改进。对预先难以作出预测的因素，要制订应急计划。

三、旅游市场营销计划的实施

旅游市场营销计划的实施是一个系统工程。营销计划的提出和制订仅仅解决了旅游企业的市场营销活动应该“做什么”和“为什么做”的问题，它只是营销管理过程的开始。而要想有效地调动企业的全部资源，将其投到日常业务活动中，就必须将旅游市场营销计划变为具体的市场营销方案，这就是解决企业市场营销“怎样做”的问题。

要想使营销计划得以实施，首先，必须使企业营销系统中的各级人员保持协调一致；其次，营销部门还必须与财务、人事、采购等部门密切配合。此外，企业外部有关的个人和组织对企业计划的实施也有重要影响。从影响旅游市场营销计划的诸多因素出发，成功地贯彻实施旅游市场营销计划的过程，一般要经过以下几个步骤。

（一）制订详细的行动方案

行动方案中要明确营销计划和营销战略实施的关键性要求与任务，还要将这些活动内容的责任落实到个人或作业单位，并明确具体的时间表，在时间上有严格的规定。

（二）建立营销组织结构

营销组织是实施营销计划的职能部门，对推动市场营销活动的开展起着决定性的作用。组织把任务分配给具体部门和人员，规定明确职权界限和信息沟通路线，协调内部各项决策和行动。

（三）设计决策和报酬制度

实行多角化经营或产品的市场覆盖面较广的旅游企业，不可能再实行高度集中统一的管理制度，而要适应市场变化的要求，实行分权管理。与此相应，还必须设计有利于市场营销计划和营销战略贯彻执行的报酬制度，不仅要调动企业员工实现短期营销目标的积极性，还要调动其实现长期目标的积极性，促使旅游企业员工行为的合理化。

（四）建设旅游企业文化

企业文化是指一个企业内部全体人员共同持有和普遍遵循的价值标准、基本信念和行为准则，对企业经营思想和领导风格、员工的工作态度和作风均起着决定性的作用。企业文化体现了集体责任感和集体荣誉感，甚至关系到员工人生观和他们所追求的目标，能够起到把全体员工团结在一起的"黏合剂"作用。所以，塑造和强化企业文化是执行企业营销计划不可忽视的一环。

（五）开发旅游人力资源

旅游市场营销计划最终是由企业内部的工作人员执行的，所以人力资源的开发至关重要。在考核选拔管理人员时，要注意将恰当的工作分配给适当的人，做到人尽其才、各尽其能，这样才可以顺利实施预定的营销计划。

拓展资料 10.2

华都饭店
2001 年营销规划

第三节 旅游市场营销控制

一、旅游市场营销控制的含义

旅游市场营销控制是指旅游企业营销管理者通过对企业营销计划执行情况的持续观察，发现企业运营与计划的差异，及时找出原因，并采取适当的措施和正确的行动，以保证市场营销计划完成的管理活动。

二、旅游市场营销控制的内容

旅游市场所受的影响因素日益复杂，旅游市场的变化也日益频繁。为了维护和保证旅游市场营销计划的严肃性与科学性，在计划实施过程中应有相应的控制程序，对计划本身或计划的实施进行必要的调整，以保证旅游企业营销目标的实现。因此，旅游市场营销控制过程就是采取行动使营销活动结果与期望结果更接近的过程。

在旅游企业营销活动中，营销控制问题可分为以下几个方面。

（1）企业决策层对营销的控制。营销部的各项活动及其成效，直接影响企业的生产、财务、人事等部门的活动和成效，因此就产生了最主要也是最重要的营销控制问题，即企业决策层如何对营销部门的活动成效进行最有效的控制。

（2）营销部门对企业其他部门的控制。企业营销部门的工作必须得到其他部门的密切配合和支持，才能顺利地进行。这就需要营销部门完善与其他部门的沟通系统，促使企业的各部门都能致力于企业的整体利益，朝同一方向发展。

（3）营销部门对外界中间商的控制。中间商的行为不一定总是有利于企业的营销活动，因此，营销部门就会碰到如何对中间商进行有效控制的问题。例如，对于那些对企业贡献大的中间商，企业应给予适当的奖励；相反，对那些不守信用的中间商，企业应考虑放弃，或采取必要的惩处措施。

（4）营销部门对营销人员的控制。企业营销总监会碰到如何对营销人员（如销售人员、公关人员等）进行控制的问题。营销总监还可以通过建立有效的权责关系、预算制度、成效审查制度来执行营销控制工作。

（5）营销部门对营销计划成效的控制。旅游营销环境中的各种因素如市场、竞争、需求等不断变化，导致旅游营销计划的实际成效和预期成效偏离，因此营销总监就需要对营销计划执行结果加以控制。

（6）营销部门对营销方案的控制。这种控制与营销部门所采取的营销方案如饭店新产品开发计划、广告活动或新市场开拓等有关，它属于如何在预定期限和预算内实施这些方案的问题。

旅游市场营销具体控制内容包括以下几个方面。

1. 年度计划控制

年度计划控制是指由企业高层管理人员负责，检查企业实际营销绩效与营销计划之间是否存在偏差，以便采取改进措施，以确保企业营销计划的完成。

年度计划控制活动的主要目的是促使年度计划产生连续不断的推动力，使年度控制的结果成为年终绩效评估的依据，发现企业潜在的问题并及时予以解决，企业高层管理人员可以借助年度计划控制监督各部门的工作。

旅游企业年度计划控制包括销售分析、市场占有率分析、营销费用率分析、财务分析和顾客态度追踪等内容。

（1）销售分析。销售分析就是要衡量并评估企业的实际销售额与计划销售额的差异情况，主要分析方法有以下两种。

①销售差距分析。其主要分析造成销售差距的不同因素的影响程度。

②微观销售分析。其主要从不同产品、地区和其他方面分析未能完成销售目标的原因。

（2）市场占有率分析。企业一般通过市场占有率的分析比较，评价和判断企业销售、竞争绩效和市场地位的变化。

通常采用的市场占有率指标有三类：①整体市场占有率。企业销售额占整个行业总销售额的比例，反映企业在整个行业中的市场地位。②目标市场占有率。企业销售额占其目标市场总销售额的比例，反映企业在目标市场中的市场地位。③相对市场占有率。企业销售额占市场主导者销售额的比例，反映企业与市场主导者的实力对比关系。

在市场占有率分析工作中，还要找出其变化的原因，以便采取对策、措施，加以改进和控制。

（3）营销费用率分析。营销费用率分析指旅游企业完成一定数量的销售额与所花费的营销费用的百分比。这项分析是要求企业以较小的支出取得较大的销售业绩。这项指标还可以进一步细分为人力推销费用率、广告费用率、销售促进费用率、市场营销调研费用率、销售管理费用率等。营销部门应当监控这些费用比率，适当波动是正常的，超出正常范围的波动就要引起注意。

（4）财务分析。财务分析主要是通过一年来的销售利润率、资产收益率、资本报酬率和资产周转率等指标了解企业的财务情况。

（5）顾客态度追踪。顾客态度追踪指企业通过设置顾客抱怨和建议系统，建立固定的顾客样本或者通过顾客调查等方式，了解顾客对本企业及其产品的态度变化情况。

2. 盈利能力控制

盈利能力控制一般由企业内部负责监控营销支出和活动的营销人员负责，旨在测定企业不同产品、不同销售地区、不同顾客群、不同销售渠道以及不同规模订单的盈利情况。它包括各营销渠道的营销成本控制、各营销渠道的营销净损益和营销活动贡献毛收益的分析，以及反映企业盈利水平的指标考察等内容。盈利能力的指标包括资产收益率、销售利润率和资产周转率、现金周转率、存货周转率和应收账款周转率、净资产报酬率等。此外，费用支出必须与相应的收入结合起来分析，才能了解企业的盈利能力。

3. 战略控制

战略控制是旅游市场营销计划中的高层次计划执行控制方式，它主要是对旅游企业的市场营销环境、营销目标、营销战略、营销组织、营销方法和人员、营销程序等方面进行系统、全面、客观的评价，通过检查和分析，发现旅游企业市场营销中存在的机遇和问题，从而为改进和完善其旅游市场营销活动提供战略性的决策依据。

与年度计划控制和盈利能力控制相比，市场营销战略控制显得更重要，因为企业战略是总体性的和全局性的。而且，战略控制更关注未来，战略控制要不断地根据最新的情况重新评估计划和进展，因此，战略控制也更难把握。在企业战略控制过程中，主要采用营销审计这一重要工具。

营销审计是对一个企业或一个业务单位的营销环境、营销目标、营销战略和营销活动所做的全面的、系统的、独立的和定期的检查，其目的在于决定问题的范围和机会，提出行动计划，以提高企业的营销业绩。一次完整的营销审计活动的内容是十分丰富的，概括起来包括六个大的方面：营销环境审计、营销战略审计、营销组织审计、营销系统审计、营销生产率审计和营销功能审计。

【本章小结】

旅游市场营销组织是指一个旅游企业或旅游目的地为了实现组织目标，实施营销计划，而向市场全面负责执行和管理其营销工作的组织机构。旅游企业的市场营销组织是随着市场营销管理哲学的不断发展演变而来的，大致经历了五个阶段：简单的销售部门、具有其他附属职能的销售部门、独立的营销部门、现代市场营销部门和现代营销企业。现代旅游市场营销部门的组织有五种类型：职能型组织形式、地区型组织形式、产品管理型组织形式、市场管理型组织形式和矩阵型组织形式。旅游市场营销计划是指旅游企业或旅游目的地在对目前旅游市场发展态势以及自身地位和实力分析的基础上，确定今后的发展目标、营销战略和行动方案，并对企业内外部各种营销资源的使用状况进行设计和安排的工作过程。

反映这些既定目标、战略和行动方案的书面文件就是该旅游企业或旅游目的地的市场营销计划。

【即测即练】

【思考题】

1. 旅游市场营销组织为什么要具有“灵活性”？
2. 什么样的旅游企业适合采用产品管理型组织形式？
3. 一般而言，制订一份旅游市场营销计划应包括哪些内容？
4. 简述旅游市场营销计划的实施过程。
5. 简述旅游市场营销控制的内容。

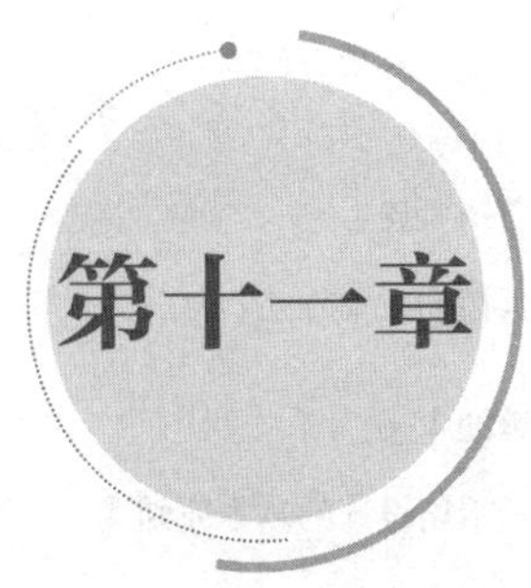

第十一章 旅游市场营销创新

【学习目标】

1. 掌握几种主要新媒体营销的模式与策略；旅游体验营销的主要策略；几种类型的事件营销策略。

2. 熟悉旅游新媒体营销的主要方式；旅游体验营销的新模式；旅游事件营销的操作原则。

3. 了解新媒体、新媒体营销的概念及特点；旅游体验营销的概念和基本原则；旅游事件营销的概念和特点。

【能力目标】

1. 能够运用新媒体营销相关知识分析、解决旅游企业营销问题。

2. 能够运用并实施旅游体验营销的主要策略。

3. 学会通过利用事件或创造事件营销，提高企业知名度和品牌形象。

【思政目标】

培养创新精神、思辨意识，具备良好的判断能力和批判精神。

【思维导图】

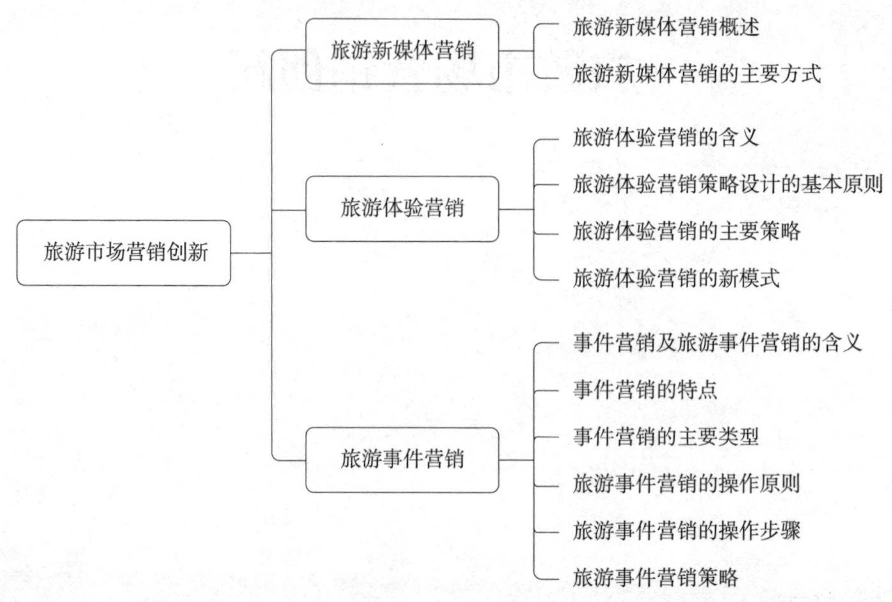

【导入案例】

北欧四国微博营销活动

2016年，北欧四国（挪威、丹麦、瑞典、芬兰）旅游局与新浪旅游联合打造"带着微博去北欧"及"北欧，每平方米更多惊喜"微博话题互动活动，多次登上微博热门话题榜单，受到全网关注，效果极其显著。活动结束前，"带着微博去北欧"话题的浏览量已经飙升到3 000多万次，热门讨论高达10 000条。

活动主要目的是在线上平台全面宣传北欧目的地资源以及"北欧，每平方米更多惊喜"这一品牌形象，从而提升北欧四国产品知名度。用户通过发布符合话题要求内容的微博参与到活动之中，并可获得红包等多重奖励。"带着微博去北欧"及"北欧，每平方米更多惊喜"活动及话题成功吸引了旅游领域的KOL（key opinion leader，关键意见领袖）自觉参加，他们纷纷在话题下发布微博，分享关于北欧的所见所闻。2016年9月24日当天，"带着微博去北欧"登上了新浪微博的热门话题榜，成功吸引约1 000万的浏览量，成为爆点，北欧在网友心中的热度持续攀升。

除此之外，北欧四国通过发起以"北欧，每平方米更多惊喜"为主题的目的地在线营销活动、正式上线四国全新联合旅游品牌形象网站、发起"为北欧拼惊喜”的线上拼图游戏，形成了多种营销模式相互补充的营销模式，为此次活动打造了足够的氛围，赢得了较高关注度。

资料来源：李宏 . 旅游目的地新媒体营销：策略、方法与案例Ⅱ [M]. 北京：旅游教育出版社，2021：31.

案例思考题：

1. “带着微博去北欧”活动赢得较高关注的原因主要有哪些？

2. 相较于传统营销方式，微博营销活动的特点有哪些？

第一节　旅游新媒体营销

新媒体（new media）的兴起改变了人们的信息传播方式，也对人们的行为方式产生重要影响，开创了媒介传播、营销方式的新时代。如何通过新媒体的多资源、多渠道来实现营销目标，是各类企业需要研究的新内容。根据党的二十大报告提出的“加快发展数字经济，促进数字经济和实体经济深度融合”的要求，如何通过新媒体的多资源、多渠道来开展有效的营销活动，是各类旅游企业需要研究的新内容。

一、旅游新媒体营销概述

（一）新媒体认知

1. 新媒体的内涵

新媒体的概念是 1967 年由美国哥伦比亚广播电视网（Columbia Broadcasting System，CBS）技术研究所所长彼得 · 卡尔 · 戈尔德马克（Peter Carl Goldmark）率先提出的。

新媒体是一个相对的概念，是随着媒介技术的发展而不断变化的。一般来讲，新媒体是相对于传统媒体（电视、报纸、杂志、广播）而言的一种新的媒体形态。但严格地说，新媒体应该是数字化时代到来后出现的各种媒体形态，它是指利用数字技术、网络技术，通过无线通信网、宽带局域网、互联网等传播渠道，结合手机、计算机等输出终端，向用户提供文字、图片、音频、视频等信息及服务的新型传播形式与手段。新媒体概念的核心应该是“建立在数字技术和网络技术等信息技术基础上的”，如果传统媒体运用信息技术改造自身运营模式，也可以转变为新媒体。

常见的新媒体平台主要有但不限于社交类（微信、微博等）、新闻资讯类（今日头条、网易新闻、腾讯新闻等）、视频娱乐类（优酷、腾讯视频等）、垂直类 App（团购、美食、旅行、天气等）。

2. 新媒体的特征

（1）碎片化。碎片化是新媒体平台最重要的特点。互联网时代强化了受众作为传播个体处理信息的能力，碎片化现象让受众群体细分呈现碎片化，也引发受众个性化信息需求，整个网络传播呈现碎片化语境。

（2）交互性。新媒体的出现使用户不仅可以从社交平台获取各种新闻消息，而且可以在社交平台上发表自己的观点、分享自己的感悟。这使得信息沟通从单向传播实现双向互动，信息的传播具有交互性和共享性。

（3）准确性。新媒体的出现能够为不同的用户提供多样化的内容，用户可以自主选择内容和服务。用户有更大的选择权、更高的自由度，信息传播实现了准确性、个性化、有效性。

（4）及时性。新媒体的出现不仅使用户可以随时随地获取信息，而且新兴的移动社交应用如微博、微信，以及各大短视频平台等媒介更是可以将用户分享的内容第一时间发布出去，让信息直达受众。

（二）新媒体营销认知

1. 新媒体营销的内涵

所谓新媒体营销（new media marketing），简单来说，就是企业通过新媒体平台所进行的营销活动。具体来讲，新媒体营销指的是信息化、网络化、电子化环境下展开的一种营销活动。新媒体营销属于营销的一种，是企业开展网络营销活动的方式，也是一种基于现代营销理论、利用新技术的企业经营手段，能够最大限度地满足企业及客户的需要，为企业带来最大的利益。

2. 新媒体营销的特征

（1）载体广泛。新媒体营销是借助新媒体开展的营销活动。层出不穷的新媒体为企业开展新媒体营销提供了多样化的载体，并伴随互联网的快速发展不断更新，呈现多元化。一般来讲，新媒体营销的应用载体主要分为网络媒体、移动媒体、互动性电视媒体、户外媒体几种类型。

（2）成本低廉。得益于新媒体平台的运营机制，企业利用新媒体开展营销活动不仅简单、方便，而且费用也较低。如创建企业的官方微信公众号、企业官方抖音号来进行相关信息的推送，提供服务，可以有效降低营销成本，并产生良好的营销成效。不仅如此，企业通过社交平台开展营销，还可以低成本地进行舆论监控，而在此之前，企业对用户进行舆论监控的难度很大。

（3）定位准确。新媒体涵盖了丰富多彩的内容，微信、微博、论坛等让每个人都可以成为信息发布者。新媒体营销可以通过数据抓取工具来获得用户的相关数据，绘制用户画像，瞄准用户需求，开展精准营销。此外，企业可以利用新媒体有效地挖掘用户的需求，为产品的设计与开发提供良好的依据。

（4）前景广阔。新媒体各种传播渠道使每个人都有了信息发布和传播的能力。同时，个体对信息的处理达到了前所未有的广度和深度。企业通过大数据分析，对用户需求把握得越来越准确，从而使未来市场前景广阔。

（三）旅游新媒体营销认知

相较于传统意义的旅游营销，旅游新媒体营销主要指基于网络信息技术，利用新媒体作为营销载体而开展的旅游营销活动。旅游新媒体营销过程中也充分体现了新媒体营销的特点。

二、旅游新媒体营销的主要方式

新媒体平台多样，旅游企业可以因地制宜，根据企业资源选择适合的营销方式。下面，介绍几种旅游业较为常用的新媒体营销方式。

（一）官方网站

网站是开展营销的阵地之一，旅游企业可以通过建立专用网站开展营销活动。当前，旅游信息渠道日益增多，旅游企业官方网站显得尤其重要，是旅游企业提升公信力的重要途径。旅游网站的建设应体现实用原则，把旅游信息以“人性化”的方式展现出来。澳大利亚大堡礁旅游官方网站是值得借鉴的案例之一。

（二）微博营销

1. 微博营销概述

微博是微型博客（Micro Blog）的简称，本质上就是基于用户关系获取、分享和传播信息的新型网络平台。微博营销是指通过微博更新话题和受众交流，以实现信息的快速传播、分享、反馈、互动，最终为企业、个人创造价值而进行的营销行为。微博营销是新时代的产物，具有交互性、广泛性、精准性、低门槛性、及时性等特征。微博营销根据主体的不同，大体可以分为个人微博营销、组织微博营销。

旅游微博营销是指旅游企业、政府机构或个人借助微博作为信息交流平台，以文字、图片、视频的方式，发布旅游产品信息、分享旅行心情，及时更新并和粉丝分享、互动，提升旅游目的地、旅游企业品牌知名度，最终达到营销的目的。

2. 微博营销的常用策略

（1）内容营销。微博的迅速转发模式是传播最为便利的工具之一。基于用户喜欢你的内容从而达到值得一看、值得一读，如图片、视频等，真正与用户达到情感上的共鸣。

（2）意见领袖。意见领袖在女性、互联网、美食、体育等领域掌握着强大的话语权，影响着数以万计的围观用户。锁定重要的意见领袖，并引导意见领袖去讨论、传播产品，是品牌、产品信息实现快速传播的重要途径。

（3）情感营销。品牌塑造不仅包括产品、符号，还包括企业本身。事实上，空洞刻板的企业文化很难与顾客沟通，而微博通过其无可比拟的亲和力和互动性，用情感链条连接起品牌的影响力，调动消费者参与其中，深层次地走进消费者内心。

3. 微博营销活动策划

微博可以开展多种多样的营销活动，一般来讲，企业微博可以发起以下几种方式的活动。

（1）有奖转发。有奖转发以企业官方微博发布的博文为主，通常会设置诱人的奖品刺激、吸引粉丝转发微博所提示的活动。其主要适用于刚开通官方微博的企业，快速吸引网民的注意及更多用户的关注；还有就是新品发布时期，需要加大宣传力度；此外，针对已经拥有大量粉丝的企业微博，为了和粉丝互动，定期举办有奖转发活动，保持粉丝的活跃度。

（2）有奖征集。有奖征集就是通过微博就某一问题向广大网民征集解决方案或征集创意为主要活动形式吸引用户参与活动。常见的有奖征集活动有征集广告语、段子、祝福语以及创意想法等，调动用户参与活动的兴趣，并通过奖品来引导用户，吸引其参与其中。

（3）免费试用。免费试用指企业通过微博发布的广告促销信息，但发布的产品是免费试用的，以免费的形式吸引目标用户积极参与活动。根据用户填写的申请理由，把奖品发给目标用户。当企业发布新品开拓市场时，或者为了获取市场反馈，进行口碑营销的时候会举办免费试用活动。

（4）预约抢购。预约抢购活动形式的传播得益于小米公司的“饥饿营销”策略，小米公司在其新品发布时期，通过各大网络平台对新品进行高度的曝光宣传，然后以预约抢购的限量销售模式出售产品。所以，该活动形式非常适合企业上新品或者开设新业务时采用，尤其是适用于计算机、通信和消费类电子产品的预售。

（5）限时抢。限时抢指企业在指定的时间内发起的游戏活动，该活动目前支持的形式有幸运转盘和一键参与两种方式。活动以随机的方式抽出获奖者，一般来说，奖品设置也比较丰富，会有不同等级的奖励，用户参与即可抽奖，吸引用户参与活动。这种活动形式适用于电商行业以及O2O（offline to online，线下到线上）企业的营销活动。

“十一出游好去处”营销活动

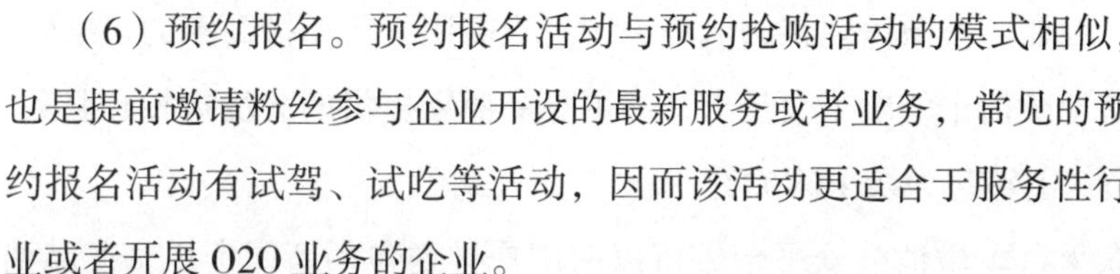

（6）预约报名。预约报名活动与预约抢购活动的模式相似，也是提前邀请粉丝参与企业开设的最新服务或者业务，常见的预约报名活动有试驾、试吃等活动，因而该活动更适合于服务性行业或者开展O2O业务的企业。

（三）微信营销

1. 微信营销概述

微信是一款通过网络快速发送语音短信、视频、图片和文字，支持多人群聊的手机聊天软件，拥有庞大数量的用户。微信营销是一种基于用户群体和微信平台的全新的网络营销模式，通过微信软件与微信用户搭建起一个类似“朋友”的关系链，在这种社交关系中借助移动互联网来达到传播产品信息，从而实现产品销售，强化企业品牌的营销目的。

微信作为一种网络社交平台，既能为旅游者提供相关的信息服务，又能让旅游者及时分享旅游体验，从而增加了“用户黏性”。同时旅游者的移动性，可以使旅游者在不同时间、不同地点、不间断地分享旅游体验，从而实现实时传播和实时互动。旅游微信营销是指地方旅游部门及旅游企业以微信作为营销平台，通过注册微信账号，及时向公众传播各种旅游信息，以树立旅游形象，吸引旅游者来访的营销方式。

2. 微信营销的基本模式

旅游企业要利用好微信营销，必须首先了解微信营销的基本模式。目前，微信营销的基本模式主要有以下五种。

（1）查看附近的人。用户可以在微信签名栏更新自己的状态，也可以利用这个免费的广告位进行宣传。LBS（location based services，基于位置的服务）的功能插件“查看附近的人”可以使更多陌生人看到此项“广告”，借此来宣传自己的产品信息。

（2）开放平台＋朋友圈。微信允许商家在开放平台上接入自己的应用并进行推广。朋友圈的分享功能从传播学的角度来讲是一种人际传播，给用户提供了分享自我情感的机会，其中更可以渗透商家的广告信息。

（3）二维码扫描。目前这是微信主打的招牌，同时也开启了“O2O”模式。二维码可以印刷在报纸、杂志、图书及个人名片等多种载体上，用户通过手机扫描，即可实现快速手机上网，下载图文、音乐、视频，获取优惠券，参与抽奖，了解企业产品信息等。例如，按微信现在的流程，用户只需用手机扫描商家的二维码，就能获得一张存储于微信中的电子会员卡，即可享受商家提供的会员折扣和服务。因此，二维码是由线上转化为线下的关键。

（4）微信公众平台。微信公众平台方可以向用户推送包括新闻资讯、产品消息、最新活动等消息，甚至能够完成包括咨询、客服等功能，形成自己的客户数据库，使微信成为一个称职的客户关系管理（CRM）系统。

（四）短视频营销

1. 短视频营销的内涵

短视频即短片视频，是互联网新媒体上传播时长在 5 分钟以内的视频。艾媒咨询分析师认为，短视频内容的丰富性和形式的多变性可以为品牌提供更碎片化、更沉浸、更立体的营销内容，短视频广告市场规模将保持上涨态势。

短视频营销属于内容营销的一种，指企业利用短视频所进行的旨在提高产品销量、提升品牌知名度等的一切营销活动。短视频营销主要借助抖音、快手等短视频平台发布短视频，向目标受众传播有价值的内容，吸引用户了解企业品牌产品和服务，最终形成交易。

2. 短视频营销的策略

（1）投放信息流广告。抖音、快手等短视频平台都采用了上下滑动屏幕实时更新内容的信息流观看模式。企业或个人用户可以在平台上投放信息流广告，以增加广告视频的播放量，起到良好的宣传效果。

（2）发起活动。企业可以通过短视频平台发起活动，吸引用户参与。企业通过吸引用户主动参与品牌方发起的话题或活动，从而带动活动的热度增长和品牌的曝光。

（3）与“达人”合作推广。品牌方在寻找短视频平台上“达人”合作时，需注意品牌定位、产品的目标用户群体与“达人”的所属领域及粉丝群是否相契合。否则，极有可能因为品牌与账号的定位不符而导致目标用户群体错位，广告投放效果不佳。

（4）品牌方自行发布短视频广告。此类短视频广告以展现产品为主。品牌方通过和用户进行及时互动以获取信息反馈，并根据对用户的需求分析制作短视频广告投放平台。

第二节　旅游体验营销

一、旅游体验营销的含义

旅游体验营销是旅游市场营销近些年发展的新趋势，越来越受到旅游企业和旅游爱好者的关注与青睐。阐释旅游体验营销内涵之前，首先需要清晰地认知什么是体验经济和体验营销。

（一）体验经济

体验经济是由美国未来学家阿尔文·托夫勒（Alvin Toffler）首先提出来的，他指出：“几千年人类经济发展的总历史将体现为三个阶段，即产品经济、服务经济时代和体验经济时代。”1999 年，美国战略地平线 LLP 公司的共同创办人 B. 约瑟夫·派恩（B. Josph Pine Ⅱ）和詹姆斯·H. 吉尔摩（James H. Gilmore）对体验经济进行了较为系统的阐述。他们认为，体验经济是继农业经济、工业经济、服务经济之后第四个经济发展阶段。与前三个阶段的最大区别在于，体验经济中顾客自始至终都参与其中，而不是将顾客置于经济产出之外。体验经济以提供体验作为主要的经济提供物，从生活与情境出发，塑造感官体验及思维认同。由于体验是内在的，存在于个人心中的，是个人在形体、情绪、知识上参与的所得，因此，体验经济更能够满足消费者个性化的需求。

（二）体验营销

体验营销是伴随体验经济应运而生的一种新的营销方式，是企业以满足消费者追求美好体验的需求为目标、以服务产品为舞台、以有形产品为载体，为他们提供高质量体验产品的一切活动的总称。与传统的营销模式不同，体验营销更注重顾客的感官刺激与情感需求，其主要包括感官营销、情感营销、思考营销、行为营销和关联营销等类型。

（三）旅游体验营销

旅游，作为人们求新、求异、求知的一种途径，本身就是一种体验型经济。在体验经济时代，旅游者的需求同其他消费者一样，越来越趋向于互动化、体验化和个性化，体验营销能够真正“以顾客为中心”，满足人们日益增长的精神文化需求。因此，体验营销在旅游业中的应用是一种必然的趋势。旅游体验营销是一种通过为旅游者提供体验来创造价值的营销方式，是指旅游企业为满足旅游者的情感和追求美好的旅游体验的需求，结合旅游产品的服务属性，以旅游的有形产品为载体，通过更多的感官感受，为旅游者提供高质量的、美好的、深刻的体验的一系列营销活动的总称。

二、旅游体验营销策略设计的基本原则

旅游产品的本质是为旅游者提供一种或多种经历经验，旅游者的主观感受是旅游企业实施营销关注的重点。因此，旅游体验营销策略的设计和实施就显得尤为重要。结合旅游业的特点，营销人员在设计旅游营销策略时应注意以下几个原则。

（一）主题要鲜明

主题是在了解旅游者心理需求和欲望的前提下，针对某一目标市场，以高度形象化的语言概括，将旅游企业的产品和服务结合在一起，起到指导作用的营销活动纲领。一个明确、鲜明的主题，可以使旅游者抓住主轴，整合所有感觉到的体验，为其留下长久的记忆。因此，构建体验主题是旅游体验营销策略设计的基础，也是第一步。主题可以从历史、宗教、时尚、政治、心理学、哲学、实体世界、大众文化、艺术九个方面来挖掘。一方面从上述九个方面对旅游目的地进行分析，使主题能够突出旅游目的地的本地精神，使其更加本土化。另一方面还需要分析这些本土因素是否符合旅游者的需求。例如，看到旅游产品名为“浪漫海岛”“新晋粉雪天堂”等，旅游者就会联想到该旅游产品带来的体验感受。

（二）注重互动

旅游产品的生产与消费是同时进行的这一特点，使得在整个旅游的过程中，旅游者必须参与旅游产品的生产过程，旅游活动的开展本身也就是旅游资源及旅

游工作人员和旅游者相互作用的过程，这正好符合体验营销与消费者互动的特征。世界旅游组织研究表明，新旅游者将参与到旅游产品的开发中，他们希望从原有的单纯享受旅游服务转向亲自体验旅游产品设计与生产过程。因此，旅游企业应为旅游者设计和提供参与性强的旅游活动与项目，让旅游者在旅游过程中不仅与工作人员产生互动，还要与其他旅游者产生互动，进而获得愉悦又难忘的体验。

（三）坚持以人为本

体验经济是真正的“以顾客为中心”的经济，它强调满足消费者的个性化需要。旅游体验营销中，旅游者的感官和情感因素是旅游者体验的重要影响因素。这意味着一切的旅游活动都应最大限度地以满足旅游者需要为前提，即坚持以人为本的原则，通过对以顾客为中心的营销手段和技术的设计，以及旅游者普遍认同和偏爱的价值观的传递，强化以人为本的原则，满足旅游者的情感需求，建立旅游者的忠诚度。

三、旅游体验营销的主要策略

贝恩特·施密特（Bernd Schmitt）认为，体验营销是站在消费者的感官（sense）、情感（feel）、思考（think）、行动（act）、关联（relate）五个方面，重新定义、设计营销的思考方式。根据以上五个方面的内容，旅游体验营销的策略主要包括感官营销策略、情感营销策略、思考营销策略、行动营销策略和关联营销策略。

（一）感官营销策略

一个人感知到的信息主要来自五种感官，分别为视觉、听觉、嗅觉、味觉和触觉，其中视觉占了所有信息来源的80%。感官营销策略主要通过对以上五种感觉的刺激来增强旅游者的体验。例如，酒店会使用香氛来刺激消费者的嗅觉；旅游景区通过对场景的布置，使旅游者的视觉得到享受。旅游企业可以通过充分利用广告媒体的沟通作用、充分发挥员工的作用、营造体验的氛围、利用口碑传播等方法，达到刺激旅游者知觉、增强旅游产品识别度的目的，进而引发旅游者购买动机。

（二）情感营销策略

美国营销学家巴里·费格（Barry Feig）最先将情感引入营销理论中，他认为“形象与情感是营销世界的力量源泉，了解顾客的需要，满足他们的要求，以此来建立一个战略性的产品模型，这是你的情感源泉”。传统的营销学认为“顾客为理性消费者”，而体验营销则认为“消费者是理性和感性兼具的”。因此，通过情感营销策略，来满足旅游者在购买旅游产品过程中的情绪和情感的需要，是非常有必要的。

（三）思考营销策略

思考营销是要鼓励消费者创造性地思考某一旅游企业及其品牌，从而激发消费者一致的认知的营销形式。随着人们重新思考固有的认知和期望，思考营销能够将旅游企业的重大“转型”传递给旅游者。例如，在很多旅游者的固有思维中，跟团旅行的体验是上车睡觉、下车拍照，餐食标准差等。但某一旅游企业提倡“慢旅行”的理念，让消费者可以重新思考对跟团旅行的认知。思考营销的目的就是促使消费者进行创造性思维。为了达到这一目的，营销人员需要了解旅游者的知识结构和其关注的内容，可以采用指导或联想营销方法，激发兴趣，引起消费者对问题集中的或分散的思考，为其创造认知和解决问题的体验。

（四）行动营销策略

行动营销策略是以行动传播工具为媒介进行营销的一种方式。一般通过偶像、角色的活动使旅游者产生改变生活形态的愿望，引导旅游者体验偶像所使用的旅游产品并购买这种产品，从而实现产品的销售。

（五）关联营销策略

关联营销是感官、情感、思考和行动等体验的综合。关联营销力图将旅游者个体与更广泛的社会群体联系起来，从而建立个人对某种旅游产品或品牌的偏好，并让购买这一旅游产品的人形成一个群体。关联营销超出个人感官、情感、认知和行动的范畴，常常产生感官、情感、认知和行动体验。作为旅游企业，实施关联营销的主要目的是建立消费者和旅游品牌社会意义之间的关联。实施关联营销的最重要之处是选择合适的参照群体，以便能为消费者创造一种与众不同的社会地位，使其乐意成为这一群体文化的部分。

四、旅游体验营销的新模式

当今形势下，旅游企业营销的总体思路是以创新的思维来发现市场，并树立旅游品牌及成本优势。这不仅要求旅游企业掌握了解旅游市场营销等一级观念，更重要的还需积极导入次级营销概念和竞争新观念。本节将对娱乐营销、文化营销和美学营销三种新的旅游体验营销模式进行阐释。

（一）娱乐营销

娱乐是与一个特定的对象建立和传达一种感情上的联系。旅游产品具有无形性，使得旅游者无法像购买其他有形产品一样，能够看得见、摸得到。因此，旅游企业需要在与消费者建立经济联系之前，建立感情上的联系。娱乐是调动旅游者情感最有效的手段，因此，娱乐与营销相结合是必然的。娱乐营销，是指借助娱乐的元素或形式将产品与消费者的情感建立联系，达到促使其购买和消费的目的。娱乐营销的本质是一种感性营销，即通过感性共鸣引发顾客购买行为。旅游企业更应将娱乐营销的思想贯穿于旅游活动的始末，在顾客旅游的整个经历中时时地加入娱乐体验，使整个旅游过程变得有趣而愉快，从而提升顾客的满意度。例如，《爸爸去哪儿》《妻子的浪漫旅行》等综艺节目的播出，迅速引起亲子游、闺蜜游等旅游浪潮，同时带动节目拍摄地的旅游发展。

（二）文化营销

文化营销就是利用文化力进行营销，是指旅游企业营销人员在企业核心价值观念的影响下，所塑造出的营销形象和营销理念，两者在具体市场运作过程中所形成的一种营销模式。旅游企业向旅游者推销的不仅是单一的旅游产品，更是对某种文化或价值观的传递，在满足旅游者物质需求之外，更多地满足旅游者的精神需求。文化营销包括以下三层含义。

（1）旅游企业需借助或适应于不同特色的环境文化开展营销活动。

（2）文化因素需渗透到旅游市场营销组合中，综合运用文化因素，制定出有文化特色的市场营销组合。

（3）旅游企业应充分利用CI战略（企业形象战略）和CS战略（顾客满意战略）全面构筑旅游企业文化。

（三）美学营销

美学营销以满足人们的审美体验为重点，提供给旅游者以美的愉悦、兴奋与享受。运用美学原理和美学手段，按照美的规律去开发旅游资源、建设和利用旅游景观，配以美的主题，提供美的服务，以迎合消费者的审美情趣，引发消费者的购买兴趣并增加产品的附加值，使旅游者在旅游审美活动中心情愉快、精神舒畅、获取丰富的美的享受，留下美好的体验。

拓展资料 11.2

新型旅游模式
——网红旅游

第三节　旅游事件营销

一、事件营销及旅游事件营销的含义

事件营销（events marketing）是指企业通过策划、组织和利用具有名人效应、新闻价值以及社会影响的人物或事件，引起媒体、社会团体和消费者的兴趣与关注，以求提升企业或产品的知名度、美誉度，树立良好的品牌形象，并最终促成产品或服务销售的营销手段。

事件营销集新闻效应、广告效应、公关效应、形象传播、客户关系管理于一体，尤其是其新闻价值和公众性话题，使其具有很强的传播能力，具有事半功倍的营销效果，是近年来国内外流行的一种市场推广手段。

旅游事件营销就是事件营销在旅游业方面的应用。成功的旅游事件营销通过借助或制造具有新闻价值的事件，并通过一系列运作，让这一新闻事件广为人知，利用事件做宣传，迅速提升旅游企业的美誉度和知名度，进而促进旅游产品的消费，达到企业盈利的目标。

二、事件营销的特点

（一）全局性

事件营销所具有的全局性有两个层面的含义：①对事件的内在价值要进行通盘筹划和全局性思考。有的事件的利用有可能会对企业自身产生不良影响，有的则是正、反面影响都有，关键看事件营销策划者如何把握利用。利用得好，当然没有问题；利用得不好，则有可能会“剑伤自身”，要事先预留好防范措施，不要“临时抱佛脚”，因为一旦应对失措，将会造成无可挽回的后果。②事件营销并非一个策划、一个创意就可以，而是全局的系统工程，不仅涉及市场营销部门，而且涉及人力资源、财务、后勤保障、行政等诸多部门，一般需要领导者统筹全局，才有可能成功。

（二）相对性

事件营销并非小企业的制胜利器，而是大企业、小企业都可以使用。但在决定事件营销时，必须考虑投入产出比，要权衡利弊，不可做不自量力的事情。像奥运会这一事件，如果有哪个企业可以争得总冠名权，那再默默无闻的企业也会一举扬名天下知，问题在于：一是这是不可能的；二是这样所需的资金要数以十亿

百亿计，相信一般的企业也负担不起。所以说，事件营销的相对性就像买东西时的性能价格比一样，是企业要事先考虑权衡的。

（三）可控性

事件营销虽然具有全局性和相对性，但并非是不可控的。事件营销的精髓就在于以创意创新来利用事件、驾驭事件，因此事件营销具有可控性。事件营销的可控性表现在以下三个方面。

（1）事件营销是可以事先筹划、周密安排的。例如，2022年北京冬奥会就是一个巨大的商机，如何以其规模、影响、具体时间等为契机进行企业的营销工作，就需要企业事先作出周密部署和安排。

（2）对一些突发性事件要知道如何利用，怎么利用对自己利益最大又没有牵强附会之感，这就要求企业管理人员和营销人员善于审时度势，在最短的时间内权衡利弊，做到“运筹帷幄，决胜千里”。

（3）在无从筹划又没有突发事件可以利用的情况下，要善于创造事件。这一点最可以看出营销人员的功力，因为这样做可以考虑企业的长远发展、品牌建设、市场划分等，根据消费者的好恶来进行策划。最成功的事件营销应该是那种达到了企业营销的目的同时又看不出策划的迹象。

（四）双重性

一方面，良好的事件营销可以让企业扬名千里、声誉大振；另一方面，事件营销如果不合消费者口味，不合道德规范和法律约束，甚至有“炒作”嫌疑，则会引起消费者的反感，以至于断送产品或企业的前途。

虽然说市场营销本来就是一个风险与机遇并存的行业，但由于事件营销的特殊性，这一矛盾就表现得更加淋漓尽致。机遇与风险同在，构成了事件营销的双重性。

（五）不确定性

旅游企业的营销活动或营销事件，其结果有多种可能，各种结果出现的可能性即概率的大小是不一样的。人们无法准确预知哪种结果会出现，这种状态就是不确定性。不确定性分为客观不确定性和主观不确定性。客观不确定性是指实际结果与预期结果的差距，多是由于环境变化、实施差错以及其他不可预知的因素造成的；主观不确定性是个人对营销事件的认识和评估，它和个人的知识、经验、精神和心理状态有关。不同的人对同一事件的预期、实施及反馈会有不同的理解和主观判断，构成了主观不确定性。事件营销的不确定性要求我们要事先考虑周全，形成完善的方案，也要求我们因势利导，这样才会最大限度地把握成功。

三、事件营销的主要类型

事件营销策略的出发点是事件。在《现代汉语词典》（第7版）中，事件是指“历史上或社会上发生的不平常的大事情”。“不平常”决定了事件的轰动性，“大事情”决定了事件的影响力，这两点也是事件容易获得新闻媒体争相报道的原因。根据事件性质的不同，事件营销可分为以下几个类别。

（一）借用重大突发事件型

重大突发事件是指突然发生的、不在公众预料之中和没有心理准备的事件，如2001年美国发生的“9·11”恐怖袭击事件等。重大突发性事件多以灾难为主，所以在利用重大突发事件进行事件营销时，要注意把握好尺度。

（二）借用公众高关注事件型

公众高关注事件一般指公众都了解、重视，但尚不知其结果如何的重大事件，如杭州举办亚运会、中国载人航天飞行等。这些事件基本上都是对社会发展及公众的某种心理感受有巨大影响的、积极的事件。

（三）借用公益活动型

文艺演出、体育比赛等活动是公众经常关注的焦点。借助文艺明星和体育明星的号召力，吸引消费者的眼球和大众媒介的关注，也是事件营销中经常采用的策略。体育比赛本身的健康形象与巨大的感召力，对于企业迅速提升产品知名度和美誉度有着其他活动无可比拟的优势。

（四）借用社会问题型

社会发展的过程就是一个利益重新分配的过程。在这一过程中会产生许多新的矛盾，与这些矛盾相关的话题也是公众关注的中心。

（五）营造事件型

营造事件指企业通过精心策划的人为事件来吸引消费者的目光，从而实现传播目的的策略，如1999年12月11日张家界成功举办的“穿越天门洞”活动，虽然已经过去多年，但由于其独创性仍然经常为新闻媒体所津津乐道。从实际效果来看，张家界1999年的旅游收入是12.6亿元，“穿越天门洞”事件之后的2000年，张家界的旅游收入为19.5亿元，一年张家界旅游收入增长了55%。“穿越天门洞”

事件为张家界打造了良好的知名度。

四、旅游事件营销的操作原则

（一）尽快抓住时机

当一个重大事件发生以后，普通的新闻受众还在琢磨新闻本身内容的时候，高明的企业策划人员已经开始筹划如何让自己借突发事件来进入人们的眼球了。利用事件进行营销最重要的秘诀之一就是快。机会稍纵即逝，毕竟事件营销已经被越来越多的企业所重视，抢占先机才能出奇制胜。

（二）选择合适的切入点

一般来说，企业应该与公众的普遍情绪保持一致。当事件带来喜悦情绪时，企业应该让公众感觉到在一起喜悦，当事件带来悲伤或恐惧情绪时，企业应该表现出理解和支持。这样才能引起公众的共鸣，让消费者对企业产生亲切感，以便树立企业在消费者心中的形象。

五、旅游事件营销的操作步骤

旅游事件营销的操作步骤包括以下几个方面。

（一）明确事件营销的目标

目标必须以旅游企业或者旅游吸引物的类型以及目标市场和潜在旅游者为依据。通常按照其生命周期的不同阶段，可分为向受众提供信息、使受众产生购买欲望和强化品牌形象三类。

（二）选择目标受众

选择潜在旅游者，这一步工作的目的是避免无效事件的发生。一个旅游企业或旅游目的地不能满足所有旅游者的需求，企业没必要把所有旅游者都列入自己的目标受众，在强调个性化的今天，旅游营销要有针对性，才能引起目标受众的更多关注。

（三）选择事件营销的方式

事件营销总的来说是制造新闻，但新闻也有很多种类，如张家界利用“穿越天门洞”的特技表演扬名四海，而之前为黄龙洞的“定海神针”买下 1 亿保险的事件都为张家界带来非常可观的收入和很高的知名度。还有许多城市选择举办会展、节庆等都是事件营销的方式。营销方式的选择一定要符合实际情况，不可盲目模仿。

（四）分析媒体的运作流程

要借助媒体的力量，了解了媒体就掌握了事件运作的关键点，抓住媒体的注意力，就能达到事半功倍的效果。

（五）计划的制订

确定事件营销的目标和策略以后，就需要着手制订具体计划，有行动时间、行动方案和事件预算，甚至包括一个风险评估跟踪表。运作前的周密思考和准备会节省成本，保证事件运作顺利进行。

（六）效果评估

效果评估包括三个部分：事件营销的事前评估、事中评估、事后评估。

六、旅游事件营销策略

旅游事件营销中的事件包含很多，最常见的分类为体育事件、会展、城市节庆、影视事件、民族节事事件和危机事件。每一类事件的营销策略都有各自的特点。

（一）体育事件旅游营销

借助对体育赛事或体育机构的赞助、合作或支持而展开的营销策略，最典型的就是“奥运营销”。

结合体育资源和媒体的传统市场营销，主要包括在体育媒体平台上的广告投放、宣传推广，利用体育明星的个人支持获得有利形象，或以体育为主题的公关、推广活动。

大力推出与体育赛事有关的特色旅游产品。

（二）会展旅游营销

（1）市场定位准确，突出特色、精选目标是会展营销的必经之路。

（2）树立品牌优势，企业要发展，要吸引顾客，必须创建和发展自己的品牌。

（3）提高服务质量，各服务机构对服务质量的竭力追求与会展旅游的发展息息相关。

（4）积极促销，促销策略是影响会展市场顺利发展的关键因素，世界上许多国家的会展业之所以能取得巨大成功并在国际上享有盛誉，很大程度上就得益于它们高效、有力的促销活动。

（三）城市节庆旅游营销

（1）加大宣传力度，提升城市旅游节庆的知名度。发展旅游节庆，必须首先让外人了解、认识，知道你要举办的旅游节庆的宗旨、特色。要做到这一点，必须靠宣传。

（2）旅游节庆要体现创新。在保持节庆主题的前提下，在项目、内容、形式上一定要有独特的创意。节庆活动的内容要不断地花样翻新、别出心裁，形式要灵活多样。

（3）加强旅游节庆的文化内涵。文化是精神层面的营养品，体现出文化的特色才能经久不息。

（四）影视事件旅游营销

（1）借影视发展旅游景区：借助影视进行旅游营销能够有效树立旅游目的地形象，使得旅游收入和旅游者数量迅速提高。

（2）借影视塑造旅游主题：它是以影视人物为原本，将影视中的人物在主题公园中再现，最早的迪士尼乐园就属于这种模式。

（3）旅游项目的创新：借影视策划旅游项目。当目的地的旅游产品已经处于成熟期，旅游者数量就会逐渐减少。这时旅游目的地的营销就要对旅游产品进行创新，使其重新焕发活力。

（五）民族节事事件旅游营销

对民族节事旅游进行定位，树立市场概念、引入市场机制是促进节事经济发展的关键。强调民族特色，确定标志性节事形象定位。民族节事事件的营销一定要体现创新和发展。

（六）危机事件旅游营销

拓展资料 11.3

景区事件营销的关键要素

树立危机意识，建立和完善旅游景区危机预警与防范机制。坚持“以消费者为中心”解决问题，与媒体及时快捷沟通，勇于承担责任。改进问题后大力宣传，重新赢回消费者信任。

【本章小结】

本章主要介绍了当下流行的旅游创新营销策略。新媒体营销是信息化、网络化、电子化环境下展开的一种营销活动，因其独特的渠道优势成为旅游企业开展营销的重要方式。旅游企业开展新媒体营销的主要方式有官方网站、微博营销、微信营销、短视频营销。旅游体验营销是旅游市场营销发展的新趋势，本章对体验经济、体验营销、旅游体验营销理论知识进行阐释，总结了旅游体验营销策略设计的基本原则，详细说明了旅游体验营销的主要策略和新模式。旅游事件营销是事件营销在旅游业方面的应用，本章阐述了事件营销的特点；介绍了事件营销的主要类型；旅游事件营销的操作原则和操作步骤；最后总结了旅游事件营销策略。

【即测即练】

【思考题】

1. 微博营销策略主要有哪些？
2. 微信营销模式主要有哪些？
3. 短视频营销策略主要有哪些？
4. 旅游体验营销的新模式主要有哪些？
5. 简述事件营销的操作步骤。

参考文献

[1] 赵西萍 . 旅游市场营销 [M]. 北京：高等教育出版社，2011.

[2] 苏日娜 . 旅游市场营销 [M]. 北京：机械工业出版社，2008.

[3] 陈丹红 . 旅游市场营销 [M]. 北京：清华大学出版社，2019.

[4] 张超广，王中雨 . 旅游市场营销 [M]. 北京：机械工业出版社，2013.

[5] 吴旭云 . 旅游市场营销 [M]. 上海：上海交通大学出版社，2020.

[6] 科特勒，鲍文，麦肯斯 . 旅游市场营销 [M]. 谢彦君，李淼，郭英，等译 . 北京：清华大学出版社，2017.

[7] 龙雨萍 . 旅游市场营销理论与实务 [M]. 武汉：华中科技大学出版社，2019.

[8] 曲颖，李天元 . 旅游市场营销 [M]. 2 版 . 北京：中国人民大学出版社，2018.

[9] 王宁，伍建海，廖建华，等 . 旅游市场营销实务 [M]. 北京：清华大学出版社，2021.

[10] 赵书虹，杜靖川 . 旅游市场营销 [M]. 北京：高等教育出版社，2018.

[11] 李学芝，宋素红 . 旅游市场营销与策划：理论、实务、案例、实训 [M]. 4 版 . 大连：东北财经大学出版社，2021.

[12] 黄莹，赵鑫，张磊，等 . 市场营销 [M]. 北京：清华大学出版社，2020.

[13] 张剑渝，王谊 . 现代市场营销学 [M]. 5 版 . 成都：西南财经大学出版社，2019.

[14] 派恩，吉尔摩 . 体验经济 [M]. 北京：机械工业出版社，2002.

[15] 马连福 . 体验营销：触摸人性的需要 [M]. 北京：首都经济贸易大学出版社，2005.

[16] 杨杏月 . 旅游体验营销刍议 [J]. 引进与咨询，2006（10）：15.

[17] 廖钟迪 . 旅游市场营销 [M]. 武汉：华中科技大学出版社，2020.

[18] 李博洋 . 旅游市场营销 [M].2 版 . 北京：清华大学出版社，2019.

[19] 张云起 . 市场营销学 [M].2 版 . 北京：高等教育出版社，2019.

[20] 林巧，王元浩 . 旅游市场营销：理论与中国新实践 [M]. 杭州：浙江大学出版

社，2018.
[21] 郭义祥，李寒佳 . 新媒体营销 [M]. 北京：北京理工大学出版社，2022.
[22] 肖凭 . 新媒体营销实务 [M]. 2 版 . 北京：中国人民大学出版社，2021.
[23] 倪丽丽，郑伶俐 . 新媒体营销与案例分析：慕课版 [M]. 北京：人民邮电出版社，2022.
[24] 李宏 . 旅游目的地新媒体营销：策略、方法与案例 II[M]. 北京：旅游教育出版社，2021.
[25] 沈雪瑞，李天元，曲颖 . 旅游市场营销 [M]. 3 版 . 北京：中国人民大学出版社，2022.
[26] 鲍富元 . 旅游市场营销 [M]. 2 版 . 北京：机械工业出版社，2021.
[27] 余珊珊，丁林 . 旅游市场营销 [M]. 2 版 . 北京：机械工业出版社，2021.
[28] 舒伯阳 . 旅游市场营销案例实训 [M]. 北京：清华大学出版社，2013.
[29] 梁雪松，李天顺，马耀峰 . 基于市场调查的欧美游客旅游选择偏好研究 [J]. 经济问题，2005（11）：75–77.
[30] 彭华，钟韵，梁明珠，等 . 旅游市场分类研究及其意义：以佛山市为例 [J]. 旅游学刊，2002（3）：49–54.
[31] 吴兰桂 . 乡村旅游市场调查与市场分析 [J]. 资源开发与市场，2008（12）：1146–1148.
[32] 叶友良 . 旅游调查统计研究 [D]. 厦门：厦门大学，2003.
[33] 吴健安，钟育赣，胡其辉 . 市场营销学 [M]. 7 版 . 北京：清华大学出版社，2022.
[34] 郭英之 . 旅游市场营销 [M]. 3 版 . 大连：东北财经大学出版社，2014.
[35] 徐惠群 . 旅游营销 [M]. 北京：中国人民大学出版社，2009.
[36] 刘伟平，陈秋华 . 旅游市场营销 [M]. 北京：中国旅游出版社，2005.
[37] 安贺新，史锦华，韩玉芬 . 旅游市场营销 [M]. 北京：清华大学出版社，2018.
[38] 郭国庆 . 市场营销学 [M]. 7 版 . 北京：人民大学出版社，2022.
[39] 李咪咪，徐惠群 . 酒店及旅游业市场营销 [M]. 杭州：浙江大学出版社，2019.
[40] 刘晓明 . 旅游市场营销 [M]. 上海：上海交通大学出版社，2007.
[41] 韩燕平 . 旅游市场营销 [M]. 武汉：华中科技大学出版社，2018.
[42] 马勇，刘名俭 . 旅游市场营销管理 [M]. 4 版 . 大连：东北财经大学出版社，

2011.

[43] 舒伯阳，刘春，徐静．旅游市场营销 [M]. 2 版．北京：清华大学出版社，2016.

[44] 杜靖川．旅游市场营销 [M]. 昆明：云南大学出版社，2002.

[45] 张学梅，付业勤．会展市场营销 [M]. 西安：西安交通大学出版社，2018.

[46] 王永贵．市场营销 [M]. 2 版．北京：中国人民大学出版社，2022.

[47] 包月姣．绿色营销 [M]. 郑州：郑州大学出版社，2018.

[48] 刘敏，牟俊山．绿色消费与绿色营销 [M]. 北京：清华大学出版社，2012.

[49] 周志民．文化市场营销：体验的视角 [M]. 大连：大连理工大学出版社，2013.

[50] 张卫东．网络营销 [M]. 北京：电子工业出版社，2018.

[51] 彭丞．新媒体营销 [M]. 重庆：重庆大学出版社，2022.

[52] 王丹鹤．电子商务时代 O2O 多元网络营销冲突与合作模式构建 [J]. 商业经济研究，2021（18）: 85–88.

[53] 严敏．电商时代农产品网络营销渠道发展模式及对策 [J]. 商业经济研究，2019（2）: 116–118.

[54] 宋斌．网络时代农产品新媒体营销策略研究 [J]. 农业经济，2023（2）: 132–133.

[55] 沈俏蔚，李季，孙亚程，等．万物互联时代的大数据营销创新专栏介绍 [J]. 管理科学，2021，34（5）: 1–2.

[56] 杨扬，刘圣，李宜威，等．大数据营销：综述与展望 [J]. 系统工程理论与实践，2020，40（8）: 2150–2158.

[57] 马德青，胡劲松．展厅现象下考虑利他行为的 O2O 供应链动态运营策略 [J]. 管理学报，2020，17（5）: 734–745.

[58] 杨宇萍，陈章旺．大数据营销的研究热点及趋势：基于知识图谱的量化研究 [J]. 商业经济研究，2020（3）: 87–89.

[59] 马德青，胡劲松．大数据营销与参考价格效应下的闭环供应链协同经营策略研究 [J]. 软科学，2019，33（11）: 98–106.

[60] 寇鑫．现代物流企业市场营销创新策略研究 [J]. 商业经济研究，2023（3）: 98–100.

[61] 宋红娟，赵丽娟，蒋玉石．丝绸之路网络视频旅游营销价值研究 [J]. 商业研究，2016（10）: 138–144.

[62] 齐永钦，王续琨．市场营销学在中国：发展历程、学科结构和衍生趋势 [J]. 东岳论丛，2016，37（10）：170–175.

[63] 宋皓杰，郭国庆．建党百年来市场营销学的发展逻辑与演进创新 [J]. 当代经济管理，2021，43（6）：18–26.

[64] 黄蕾丹．消费者“偏好转移”视野下农村市场营销策略的选择 [J]. 农业经济，2020（1）：138–140.

[65] 王倩颖，高文智．产业融合发展趋势下乡村旅游市场营销的三重维度 [J]. 农业经济，2019（9）：132–134.

[66] 王瑛．绿色生产视野下绿色农产品的品牌定位与市场营销战略优化研究 [J]. 农业经济，2019（8）：127–129.

[67] 谢利坤．互联网时代市场营销的机遇和挑战 [J]. 人民论坛，2019（7）：80–81.

[68] 陈松，张大红．移动互联网背景下市场营销策略创新性研究 [J]. 人民论坛・学术前沿，2018，143（7）：100–103.

[69] 陈禹洁．文化营销战略与企业核心竞争力的关系研究 [J]. 商业经济研究，2018（22）：69–71.

[70] 林小瑞．数字营销活动策略对消费者购买意愿的影响研究 [J]. 商业经济研究，2022（23）：67–70.

[71] 屈娟娟．人工智能及大数据技术在数字营销中的应用 [J]. 商业经济研究，2020（10）：78–80.

[72] 杨文，王涵．基于 SIVA 范式的高等教育出版社数字营销策略 [J]. 出版科学，2018，26（2）：81–84.

[73] 高海锋．生态农业旅游营销与推广研究 [J]. 核农学报，2022，36（10）：2099.

[74] 魏玮．新媒体环境下城市旅游目的地整合营销研究 [J]. 商业经济研究，2021（4）：83–85.

[75] 李燕琴，陈灵飞，俞方圆．基于价值共创的旅游营销运作模式与创新路径案例研究 [J]. 管理学报，2020，17（6）：899–906.

[76] 张翔云．“五位一体”营销模型及其在乡村旅游中的实现 [J]. 社会科学家，2018（9）：89–96.

[77] 高凡．生态农业旅游营销策划研究 [J]. 核农学报，2022，36（1）：246–247.

[78] 魏瑞锋．基于居民网络消费结构变化的营销模式创新探讨 [J]. 商业经济研究，

2022（10）：76–78.

[79] 宋胜梅 . 电子商务时代农产品网络营销渠道创新探索 [J]. 核农学报，2022，36（4）：876.

[80] 许一婷，林颖 . 网络直播营销驱动消费行为的内在机理：沉浸传播、身体媒介化与情感注入新视点 [J]. 福建论坛（人文社会科学版），2021（12）：111–117.

[81] 冀晓燕 . 网络新媒体发展下乡村旅游的营销策略 [J]. 社会科学家，2020（2）：93–98.

[82] 安国锋，米瑛 . 信息化时代市场营销的发展趋势探讨 [J]. 商业经济研究，2017（22）：40–42.

[83] 王成慧，陶虎 . 旅游营销学 [M]. 北京：高等教育出版社，2006.

[84] 喻晓蕾，苑春林 . 网络营销 [M]. 北京：中国经济出版社，2017.

[85] 凌守兴，王利锋 . 网络营销实务 [M]. 北京：人民邮电出版社，2017.

教师服务

感谢您选用清华大学出版社的教材！为了更好地服务教学，我们为授课教师提供本书的教学辅助资源，以及本学科重点教材信息。请您扫码获取。

教辅获取

本书教辅资源，授课教师扫码获取

样书赠送

旅游管理类重点教材，教师扫码获取样书

清华大学出版社

E-mail: tupfuwu@163.com
电话：010-83470332 / 83470142
地址：北京市海淀区双清路学研大厦 B 座 509

网址：https://www.tup.com.cn/
传真：8610-83470107
邮编：100084